Wirtschafts- und Sozialgeschichte

von

Carl Brinkmann

München und Berlin 1927
Druck und Verlag von R. Oldenbourg

Dem Gedächtnis meiner Lehrer

Gustav Schmoller und Paul Vinogradoff

Vorwort.

Wenn ich sagen sollte, was mir Mut gemacht hat, eine neue Darstellung der Sozial- und Wirtschaftsgeschichte zu unternehmen, so glaube ich fast, ich müßte den pädagogischen Gesamtzweck des Reimannschen Geschichtswerks nennen. Die Vertiefung und Verlebendigung des geschichtlichen und allgemein kulturkundlichen Unterrichts, die wir für die Oberklassen unserer höheren Schulen brauchen und erwarten, zusammen mit der unleugbaren Verbreiterung und Demokratisierung der entsprechenden Studien an unseren Universitäten, Fach- und Volkshochschulen haben allmählich eine Lage geschaffen, die den Nationalökonomen gerade als Sozial- und Wirtschaftshistoriker (auch der eigenen Zeit) in einen Mittelpunkt der ganzen geisteswissenschaftlichen Erkenntnis und Überlieferung stellt wie einst den Theologen, Philosophen und politischen Historiker. Ähnlich wie in Amerika beginnt Interessenkreis und geistiges Niveau der Jugend an der Spitze der „Mittelschule" und in den ersten, allgemeinbildenden Semestern der Hochschule sich durch den Gedanken einer neuen, klassenlosen Staatsbürgererziehung auszugleichen und zu verschmelzen. Auf die historische Grundlegung dieser Erziehung will mein Buch eingestellt sein, und ich kann nur hoffen, es wird darum den „Laien" nicht zu „gelehrt" und den „Fachmann" nicht zu „aktuell" anmuten.

Was dieser Hoffnung Halt gibt, ist weniger die Form der Darstellung (die ich unter den heutigen Verhältnissen noch nicht als so wesentlich ansehe, wie sie vielleicht für eine reifere Erkenntnisstufe werden wird) als vielmehr die schlichte Überzeugung, daß sich gerade im Problem des sozial- und wirtschaftsgeschichtlichen Bewußtseins die Rollen des „Fachmanns" und des „Laien" in höchst fruchtbarer Weise beständig vertauschen und verflechten. Davon ist die Art, wie dem Nationalökonomen und Soziologen alle anderen Wissenschaften von der Kirchengeschichte bis zur Technologie zu „Hilfswissenschaften" werden, nur ein Beispiel, und nicht einmal das entscheidende. Wichtiger ist, daß sich eben auf diesem Gebiete die Gesamtheit der „akademischen" Wissenschaften „laienhaft" an der „Fachkunde" des wirtschaftlich und gesellschaftlich handelnden „Praktikers", sei es der lebensoffene Schüler oder Student aus Stadt und Land, sei es der Kaufmann, Ingenieur oder Arbeiter, der Beamte oder Parlamentarier aller Schichten, immer wieder zu orientieren und zu erfrischen vermag. In diesem Sinne möchte mein

Buch vor allem „realistisch“ sein. Es möchte zeigen, wie noch Dinge und geistige Haltungen, um die sich herkömmlich nur „antiquarische“ Gelehrsamkeit kümmert, rund um uns in fremden Wirtschaftsgesellschaften wie in der eigenen gegenwärtig sind, und es möchte anderseits dem von politischen und sozialen Vorurteilen bewußt oder unbewußt (allemal aber im Wirtschaftlichen besonders stark) bestimmten Theoretiker und Praktiker der Gesellschaft mindestens eine Ahnung von der Breite und Verwickeltheit der Voraussetzungen und Wechselwirkungen vermitteln, unter denen unsere heutige Wirtschaftsordnung entstanden ist und steht. Die ganze Unvollkommenheit meines Versuchs kann niemand lebhafter empfinden als ich selbst. Möge er wenigstens an seinem bescheidenen Teil dazu beitragen, nicht nur wissenschaftlich historisch-beschreibende und theoretisch-konstruktive Arbeit, sondern auch praktisch Gesellschaftsbejahung und Gesellschaftskritik einander vertrauter zu machen und näherzubringen.

Heidelberg, im März 1927.

Carl Brinkmann.

Inhaltsverzeichnis.

Quellen und Literatur.

Eine Quellenkunde der Wirtschaftsgeschichte gibt es bisher weder allgemein noch für einzelne Länder nach Art der bekannten quellenkundlichen Handbücher der gesamten National- und Universalgeschichte von Dahlmann-Waitz (1912!) und Herre-Hofmeister (1910!), die deshalb mit ihren wirtschaftsgeschichtlichen Abteilungen desto mehr in Betracht kommen (doch vgl. etwa G. Espinas, Bibliographie de l'historie économique de France au morgen âge. Paris 1907, und W. R. Scott, Scottish economic literature to 1800, Glasgow—Edinburgh 1911). Daneben orientieren zunächst am besten die Grundrisse und Handbücher der Wirtschaftsgeschichte mit ihren Literaturangaben. Es sind besonders die beiden Bände von Aloys Meisters Grundriß der Geschichtswissenschaft (2, 1 und 2, Teubner): Rudolf Kötzschke, Grundzüge der Deutschen Wirtschaftsgeschichte bis zum 17. Jahrhundert (^{2}1921), und Heinrich Sieveking, Grundzüge der neueren Wirtschaftsgeschichte vom 17. Jahrhundert bis zur Gegenwart (^{2}1921), sodann in der Teubnerschen Sammlung „Aus Natur und Geisteswelt" Otto Neurath, Antike Wirtschaftsgeschichte (^{2}1918), und H. Sieveking, Wirtschaftsgeschichte vom Ausgang der Antike bis zum Beginn des 19. Jahrhunderts (Mittlere Wirtschaftsgeschichte) (1921), endlich Rudolf Häpke, Wirtschaftsgeschichte in Gloeckners Handelshochschulbibliothek ed. M. Apt (Bd. 19, Leipzig 1922). Von dem von Georg Brodnitz herausgegebenen Handbuch der Wirtschaftsgeschichte (Jena, G. Fischer) sind bisher erschienen R. Kötzschke, Allgemeine Wirtschaftsgeschichte des Mittelalters (1924), G. Brodnitz, Englische Wirtschaftsgeschichte (Bd. 1, Mittelalter, 1918), E. Baasch, Holländische Wirtschaftsgeschichte (1927) und J. Kulischer, Russische Wirtschaftsgeschichte, (Bd. 1, 1925, Mittelalter; für die Neuzeit bietet einigen Ersatz J. Mavor, Ec. Hist. of Russia, 2 Bde., New York 1914, ^{2}1925). Endlich bleiben als Meisterwerke territorialer Wirtschaftsgeschichte dauernd wertvoll Karl Lamprechts Rheinlandwerk (Deutsches Wirtschaftsleben im Mittelalter 4 Bde. Leipzig 1886) und Eberhard Gotheins Geschichte des Schwarzwaldes 1 (Straßburg 1892). Die Histoire économique Frankreichs (1200—1800) von dem Vicomte G. d'Avenel (5 Bde. Paris 1894—1909) ist ein Gegenstück zu Thorold Rogers' History of agriculture and prices in England 1259—1793 (7 Bde. Oxford 1866—1902), aber im Unterschied von dieser dogmatisch freihändlerisch. Unentbehrlich für jede sozialwissenschaftliche Vertiefung in den Stoff sind vor allem die Werke der großen Nationalökonomen: die von Max Weber, darunter wieder namentlich: Wirtschaft und Gesellschaft (Grundriß der Sozialökonomik 3^{2}, Tübingen 1925), Wirtschaftsgeschichte ed. S. Hellmann und M. Palyi (Duncker & Humblot 1923) und Gesammelte Aufsätze zur Sozial- und Wirtschaftsgeschichte (Tübingen 1924, vgl. auch C. Brinkmann, Die Umformung der kapitalistischen Gesellschaft in geschichtlicher Darstellung, und: Die Aristokratie im kapitalistischen Zeitalter, Grundriß der Sozialökonomik 9, 1 und 2, 1926), Karl Bücher, Die Entstehung der Volkswirtschaft (Tübingen zuerst 1893, letztens ^{12}2 Bde., 1922), und: Beiträge zur Wirtschaftsgeschichte (Tübingen 1922), Gustav Schmoller, Grundriß der Volkswirtschaftslehre (2 Bde., Leipzig 1900—1903, ^{2}1919), Werner Sombart, Der moderne Kapitalismns (Bd. 1 und 2 ebenda 1902, ^{2}1915—17, Bd. 3, 1 und 2 1926f.) und Lujo Brentano, Der wirtschaftende Mensch in der Geschichte (Leipzig 1923); endlich die Werke Georg v. Belows, vornehmlich Territorium und Stadt (München 1900, ^{2}1923) und: Probleme der Wirtschaftsgeschichte (Tübingen 1920, ^{2}1926), sowie die methodisch überaus neuartigen bahnbrechenden Büchlein von Bruno Kuske, Die Bedeutung Europas für die Entwicklung der Weltwirtschaft (Köln 1924) und: Die Volkswirtschaft des Rheinlandes in ihrer Eigenart und Bedeutung (Essen 1925).

Schon als gewöhnlich in den Literaturangaben fehlend seien zum Schluß die Meisterwerke der wirtschaftsgeschichtlichen Realienkunde genannt: Viktor Hehn, Kulturpflanzen und Haustiere (Berlin 1870, ^{8}ed. O. Schrader 1911), Johannes Hoops, Kulturpflanzen und Waldbäume (Straßburg 1903), das von demselben herausgegebene Reallexikon der Germanischen Altertumskunde (Straßburg 1911 ff.), Moritz Heyne, Deutsche Hausaltertümer (ebenda 3 Bde., 1899—1903), und Alwin Schultz, Das häusliche Leben der europäischen Kulturvölker vom Mittelalter bis zur zweiten Hälfte des 18. Jahrhunderts (München 1903), daneben Otto Laufer, Deutsche Altertümer (Leipzig 1918), endlich für den Wirtschafts- und Sozialhistoriker noch immer wichtiger als die einzelnen Lehrbücher der deutschen Rechtsgeschichte und des deutschen Privatrechts Jacob Grimms Deutsche Rechtsaltertümer [4] ed. A. Heusler und R. Hübner (2 Bde., Leipzig 1899). Für Rußland jetzt D. Zelenin, Russische (ostslavische) Volkskunde (Berlin—Leipzig 1927). Für Italien G. Salvioli, Storia economica d'Italia nell'alto medio evo (Neapel 1913). Für England vgl. L. F. Salzman, English industries in the middle ages (Oxford 1923) und E. Lipson, Introduction to the economic history of England (Bd. 1, Oxford 1915, [2] 1923, behandelt Mittelalter und frühe Neuzeit; daneben sind für die spätere W. Cunningham, The growth of English industry and commerce in modern times [1882, [3] 1903] und wegen ihrer theoretischen Klarheit W. J. Ashleys Intoduction to English economic history [London 1888, deutsch in Brentano-Lesers Sammlung 1896] noch unersetzt).

Von Quellenauswahlen zum paradigmatischen Studium sind vor allem zu nennen F. Keutgen, Urkunden zur städtischen Verfassungsgeschichte (Berlin 1901), und H. Wopfner, Urkunden zur deutschen Agrargeschichte (Stuttgart 1925), daneben schon wegen der vortrefflichen Ordnung des Stoffs nach Materien H. Loersch- R. Schröder- L. Perels, Urkunden zur Geschichte des deutschen Privatrechts[3] (Bonn 1912). Ein Buch wie das von A. E. Bland, P. A. Brown und R. H. Tawney, English economic history, select documents (London 1921) fehlt bei uns leider. Eine sprachlich nicht immer mit Glück modernisierende, aber in sachlicher Beziehung vorbildliche Auswahl für Schulen und Volkshochschulen H. Kühnert, Quellenheft zur Wirtschaftsgeschichte von Großthüringen (Jena 1921).

I. Wirtschaftsstufen.

I. Wirtschaftsstufen: Natural- und Geldwirtschaft. Sammelwirtschaft, Hackbau und Nomadismus. Oikos, Markt und Flächenwirtschaft.

Die Lehre von den Wirtschaftsstufen, die wir erstmalig bei den französischen und englischen Nationalökonomen und Soziologen des 18. Jahrhunderts finden, ist mit dem Anspruch aufgetreten, Beschreibung, innere gesetzmäßige Kausalerklärung eines normal ablaufenden Vorgangs zu sein. Gegen diesen Punkt wandten sich die Historiker, da sie den bloßen Anspruch, gesetzmäßige Wirklichkeit auszusagen, ja womöglich prophezeien zu können, als einen Eingriff in ihre eigenen individualistischen Interessen betrachteten. Nur Weniges kann diesen Verdacht der Historiker rechtfertigen, als solle hier historische Wirklichkeit zugunsten eines wirklichkeitsblinden Schemas ausgelöscht werden. Gemeint war hier vielmehr ein erster Konstruktionsversuch einer aus den Tatsachen deskriptiv abgeleiteten Regelmäßigkeit. Ein solcher Versuch, wirtschaftliche Zuständlichkeiten systematisch zu gruppieren, war nicht zu vermeiden. Er ist eine unwillkürliche Reaktion des ordnenden Geistes auf die Wirklichkeit, die er anschaut. Die Eigenschaften der uns vorliegenden wirtschaftsgeschichtlichen Wirklichkeit sehen wir in einer gewissen Verbindung, worin wir Gewisses als verwandt, anderes als fremd empfinden. So versuchen wir, Systemkomplexe, Stufen, zu bilden, die wir dann hintereinander zu ordnen unternehmen. Eine solche Stufenreihe gilt nicht etwa starr, als allgemeines Entwicklungsgesetz, da die Forschung hier noch durchaus im Fluß ist. Was aber die Aufeinanderfolge der Stufen betrifft, so ist dieser Anspruch noch vorsichtiger und unter Vorbehalt von Korrekturen nach der Wirklichkeit zu nehmen, weil hier erst recht alles problematisch wird und das, was einmal beobachtet oder denkmäßig konstruiert wurde, jeden Augenblick von einer Tatsache umgeworfen werden kann.

Wenn wir mit diesem doppelten Vorbehalt für die Konstruktion der Systeme und ihre Aufeinanderfolge an die Lehre von den Wirtschaftsstufen herantreten, so braucht uns ihre Vielfältigkeit nicht irrezuführen. Die verschiedenen Unterscheidungen der Nationalökonomen, etwa von Stadt- und Dorfwirtschaft, von Natural- und Geldwirtschaft oder nach der Art der Produktion, Arbeitsteilung und Spezialisierung, Werkzeugen, Kapitalansammlung usw. bestehen durchaus nebeneinander zu Recht. Wir müssen sie nebeneinander sehen, um die ganze Fülle des wirtschaftlichen Lebens in seinen verschiedenen Dimensionen zu ordnen.

Die erste Dimension, in der wir Natural- und Geldwirtschaft zu denken versuchen, beschränkt sich auf das bloße Mittel des Tausches. Es scheint eine sehr oberflächliche Vorstellung zu sein, die Geldgebrauch und Nichtgebrauch von Geld nebeneinander stellt. Und doch ergibt sich ein reiches historisches Leben, wenn wir näher zusehen und uns bemühen, Übergangsstadien in einer Gesellschaft zu finden. Von dem ersten Stadium reiner Naturaltauschwirtschaft, wo in jedem wirtschaftlichen Tauschakte die getauschten Einzelgegenstände gegeneinander wertgemäß abgewogen werden, ein Stück Vieh gegen ein Stück Land etwa, hebt sich sofort die nächste Stufe ab, in der eine Geldwirtschaft in Form der Naturalgeldwirtschaft entsteht, ein sog. Naturalgeld sich entwickelt in dem Sinne, daß nicht jeweils immer wieder zwei neue Gegenstände gegeneinander abgewogen werden, sondern daß in einer Gesellschaft, sei es von Jägern, die das Jagdtier, sei es von Viehzüchtern, die das gezüchtete Vieh zur Grundlage ihrer Wirtschaft machen, unter den gangbaren Waren eine oder mehrere heraustreten, die mehr als alle anderen im normalen Gebrauche sind und an denen sich die Wertvorstellung mehr kristallisiert als an anderen. Es tritt dann ein Naturalgeld auf, eine Ware, die die Tendenz hat, zum Maßstab anderer Waren zu werden. Alle übrigen Waren werden etwa in Stücken Vieh oder (wie namentlich in Rußland noch in geschichtlicher Zeit) in Stücken Pelz oder in Häufchen Goldstaub, Tabak u. ä. abgewogen. Diese bevorzugte Ware wird dann zum Gelde dieser Gesellschaft, an dem man den Wert anderer Tauschgegenstände mißt. Von diesem Naturalgelde gibt es nun wieder einen langsamen Übergang zu demjenigen Gelde, welches heute eigentlich diesen Namen führt.

Heute meinen wir mit Geld ein Geld, das den Charakter einer konkreten Ware abgestreift hat und nichts anderes ist als Tauschmittel und Wertmaßstab. Die Entwicklung konvergierte von verschiedenen Seiten auf einen bestimmten Wertgegenstand, das Metall, welches sich besonders zum Tauschmittel und Wertmesser für beliebig zusammengesetzte Gesellschaften eignete. Es erlaubte, davon abzusehen, ob eine Gesellschaft jägerisch oder viehzüchterisch oder ackerbauerisch eingestellt war.

Das Metallgeld kann nun wiederum verschiedene Stufen erreichen. Es kann zunächst ein Metallgeld sein, welches noch nicht die Eigenschaft hat, in regelmäßigen Stücken geprägt zu werden. Es kann etwa wie Tabak oder ein Päckchen Muscheln abgewogen werden. Zu allererst haben wir Metallgeld in der Form des Barrens, des Stückes Edelmetall. Erst wenn dieses Stadium abermals verfeinert wird und, statt bei jedem Tauschakt aufs neue zu wiegen, irgendeine gesellschaftliche Instanz durch Stempeln die Gewähr übernimmt, daß dieses Stück ein bestimmtes Gewicht und einen bestimmten Gehalt habe, erst dann, wenn in Stücken fest abgeteiltes Geld vorhanden ist, ist die Geldwirtschaft kat exochen begründet.

Aber auch dort steht die Entwicklung noch nicht still. Hinter der Geldwirtschaft pflegt die Kreditwirtschaft zu kommen. Es wäre unberechtigt, Geld- und Kreditwirtschaft in harter Gegeneinandersetzung zu unterscheiden. Kredit im weitesten Sinne ist nicht etwas, was erst erscheint, nachdem die Möglichkeiten des Edelmetallgeldes erschöpft sind. Unter Umständen erscheint er vielmehr früher als die Edelmetallwirtschaft selbst. Wenn unter primitiven Stämmen ein stummer Tauschhandel besteht derart, daß an der Grenze der beiderseitigen Stammesgebiete eine Ware deponiert wird, worauf der Tauschhandelsgegner seine Ware hinlegt und die ihm überlassene fortnimmt, ohne daß die beiden sich sehen, so haben wir systematisch und logisch das Recht, von einem Kredite zu sprechen. Wer von den beiden stummen Tauschhandelsgegnern zuerst seine Ware deponiert, kreditiert dem andern mit dem Gegenwert dieser Ware. In jeder Wirtschaftsgesellschaft ist Kredit eine früh auftauchende Erscheinung. In einer Gesellschaft, die keine Metallgeldwirtschaft kennt, können doch Kreditverhältnisse als Verhältnisse der Verschuldung zwischen den Einzelwirtschaften im Gange sein. Es gibt etwa der eine dem andern ein Naturaldarlehen, z. B. Saatkörner oder Vieh. Dieses ist zu tilgen und zu verzinsen mit dem Körnerertrag oder dem Jungvieh, die später aus dem Darlehen erwachsen. Hinter dem Edelmetallgelde entfaltet sich dann die Kreditwirtschaft als etwas Neues, als Kreditgeldwirtschaft. Nunmehr wird das Geld selbst zum Kreditgegenstand. Bestimmte symbolische Gegenstände werden mit Geldcharakter bekleidet. Die Entwicklung verläuft zu einer Währung, deren Normaldarstellung nicht mehr das Edelmetall ist. Die großen Kulturstaaten haben heute so gut wie kein Edelmetallgeld mehr. Das maßgebende Edelmetall Gold liegt in den Banken versteckt; im Publikum verkehren Symbole, Darstellungen des Geldwerts durch ein Stück Papier in einer bestimmten, durch das Gesetz vorgeschriebenen Anordnung. Diese Wirtschaft dehnt sich auf alle möglichen Kreditpapiere aus. Ein solches Kreditpapier, sei es nun eine Anweisung auf eine bestimmte Kasse oder ein Guthaben, sei es ein Anteil an einer wirtschaftlichen Kapitalmasse, etwa eine Aktie, sei es eine Urkunde über ein bestehendes Schuldverhältnis, etwa eine Obligation oder ein Schuldschein, hat die Eigentümlichkeit, daß es irgendwo zu liquidieren sein wird. Irgendwo gibt es einen Ort, wo es in das geläufige Zahlungsmittel umzutauschen ist. Das ist das komplizierte Gebäude der heutigen Kreditgeldwirtschaft. Hier wird uns erspart, fortwährend im Wirtschaftsleben einen schwierigen Transport mit dem Edelmetallgeld zu treiben; wir nehmen nur noch symbolische Transaktionen vor. Im Kreditgelde brauchen wir endlich gar nicht mehr die symbolische Darstellung. Ich brauche nicht immer eine Urkunde, sondern es kann mein Kreditgeld irgendwo auf einer Bank zugute stehen und durch einen Wechsel von Büchern zu Büchern, durch ein Giro, getilgt bzw. übertragen werden.

Diese Einteilung ist nur eine der Dimensionen der Wirtschaftsgeschichte. Sie betrifft das Tauschmittel; es ist die Einteilung der Wirtschaftsgeschichte nach den Tauschmitteln. Ihr zur Seite können wir die Einteilung der Wirtschaftsgeschichte nach der Produktionsweise und dem materiellen Apparat der Wirtschaft stellen. Es ist die Einteilung nach der Darstellung des Kapitals in ihr. Unter Kapital verstehen wir dabei hier nur dasjenige, welches das dem Menschen gegenüberstehende konkrete Objekt bezeichnet, sei es, daß es von der Hand in den Mund verschwindet, sei es, daß es irgendwie aufbewahrt oder mit anderem kombiniert wird wie das heutige Sachkapital. Diese Einteilung der Wirtschaftsstufen nach dem materiellen Apparat der Wirtschaft, nach den Kapitalien, ist sehr früh aufgekommen. Im 18. Jahrhundert, als man in der Kolonialentwicklung anfing, Naturvölker zu beobachten, wurde sie von den ersten Wirtschaftshistorikern und Soziologen immer neu wiederholt. Hier ergaben sich im Ganzen der Wirtschaft gewisse Einheitsbilder, die in einer bestimmten Reihenfolge zu stehen schienen. Am Anfang der Entwicklung ließ die Forschung des 18. Jahrhunderts die jägerische Wirtschaft stehen, aus der sich dann die viehzüchterische und aus dieser wiederum die Ackerbauwirtschaft entwickeln. Hiergegen wurde eingewandt, es liege da keine Gesetzmäßigkeit vor, nicht jedes Volk durchlaufe diese Stadien der Entwicklung. Das ist offenbar ein Mißverständnis. Diese Wirtschaftsstufen der materiellen Einteilung waren kaum jemals in diesem Sinne gemeint; sie wollten vielmehr nichts anderes als Beschreibung von Gesamtzuständen sein. In diesem Sinne sind sie beliebig verfeinert worden. Karl Bücher machte den Versuch, an den Anfang dieser materiellen Stufenbestimmung eine Wirtschaft zu stellen, die nach ihm noch nicht, wie die folgenden Stufen, den Charakter eines zweckmäßigen Zusammenwirkens einer Gesellschaft zur Erzielung ihres Unterhalts trägt, nämlich die Stufe der individuellen Nahrungssuche, die ausgezeichnet sei durch das Nichtvorhandensein des gesellschaftlichen Rahmens. Jeder gehe auf die unmittelbare Auseinandersetzung mit der Umwelt aus. Hier gebe es weder Horde noch Sippe noch staatsmäßige Zusammenhänge. Mit einer Wirtschaft der Okkupation der allernächsten Gegenstände friste man das Leben. Man hat auch gegen diese Lehre sehr viel Widerspruch erhoben. Manches daran ist in der Tat psychologische Mißdeutung. Wir sind davon abgekommen, den primitiven Menschen uns als ungesellig vorzustellen. Was aber an der Vorstellung bleibt, ist die okkupatorische Tätigkeit überhaupt, die sich darauf beschränkt, das oberflächlichste Verhältnis zur umgebenden Natur in der Wirtschaft zu haben, das beim Menschen überhaupt denkbar ist. Er bearbeitet die Natur nicht, nimmt von ihr vielmehr nur Geschenke entgegen. Es wurde hierbei an einen Menschen gedacht, der nicht nur davon lebt, die Früchte des Feldes und der Bäume zu pflücken, etwa die Körner der wilden Gräser zu verzehren, sondern der überall herum Nahrung aufnimmt, wo er sie nur findet. Mit Recht kennzeichnet Bücher diese Nahrungssuche dahin, daß sie wahllos zwischen den verschiedensten Gegenständen hin- und herschwanke. Infolge der kunstlosen Art und Weise, wie sie betrieben wird, wechselt sie zwischen den Polen des unendlichen Kleinen und des unendlich Großen, zwischen Hungersnot und Überfüllung. Diese Nahrungssuche erstreckt sich nicht nur auf die Früchte des vegetativen Lebens, sie macht sich auch die Wirtschaft der Tiere zunutze. Sehr viele Tiere treiben eine Fürsorge für ihre Nahrung, die sich mit der Wirtschaft des primitiven Menschen vergleichen läßt. Der Mensch eignet sich nun etwa die von den Termiten angesammelten Körner an. Seine Nahrung erstreckt sich von den Würmern bis auf die höchsten Tiere, die er fangen kann. Er legt aber lediglich Beschlag auf die Gegenstände.

Diese okkupatorische Wirtschaft verschwindet nun bald, so sagt man, zugunsten komplizierterer Stufen. Der Jäger baut sich etwa einen besonderen Apparat, mit dem er dem Wilde nachgeht. Es kommt ein immer größeres materielles Substrat und damit ein Kapital hinzu. Hierher gehört das Roschersche Gleichnis von den Menschen, die sich anfangs die Fische mit der Hand fangen, die aber dann eine Zeitlang freiwillig sparen und hungern und diese Zeit zur Erfindung einer Angel benutzen. Damit haben sie ein Kapital und brauchen nicht mehr die Hand, sondern besitzen bereits ein Werkzeug zum Fischfang. Die okkupatorische Wirtschaft dauert heute noch fort an den Rändern der modernen Gesellschaft, und zwar überall dort, wo der Mensch es sich leisten kann, von anderen Beschäftigungen auf diese primitivsten zurückzugreifen. Okkupatorische Wirtschaft wird in den Wäldern getrieben dadurch, daß Reisigholz, Beeren oder Kräuter gesammelt werden. Vielleicht ist es nicht, wie bisweilen angenommen wird, auf Rasseverschiedenheiten, sondern nur auf Stufenunterschiede früherer Wirtschaftsentwicklung zurückzuführen, wenn noch heute sowohl der slawische wie der romanische Bauer große Pilzsammler sind, während der benachbarte deutsche Bauer sich um diese Nahrung wenig kümmert. Okkupatorische Wirtschaft, d. h. das Aufsuchen von wirtschaftlich wertvollen Gegenständen, ist sogar, in stattlichem Ausmaße betrieben, von größter Bedeutung für die moderne Rohstoffwirtschaft. In Gegenden, wo der Gummi, ein von den Gummibäumen ausgeschwitztes Harz, vorkommt, kann man diese Bäume in Plantagen züchten, man kann aber auch Jäger und Sammler haben, die in den großen Gummibaumwäldern herumgehen und mit einer von ihnen entwickelten Technik den Gummi okkupieren. Diese Sammler sind natürlich organisiert und schließlich abhängig von der Monopolorganisation unserer Gummiweltwirtschaft.

Aus der Nahrungssuche entwickeln sich andere Stufen der materiellen Ausstattung der Gesellschaft mit großer Mannigfaltigkeit. Das Bild der beiden früher naiv gefaßten Stufen der Viehzüchter- und der Ackerbauvölker bzw. -gesellschaften hat sich uns gewandelt. Wir denken heute nicht mehr, wie Schiller und unsere Aufklärer es sich dachten, den Ackerbau als die Stufe des endgültigen Eintritts früherer Gesellschaften in unsere Kultur der festen Seßhaftigkeit. Die erste große prinzipielle Veränderung ergibt sich von der Nahrungssuche zu etwas, was dem Ackerbau ähnlich ist, zum Hackbau. Er kennzeichnet sich ökonomisch dadurch, daß er ein äußerst loses Verhältnis zur Erde enthält insofern, als er den Boden nur mit einem hackenartigen Instrumente aufritzt und ihm dann diejenigen Samen anvertraut, von denen der Mensch schon auf dieser Stufe weiß, daß sie ihm einen vielfältigen Ertrag liefern werden. Diese Hacke hat sich lange Zeit als sog. Hakenpflug erhalten, wie ihn die Antike regelmäßig gebrauchte und wie er noch bis in die Neuzeit in der slawischen Welt und in den deutschen Kolonialgegenden des Ostens vorkommt. Es handelt sich hier um die Anbringung einer tierischen Kraft, eines Zuges durch ein Pferd oder einen Ochsen, an eine Hacke, um die Vereinigung von lenkender Menschen- und ausführender animalischer Kraft, um ein etwas schwereres Hackeninstrument zu bedienen. Es ist noch nicht das, was wir heute als Pflug bezeichnen. Um ein solcher zu werden, muß der Haken durch zwei Erfindungen bereichert werden. Es gehören dazu 1. die Anbringung von Rädern, die gerade Furchen zu ziehen erlauben, und 2. die sog. Pflugschar, jenes bekannte, bereits eine verbreitetere Eisenschmiedekunst voraussetzende Werkzeug, das die Aufgabe hat, größere Schollen abzustechen und umzuwenden. Wenn erst diese beiden Erfindungen gemacht sind, ist ein viel intensiveres Verhältnis zum Boden erreicht. Dieser neue Räder- und Scharpflug tritt erst verhältnismäßig spät in die Wirtschaftsgeschichte ein. Die Antike hat ihn noch nicht besessen. Die Germanen scheinen es gewesen zu sein, die aus ihrer eigenen Kultur heraus oder aus der fruchtbaren Berührung mit antiker Kultur dieses wichtige Instrument in die Wirtschaftsgeschichte eingeführt haben. Alles übrige kann sich nun daran anknüpfen. Vor allem ergibt sich da eine Verbindung zur Viehwirtschaft, da die Verwendung animalischer Kraft schon ein Element der Viehzucht darstellt.

Gesellschaftlich ist interessant, daß in sehr vielen beobachtbaren Fällen ein ganz eigentümliches Verhältnis der Geschlechter mit diesem Hackbau verbunden ist. In der Regel hat die Frau der primitiven Völker diesen Hackbau zuerst erfunden und ausgebaut. Dem männlichen Geschlechte überläßt die primitive Wirtschaft jede Tätigkeit, die die Wirtschaft nach außen fördert, die einen großen Radius des Umherschweifens zur Voraussetzung hat, mithin die Tätigkeiten des Sammelns, des Jagens, des Nomaden, des Viehzüchters. Die Frau, noch nicht wie später ausschließlich mit der häuslichen Konsumwirtschaft betraut, verwaltet andere Aufgaben, die dazu führen, daß ein solcher Hackbau auftritt. In Afrika, Australien, Amerika, überall finden wir noch heute Stufen, wo die primitiven Völker durch diesen weiblichen Hackbau in Entwicklung kommen. Irgendwo abgesondert, im Walde, legen Frauenbünde die Grundlagen dazu. Daran scheinen sich dann sehr weitgehende soziologische Folgen zu knüpfen. Heute wird allgemein die Ansicht vertreten, daß die Beziehung der Frau zum Hackbau das Umkippen der Geschlechterordnung in ein gewisses Herrschaftsverhältnis der Frau über den Mann, in die mutterrechtliche Ordnung erklärt. Das ist eine Herrschaft der Mutter, der mütterlichen Familie, wonach die Kinder und Deszendenten der Familie der Frau und nicht der des Mannes folgen. Diese Abwandlung des Familienrechts hat seit dem frühen 19. Jahrhundert große Aufmerksamkeit erweckt, und heute haben altphilologische und philosophische Strömungen die Teilnahme an den Arbeiten ihres ersten Erforschers, des Schweizers J. J. Bachofen, neu belebt. Jede solche Erfindung mußte, noch dazu in „magischen" Zeitaltern, wo alle diese Dinge des alltäglichen Wirtschaftslebens nicht wie heute in einer niederen Sphäre gesehen, sondern in die Sphäre des Verkehrs mit den Geistern und Göttern hinaufgehoben werden, dem Erfinder, hier der weiblichen Gruppe, eine ungeheuere Überlegenheit geben. Dann ist es denkbar, daß zusammen mit anderen Elementen, etwa mit Bedingungen der Knappheit des weiblichen Geschlechts (so daß viele Männer auf eine Frau kommen), sich das normale physische Übergewichtsverhältnis in der Gesellschaft so radikal umdreht, daß es jetzt die Frau ist, die von diesem Punkte einer Erfindung die Gesellschaft beherrschen lernt.

Ähnlich ist, was wir über Nomadismus und Viehzucht wissen. Die Forscher des 18. Jahrhunderts folgerten einfach, ein Viehzüchter entstehe aus einem Jäger dadurch, daß das Wild eingefangen und gezähmt werde. Diese rationale Konstruktion ist schwer an den Tatsachen zu prüfen. Doch scheint es nicht immer so ganz leicht und unmittelbar hergegangen zu sein. Wir sehen auch hier neben dem Materiellen das Geistige eine große Rolle spielen. Die Viehzucht scheint sich durchaus nicht regelhaft aus der Jagd entwickelt zu haben. Es ist sogar kaum vorstellbar, daß diese zwei Stufen oft so reinlich aufeinander gefolgt seien, daß irgendein reguläres Jagdwild gezüchtet worden sei wie das Renntier durch die Eskimovölker. In gewöhnlichen Fällen ist das Verhältnis der Zucht zahmer Herden zu der Jagd auf wilde Tierherden noch heute durchaus in den Schatten des Rätselhaften getaucht. Man weiß nur, daß der Übergang zur Tierzucht auf sehr verwikkelten materiellen und geistigen Voraussetzungen beruht. Das Halten von Vieh hat nicht immer den Sinn, daß nun mit diesen Tieren eine ausgebildete Fleisch- und Milchwirtschaft beginnt. Es gibt Nomadenstämme, die nie daran dachten, den Milchertrag ihres Rindviehes zu benutzen, die es sogar für rituell verboten halten, ihn zu verwerten, und die Chinesen genießen noch heute weder Milch noch Fleisch des Rindes, das sie als bloßes Arbeitstier halten. Anderseits gibt es Völker, die die Nutzung ihrer Herden mit einer großen magischen Religionskultur umkleidet haben. Sie blieb im allgemeinen den männlichen Schichten der Gesellschaft, den Reitern, Kriegern usw., vorbehalten. Sehr viele Entstehungsmöglichkeiten, Abarten und Entwicklungsstufen des Nomadismus und der Viehzucht sind denkbar. Die Verbindung dieser beiden untereinander ist allerdings ziemlich klar. Eine Viehzucht in größerem Ausmaße, so daß die Gesellschaft davon lebt, bedingt allemal eine mangelnde, zum mindesten aber leicht gestörte Seßhaftigkeit des betreffenden Stammes, die allerlei große Probleme der sozialen und politischen Geschichte aufhellt. Der Nomade ist in Altertum und Mittelalter wie heute etwa in Südafrika der spezifisch unruhige Mensch, den an den Grenzen zu haben, unangenehm ist, weil man immer vor ihm auf der Hut sein muß. Diese mangelnde Seßhaftigkeit kann verschiedene Stufen haben. Sie kann sich mit anderen Stufen vermengen und so einen Halbnomadismus ergeben, der schon mit Stufen des Ackerbaues zusammengeht. So gibt es z. B. eine Art des Ackerbaues, die den Boden oft wechselt, ihn etwa nach kurzer Bebauung wieder zu Wald oder Wiese werden läßt. Damit kann sich der Nomadismus der Viehzucht unschwer verbinden.

Im ganzen werden wir von diesem Zweige unserer Stufenordnung sagen können, daß er uns das Bild der großen nomadischen Viehzüchter- und Herrschervölker vor Augen stellt, die in ein Überschiebungsverhältnis zu anderen Kultursystemen treten. Hier regen sich erste große Herrschaftstendenzen, die darin bestehen, daß unruhige und wandernde Nomadenstämme die Herrschaft über mehr oder weniger seßhafte Ackerbau-, Hackbau-, Jäger-, Sammlervölker erwerben. Es ist nicht ausgeschlossen, daß der Nahrungswechsel in diesem Systemwechsel der Wirtschaft dabei ein gewichtiges Wort mitgesprochen hat und die animalische Ernährung mit maßgebend dafür wurde, daß die Nomadenvölker zu so rücksichtslosen Erobervölkern geworden sind. Aus den großen Wüsten und Steppen brachen sie immer wieder über die reicheren Länder herein, aus der innerasiatischen Hochsteppe, aus der nicht allein die „Völkerwanderung", sondern auch vorher und nachher die größten politischen Bewegungen Europas hervorgegangen sind, oder die Semiten aus der Arabischen Wüste, die keinen geringeren Einfluß auf die Weltgeschichte geübt und die große Religion des Islam hervorgebracht haben. Wenn in der Tat die höhere Kalorienzahl und die eiweißreichere Beschaffenheit dieser Fleischnahrung solche drastische, unmittelbare Wirkungen politischer, wirtschaftlicher, sozialer Art gezeitigt haben sollte, so würde das mit Beobachtungen, die wir heute machen, zusammenfallen. Bernard Shaw und andere behaupten ja, der Umstand, daß der Engländer ein großer Fleischesser sei, mache ihn zu einem so großen Eroberer. Allgemein kann gesagt werden, daß der Viehzüchter in allen primitiven wirtschaftsgeschichtlichen Stadien der politisch und sozial überlegene Mensch ist. Der Ackerbauer hingegen ist im Gegensatz zu der kulturell gehobenen Rolle, die die Aufklärung ihm zuerteilte, meist ein gedrückter Mensch, ein Leibeigener; hat einen Herrn über sich, dem der Grund und Boden gehört. Die Herabdrückung des Bauerntums, wie wir sie so vielfach in der Geschichte sehen, wird nicht selten ein Ergebnis dieser frühen Lagerungsverhältnisse der Kulturstufen sein. Der Nomade hat sich den Ackerbauer sozusagen einverleibt. In allen primitiven Gesellschaften finden wir Ausbeutung und Beherrschung materiell schwächerer Wirtschafts- und Kulturschichten durch mächtigere. Es liegt daher die Annahme nahe, daß, wenn wir keinen anderen Erklärungsgrund für soziale Unter- und Oberschichtungen finden, es sich in erster Linie um ein solches Verhältnis viehzüchterischer Nomaden zu Ackerbauern, Jägern, Sammlern handeln wird.

Die Verwirrung, in der sich die Erforschung dieser Überschiebungsverhältnisse befindet, erklärt sich daraus, daß so viele Werturteile sich dabei einschleichen. Der Streit um die wirtschaftliche Natur der Germanenvölker ist deshalb bisweilen unbewußt tendenziös geführt worden, weil man den Gedanken abzuwehren suchte, daß Vorfahren des eigenen nationalen Lebens, das eine kulturelle Intensität wie die uns in germanischer Religion und Kunst, Sage und Dichtung vorliegende aufweist, ein nomadisches Leben wie Kirgisen, Tataren oder Araber in Steppe und Wüste geführt hätten. Freilich dürfte eine Zeit, der die Entdeckungen von Leo Frobenius den Blick für die großen alten Kulturen Afrikas geöffnet haben, nicht mehr ganz so verächtlich von den „Negerhäuptlingen" reden, mit denen die Germanenkönige in Vergleich kämen. Es liegt nahe, von Halbnomadismus zu sprechen, wenn man daran denkt, wie die Völkerschaften beschaffen gewesen sein müssen, mit denen Cäsar es zu tun hatte, als er die Grenzen Galliens sicherte, und von denen uns die späteren Geographen und insbesondere Tacitus berichten. Unsere jüngste Forschung nimmt eine entschiedene Wendung zur nüchternen Beurteilung ihrer Berichte. Einen starken Einschlag nomadischen Lebens hat das Germanentum zweifellos gehabt. Wenn Tacitus von dem Streit über die Zugehörigkeit der Völker spricht, die sich östlich an die Germanen anschließen, vor allem die Wenden und die Finnen, so kann er sich nicht dafür entscheiden, daß auch sie Germanen seien, denn zwischen beiden bestehen für ihn doch zu erhebliche Gegensätze. Die Germanen, sagt er, haften schon an ihrem Hause, welches das Zentrum ihrer Wirtschaft bildet, während die Wenden und Finnen von ihrem Wagen (plaustrum) nicht loskommen. Hier sind Ähnlichkeit und Unterschied gleich klar: Es gibt Nomaden, die stets auf ihren Wagen fahren, und solche, die Zelte aufschlagen oder Häuser bauen, solange die Periode der Bewirtschaftung einer bestimmten Landschaft andauert. Die größere Seßhaftigkeit der letzteren läßt sich nicht immer auf günstigere wirtschaftsgeographische Verhältnisse, etwa auf größere Fruchtbarkeit, zurückführen, vielmehr können es allerlei Behelfe sein, die es ihnen ermöglichen, auf gegebenem Gebiete längere Zeit nomadisch oder halbnomadisch zu wirtschaften. Die Germanen sind zwar noch weithin Nomaden (denn wie könnte sonst der Vergleich auftauchen), gehören dann aber bereits dem Typus der hausbewohnenden Nomaden, die slawischen und finnischen Ostvölker dagegen gehören noch dem der Wagenfahrer an. Schon deshalb ist schwer denkbar, daß, wie der tschechische Historiker Jan Peisker behauptet, die Slawen in Osteuropa allgemein eine bäuerliche Unterschicht unter der Herrschaft germanischer und turkotatarischer Eroberer gebildet hätten. Und der gebräuchliche Name der Kelten oder Walen (Wlachen) bezeichnet in Südosteuropa noch heute vorzugsweise die Hirten der Berggegenden.

Wenn wir an die Einführung des Pfluges durch die Germanen denken, so ist allerdings nicht zu bezweifeln, daß sie auch Ackerbauer waren. Wir müssen aber fragen: Wie vollzog sich dieser Ackerbau? Unsere jüngeren Forscher haben mit Recht eingesehen, daß man die Zeugnisse der antiken Autoren trotz aller berechtigten Skepsis nicht übersehen darf. Wenn ein so weitsehender Feldherr und Verwaltungsorganisator wie Gaius Julius Cäsar von den Germanen, die er kennt, immer wiederholt: „agriculturae non student", so kann dieses Zeugnis nicht aus der Wirtschaftsgeschichte gestrichen werden. Es ist anzunehmen, daß diese

Germanenstämme in der Tat Ackerbau als Ergänzungskultur trieben, sich aber im übrigen durchaus auf ihren Halbnomadismus verließen und auch ihren Ackerbau in einer Weise betrieben, die zu erklären ist durch primitive, mit dem Nomadismus zusammenhängende Zustände. Man denke etwa an die Landverteilungen, die bei Cäsar und Tacitus so ausgesprochen zutage treten: Wenn das Land immer wieder von Zeit zu Zeit neu okkupiert und verteilt wird, so kann das nur den Sinn einer noch ruhelos wandernden Feldgraswirtschaft oder vielleicht noch mehr Brandacker(Schwende)wirtschaft, mindestens aber einer weitgehenden Verfügung der Sippe oder des Stammes, mithin einer wenn auch von Ältesten oder anderen Führern geleiteten Gruppengesamtheit über den Boden haben.

Das führt zum zweiten Hauptpunkte der Streitigkeiten, die hier geführt worden sind, zur Frage des Kommunismus oder des Privateigentums der primitiven Wirtschaft. Diese Frage ist falsch gestellt und läßt daher keine eindeutige Beantwortung zu. Daß primitive Menschen Kommunisten seien, konnte nur behauptet werden, wenn damit ein Sinn verbunden wurde, der mit kommunistischen Theorien gereifter Gesellschaftsstadien, mit einem bewußten Abbau entwickelter Marktwirtschaft nichts zu tun hat. Mit Recht hat der geistreiche englische Rechtshistoriker F. W. Maitland gesagt, das sei, wie wenn man sich etwa eine Indianerhorde in „evening dress" um ihr Feuer herum sitzend vorstellen würde. Anderseits kann Privateigentum im römischen oder modernen Sinne ebensowenig die Wirtschaft dieser primitiven Zeiten beherrscht haben. Wir können ihren eigentlichen Sinn nur in der stetigen Entwicklung ergreifen. Von den heutigen Kategorien trifft keine zu. Es war ein langsames Emportauchen individualistischerer aus kollektivistischen Methoden. Die Mischung des Ackerbaues mit nomadischer Kultur hat viel zum Beharren der kollektivistischen Methoden beigetragen; sie verhinderte individualistische Kräfte, sich an dem Boden festzuklammern. Der Verlauf wäre für unseren Fall der, daß immer wieder Nomaden erschienen, die in der eigentümlichen Zwischenlage waren, daß sie gedrängt wurden, sich allmählich seßhafter zu machen, und die dann zwischen zwei Feuern standen: hinter sich hatten sie die Ganznomaden, vor sich die seßhaften Ackerbauvölker, zu denen nur ein Verhältnis der Beherrschung oder aber friedlicher Durchdringung, horizontaler Nebenordnung möglich war. So haben sich die Germanen über die Kultur der römischen Provinz hinüber- oder in sie hineingeschoben. Diese Möglichkeit erhellt uns auch überall die noch ferneren Hintergründe der Weltwirtschaftsgeschichte. Überall ist menschliche Kultur an einer Reihe von Brennpunkten entstanden, die sich am allgemeinsten als Brennpunkte einer Auseinandersetzung zwischen Viehzüchter- und Ackerbauerkulturen bezeichnen lassen. Man hat viel von den Deltakulturen an den großen Strommündungen gesprochen, etwa der ägyptischen Kultur am Nildelta, der mesopotamischen im Zweistromlande, der chinesischen an den großen chinesischen Strömen, der amerikanischen, die sich vielfach an ähnlichen Stellen lagerte. Diese Flußlage der ältesten Kulturen ist aber nur einer der Umstände, die solche Kulturtypen hervorriefen. Ein zweiter, nicht weniger wichtiger ist der, daß hier wahrscheinlich ein Zusammentreffen von erstansässigen Ackerbauern und viehzüchterischen Nomaden als sich über sie schiebenden Herrschern stattgefunden hat. Das Delta spielte wohl lediglich die Rolle des verstärkenden Elements; es bot die Möglichkeit bequemeren Verkehrs und fruchtbareren Bodens.

Eine dritte Stufenordnung endlich beleuchtet dieselben Dinge von neuer Seite und ist daher so wenig überflüssig oder gegensätzlich wie die anderen. Es ist die Ordnung der vor allem räumlich gedachten Organisationsformen. Diese Ordnung hat es zu tun mit der Erweiterung der Wirtschaftskreise, mit dem Aufwachsen der Wirtschaft von kleineren in immer größere Kreise. Am Anfang steht also ein kleinster Kreis, umfasse er eine herumwandernde Pygmäenfamilie in Innerafrika oder Ceylon, die allein im Dschungel ihre Nahrung sucht, umfasse er die Wohnung einer Sippe oder eine ganze Siedlung, etwa ein Dorf. An diesen Begriff hat die Stufenordnung angeknüpft. Es ist der des Hauses, des Oikos der Griechen, der Domus der Römer, der Zelle der menschlichen Wirtschaft. Immer hängt diese irgendwie zusammen mit der Zelle, die noch heute die Wirtschaft aufbaut. Noch heute erscheint bis auf gewisse Auflösungserscheinungen der Hausverband der Familie als egoistische, nach außen abgeschlossene Wesenheit, in der sich eine grundsätzlich andere Ordnung entfaltet als draußen auf dem Markte; gewöhnlich handelt es sich um einen mehr oder minder eindeutigen Kommunismus. Dieser Hausbegriff ist historisch dadurch festgelegt, daß wir wissen, die ersten systematischen Gedanken über Wirtschaft, diejenigen der Griechen, haben sich an ihn angeschlossen, und die Wissenschaft und Lehre von der Wirtschaft trägt heute noch daher den Namen Ökonomie. Karl Rodbertus hat diesen Begriff des Oikos der Stufenfolge zugrunde gelegt, die die Erweiterung der Wirtschaftskreise zeigen soll. Diese Lehre ist heute noch nicht altmodisch geworden, sie hat uns wichtige grundsätzliche Dinge über den Verlauf der Wirtschaftsgeschichte zu sagen. An ihrem Anfang der Entwicklung steht ein kleinster Kreis, an ihrem Ende die Verbundenheit der größeren und größten Wirtschaftskreise zu etwas, das wir Welt- oder Universalwirtschaft nennen.

Das negative Merkmal des Haushaltsbegriffes, wie Rodbertus ihn einführte, ist das Nichtvorhandensein oder doch irgendeine Einschränkung der Verkehrs- und Tauschwirtschaft. Da haben wir einerseits die Verbrauchswirtschaft des geschlossenen Haushalts, in dem wir heute noch als Kommunisten wohnen, und anderseits um ihn herum die entfaltete Wirtschaft, wo sich solche Konsumwirtschaften als Parteien äußerlich gegenüberstehen und nun zusammen die Marktwirtschaft bilden. Dieser Gegensatz ist bis heute gültig und begrifflich sehr fruchtbar geblieben. Die meisten Historiker und einige Nationalökonomen haben die überflüssige, wenngleich zutreffende Bemerkung gemacht, daß es keine Wirtschaft, auch nicht die beschränkteste Haus- oder Sippenwirtschaft, ohne irgendeinen Tausch gebe. Es ist jedoch ein Mißverständnis, von dieser Erkenntnis aus den Oikosbegriff der „Bedarfsdeckungswirtschaft" entwurzeln zu wollen. Denn daß primitive Zeiten einen ausgedehnten Handelsverkehr mit einzelnen Waren zeigen, beweist erst recht, was wir mit dem Oikosbegriff sagen wollen. Überall da, wo es in alten Zeiten oder primitiven Zuständen einen solchen Fernhandel, sei es über Kontinente hin, sei es auf den Wasserwegen, gibt, können wir nationalökonomisch feststellen, was diesen Tauschhandel in Bewegung setzt: Es handelt sich da nicht um Waren des alltäglichen Bedarfes, sondern um Dinge, die eine so große Ausnahmsstellung im ganzen oder besser an der Grenze der Wirtschaftsgesellschaft haben, daß erst diese es möglich macht, einen solchen Handel mit ihnen zu treiben, sei es im absoluten oder im relativen Sinne der Überwindung der Transportwiderstände. Es müssen edle oder doch sehr begehrte Metalle oder wichtige Ergänzungsgüter wie Salz oder aber ausgesprochene Luxuswaren sein, die alle im Verhältnis zu ihrem Gewichte wertvoll genug sind, um die Entfernungen, und dann freilich in der Regel selbst sehr große, zu überspringen. Es ist ein Handel mit den Stoffen für Geld, Waffen oder Repräsentation der Gesamtheit, daher oft von Staat zu Staat, ein Handel für König und königliche Kaufleute. Mit der Alltagswirtschaft des gewöhnlichen Menschen hat er nichts zu tun. Dieser Handel über die Meere und auf den großen Karawanenstraßen über die Kontinente beweist also gerade, daß kein anderer möglich ist und die Binnenwirtschaft ohne Tausch abläuft.

Wie es den Historikern nicht gelungen ist, den Oikosbegriff des Rodbertus zu beseitigen, so geht auch der starre Schematismus der sozialistischen Wirtschaftshistoriker, die mit Karl Marx nur den Gegensatz der sogenannten (urkommunistischen) Gesellschaftswirtschaft und der mehr oder weniger entfalteten Warenwirtschaft kennen, an dem Kern der Sache vorbei. Das an sich wichtige Marxsche Schema ist nicht aus Tendenzgründen abgelehnt worden, sondern ist zu eng für die feinere Unterscheidung wirtschaftsgeschichtlicher Organisationsformen. Deshalb hatten zunächst Karl Bücher, Gustav Schmoller u. a. ganz Recht, in Fortbildung der Anschauungen von Rodbertus zu fragen: Welches sind die räumlichen Gesamtheiten, in denen sich Oikoszellen zugleich addieren und auflösen? Marx schiebt da eine „Stufe der einfachen Warenproduktion“ ein, auf der wohl für den Markt, aber noch nicht kapitalistisch produziert wird. Das ist ein durchaus fruchtbarer Gedanke, aber volle Frucht trägt er erst durch Zergliederung in die Stufen der verschiedenen Marktgrößen.

Da ist zunächst die mehr oder minder geschlossene Siedlungswirtschaft, etwa die Wirtschaft des Dorfes, die Wirtschaft der Stadt, die nicht dadurch erledigt sind, daß man sie auf die Stufe der urkommunistischen Gesellschaftswirtschaft oder einer einfachen Warenproduktion verweist, sondern die viele soziologisch besondere und bemerkenswerte Züge aufweisen. Auf der anderen Seite bilden sich über diesen Zellen die flächenhaften Gebilde, die über die punktförmigen Gebilde von Dorf und Stadt herausragen: die Territorial-, die Staats-, die Volkswirtschaft, über denen sich schließlich irgendeine Weltwirtschaft aufbaut. Natürlich ist auch hier wieder an den Relativismus dieser Einteilung und daran zu erinnern, daß diese Typen keineswegs ein für allemal feststehen. So z. B. vermögen nicht nur, sondern pflegen geradezu, wie das Beispiel des primitiven Fernhandels zeigt, schwächere nahe mit stärkeren weiten Zusammenfassungen Hand in Hand zu gehen. Dieser Vorstellung von der Ausdehnung des Punktuellen zum Flächenhaften hat man den Vorwurf gemacht, daß sie einseitig nach europäischer Wirtschaftsgeschichte oder gar nach mitteleuropäischen Erfahrungen konstruiere. In Wirklichkeit ist sie nicht nur geschichtlich, sondern auch gegenwärtig noch von der allgemeinsten Bedeutung. Immer wieder, auch in der Gegenwart, ist Kommunalwirtschaft eine Art Vorschule für landschaftliche oder staatliche Wirtschaft. Nächst der Kommunalwirtschaft ist territoriale Wirtschaft ein Stadium von unleugbarer Selbständigkeit. Sogar die festgeschlossensten Nationalstaaten fallen immer wieder in die territoriale Gliederung zurück. Man denke nur an die „regionalistischen“ und „devolutionistischen“ Bestrebungen in Frankreich und England; noch deutlicher ist es in dem bundesstaatlich organisierten U.-S.-Amerika und Deutschland. Was endlich den Begriff der Volkswirtschaft betrifft, so erscheint es liberalen und sozialistischen Gedankengängen immer wieder so, als ob hier sich die Politik in die Wirtschaftslehre einschleiche, der nationale Gedanke den wirtschaftlichen verfälsche. Aber schon, daß politische Grenzen die Wirtschaft, sei es auch in schädlicher Weise, zerschneiden können, lehrt, wie maßgebend sie für die Wirtschaft sind. Darüber hinaus aber handelt es sich hier um höchst wichtige rein ökonomische Einsichten. Ein Verkehrsganzes ist nicht bloß das historisch-politische Bild einer Stadtwirtschaft, Territorialwirtschaft, Staatswirtschaft, Staatenbündniswirtschaft. Es ist vielmehr, auch unabhängig von diesen politischen Faktoren und Größen, eine Wirtschaft, in der ökonomische Größen miteinander vertauscht werden, innerhalb deren sich die Grundlagen der Produktion verschieben können. Wenn wir in der Theorie annehmen, nur da herrschten im eigentlichen, unmittelbaren Sinn unsere Preisgesetze, wo ständig Ware, Arbeit und Kapital ab- und zuwandert, alles im Austausche begriffen ist, eine Ausgleichung wirtschaftlicher Störungen und Spannungen sich dadurch vollzieht, daß von Punkten höheren nach solchen tieferen Druckes wirtschaftliche Kräfte ständig ab- und zuströmen, so begreifen wir auch den theoretischen Wert der Lehre davon, wie sich die Verkehrs- und Marktwirtschaft zu immer größerer und weitergreifender Einheitlichkeit bildet.

II. Das Altertum.

Agrar- und Geldwirtschaft. Küsten- und Binnenkultur. Haus- und Marktsklaverei. Byzanz.

Die große Frage der antiken Wirtschaftsgeschichte lautet: Was ist damals geschehen, das einerseits die Entstehung des modernen Wirtschaftskreises zu begründen, anderseits eine so unerklärliche Erscheinung wie den Untergang einer ganzen Kultur herbeizuführen vermocht hat? Wie stellt sich diese unerhörte „Kulturzäsur" wirtschaftsgeschichtlich dar? Man muß sich bei der Beantwortung dieser Frage hüten, von der großen literarischen Modeerscheinung der Spenglerschen Untergangsthesen auszugehen. An Dinge anknüpfend, die der französische Forscher Fustel de Coulanges schon vor ihm gesagt hat, vertritt Alfons Dopsch die Auffassung, daß von der Antike in der abendländischen Wirtschaftsgeschichte ein gut Teil mehr am Leben geblieben sei, als man sich gewöhnlich vorzustellen pflegt, daß die Germanen mit ihrer „barbarischen" Kultur nicht imstande gewesen seien, die große Schöpfung antiker Kultur über den Haufen zu werfen, es sich hier vielmehr um eine weitgehende Kontinuität zwischen der Antike und der Nachantike handele, die diese Zäsur irgendwie ausgefüllt habe. Dopsch wird nicht müde, immer wieder auf Erscheinungen hinzuweisen, die eine solche Fortführung antiker Dinge in unserem Wirtschaftsleben darstellen. Seine These ist in eine Reihe zu stellen mit jenen modernen Auffassungen der Renaissance, die nicht ohne Grund die übliche Vorstellungskurve, um Christi Geburt oder wenigstens seit der Völkerwanderung verschwinde das antike Kulturgut und tauche erst in der Renaissance wieder auf, ablehnen und die Kurve durch eine viel geradlinigere Vorstellung ersetzen wollen.

Es ist aber noch eine zweite Art des Vorgehens möglich. Sie besteht darin, in der antiken Kultur und Wirtschaft diejenigen Elemente zu untersuchen, die eine innere Senkung ihres eigenen Niveaus, einen inneren Verfall ihres eigenen Lebens schon vor der Auseinandersetzung mit den germanischen Erobervölkern darstellen, ja die Ursache dieses Überranntwerdens durch neue Völker bilden würden. Das wäre wissenschaftlich eine befriedigendere Lösung. Dann sähen wir, daß die Antike nicht von außen umgestoßen worden, auch nicht in sich zusammengebrochen, sondern in einem jener Prozesse, wie wir sie überall im historischen Leben beobachten, langsam in die spätere abendländische Kultur und Wirtschaft übergegangen sei. Neben der Zäsur wäre hier auch das Katastrophale dieser Ereignisse gemildert.

Die Antike ist in den Zeiten, in denen ihre volle Überlieferung strahlt, in den Zeiten der großen Literaturwerke, die heute einen Grundstock unserer humanistischen Bildung bilden, eine überragende Erscheinung, die, gegen das Mittelalter gehalten, die Empfindung erwecken mußte: erst ist es licht, dann wird es dunkel.

Diese Auffassung ist auch wirtschaftlich ausgeprägt gewesen, und zwar nicht bloß nach der Seite der Bewunderung hin. Schon bei Niebuhr, dann aber insbesondere in Mommsens Zeit wurde es üblich, die Spätantike mit dem Kapitalismus zu vergleichen. Die Spätantike, so argumentierte man, sei untergegangen, wie unser Kapitalismus einmal untergehen werde oder wenigstens unterzugehen drohe. Diese Gedankengänge waren typisch für die beiden Schulen des politisch-ökonomischen Denkens, die im 19. Jahrhundert an der Spitze standen, die liberale und die sozialistische. Aber schon Mommsen rief durch eine Überspitzung dieser These der Annäherung der antiken Verhältnisse an die moderne Zeit den berechtigten Widerspruch Karl Marx' hervor. Wenn dieser damit begann, den Vergleich auf ein gebührliches Maß zurückzuführen, so konnte er sich dabei an jene Rodbertus-schen Arbeiten anlehnen, von denen wir bereits in der Wirtschaftsstufenlehre sprachen. Gewiß finden wir in der Antike das Bild einer Geldwirtschaft in den damaligen Weltstädten. Zu den intimen Angehörigen dieser Geldwirtschaft gehört der ganze Kreis der damaligen römischen Intelligenz, die Cicero und Atticus, Seneca und Plinius, ein Kreis von reichen Geschäftsleuten, der vieles gemein hatte mit dem, was man an dem reifenden Kapitalismus des 19. Jahrhunderts beobachten konnte, und der besonders alle Schattenseiten einer gesteigerten Geld-, Verkehrs- und Kreditwirtschaft zu zeigen schien. Die feine Geistigkeit, die auch ins Ethische umschlägt, verkörpert in der stoischen Weltanschauung des inneren Friedens und der Harmonie, des Pazifizismus und der Völkerversöhnung, der menschlichen Persönlichkeitsachtung, finden wir dort wie hier vielfach getragen von Menschen, die im wesentlichen den Reichtum ihrer Zeit besaßen, mit ihrem Vermögen in der römischen Provinz herumwucherten und aufs engste mit der Staatsleitung verflochten waren. In scheinbar schroffem Gegensatz zu diesem Bilde einer im Reichtum entwickelter Geldwirtschaft lebenden Gesellschaft steht nun der Oikosbegriff des Rodbertus, der zwar zugab, daß Reichtum, sogar ein eigentümlich gesteigerter Reichtum des Verbrauchs, des persönlichen, häuslichen Luxus, in der Antike geherrscht habe, der aber bestritt, daß dieser Reichtum sich auf irgendetwas wie modernen Marktverhältnissen, Industrie und Lohnarbeit, aufgebaut habe, vielmehr wollte, daß die Hauptproduktion der Antike in dem häuslichen Rahmen, sei es der Bauern-, sei es der vornehmen Herrenwirtschaft, verlaufen sei. Diese beiden Auffassungen haben sich seit der Zeit Mommsens und Rodbertus' immer mehr ausgeglichen, wobei die Historiker im allgemeinen mehr zur Mommsenschen, die Nationalökonomen mehr zur Rodbertusschen Seite hinneigten.

Lange hat die Wissenschaft mit den Augen der alten Schriftsteller wesentlich die Hauptstadt und die anderen Hauptstätten des literarischen Lebens der Antike, nicht aber all das, was im Schweigen herumlag, ins Auge zu fassen. Erst die aus dem Boden gegrabenen Inschriften und Papyri haben uns diese schweigende Antike sehen gelehrt. Das gilt sowohl für das Rechtsleben, wo in den Provinzen sich ein eigenes Recht neben dem zentralrömischen gebildet hat, das Reichsrecht zu einem Volksrecht geworden ist, als auch für das Wirtschaftsleben. In der Provinz gewahren wir neben der Reichs- auch eine Volkswirtschaft der Antike.

Wenn wir ihre beiden charakteristischen Züge, einerseits die unzweifelhaft entwickelte geldwirtschaftliche Situation, anderseits die primitive Bauernkultur, auf einen Generalnenner bringen wollen, können wir zwei Wege einschlagen. Max Weber schlug einen regionalen, wirtschaftsgeographischen Weg vor. Nach ihm steht die Sphäre der sog. Küstenkultur der Antike, die Randsphäre, die sich begnügt, von einem städtischen Mittelpunkte aus durch Ergreifung des Randes der Länder, vor allem der Küsten des Mittelmeeres, wiederum in Städteform eine geldwirtschaftlich hochentwickelte Kultur aufzubauen, im Gegensatz zu einer naturalwirtschaftlichen, bäuerlichen Binnenkultur, die der Provinz ihren Charakter gab. In die langsame Entwicklung von punktförmigen zu flächenhaften Wirtschaftsgebilden schiebt Weber noch die Linie der Küsten- oder Randwirtschaft ein. Julius Hatschek hat dann diese Weberschen Kategorien der Küsten- und Binnenkultur auf das heutige Britische Reich angewandt. Er meint, daß auch dieses aufgebaut sei auf und seinen Untergang finden werde an dem Gegensatze der Randkultur der großen Verkehrsadern und einzelnen Großstädte im Weltreich und der dahinter liegenden Binnenkultur, etwa der Eingeborenenstaaten, die es ihm ebensowenig gelingen werde in seine Kultur einzubeziehen, wie es den Römern gelungen sei, diese Aufgabe zu lösen.

Die zunehmende Beschäftigung mit den römisch-germanischen Altertümern besonders des Rheinlandes hat es ermöglicht, die Webersche Theorie der Küsten- und Binnenkultur zu prüfen und uns auch hier zu einer ausgeglicheneren Ansicht zu verhelfen. Auf der einen Seite wird dabei der Nachdruck, der auf Webers Küstenkultur liegt und diese zu einem entwickelten Kapitalismus werden läßt, etwas herabgestimmt durch den Nachweis, daß es auch inmitten dieser Küstenkultur primitive Züge genug gegeben hat. Auf der anderen Seite zeigt sich, daß die Binnenkultur der römischen Provinz nicht gar so gering gewesen ist, wie Weber sie eingeschätzt hat. Wenn die Provinz auch keine wesentliche Marktbildung und höhere gewerbliche Arbeitsteilung aufwies, so bildete sie doch ein außerordentlich merkwürdiges, gewerbswirtschaftlich aufgelockertes Ganzes, worin sich fortwährend ein industrieller Austausch mit Rom vollzog und so die Provinz allmählich, entweder durch Weiterbildung alter Haus- und Bauernindustrien oder durch Übernahme von Rom, eine Reihe von beachtenswerten Gewerben entwickelte. Ein bedeutendes einheimisches Textilgewerbe gab es z. B. in Germanien und Gallien an den Küsten des Kanals und der Nordsee, wo sich auch später wiederum ein Mittelpunkt der Hausweberei findet. Auch das große Bedürfnis der Provinz an Schmuck- und Gebrauchskeramik, das wie der übrige Luxusbedarf hauptsächlich von den Herrenhöfen (villae) der Mächtigen ausging, wurde nicht nur von den alten Produktionsstätten Italiens befriedigt, sondern überall in Gallien lernte man die schöne Terra Sigillata und andere Modewaren der Töpferei selbst herstellen.

Die eigene Antwort der Altertumsforschung auf die Frage nach den Ursachen des Verfalls dieser Provinzialkultur ist bezeichnend für die heutigen Historiker: Es sei, so meint man, das politische Element, die Konstitution des spätantiken Staates als eines allmächtigen Wesens gewesen, die die Wirtschaft verschlang, ihre Autonomie nicht aufkommen ließ. Gegenüber solchen Erklärungen aus einer äußeren Störungsursache wird man doch fragen müssen, ob nicht auch im wirtschaftlichen Organismus selbst etwas enthalten gewesen sei, das den Eingriff von außen herausforderte oder sich mit den politischen Störungen erst verbinden mußte, um den Untergang herbeizuführen.

In den Diskussionen zwischen den beiden Polen einer kapitalistischen und einer Oikosantike gibt es einen Standpunkt, der solche Erörterungen überhaupt ablehnt: Wir hätten hier mit unseren wirtschaftstheoretischen Begriffen Halt zu machen, es handle sich in der antiken Wirtschaft um eigene Kategorien, die keineswegs auf gleiche Linie mit heutigen Wirtschaftserlebnissen zu stellen seien. Diese Richtung ist an sich eine durchaus gesunde Rückwirkung auf die Versuche vieler Historiker, in der Antike immer nur die Kämpfe und Fehler der Gegenwart mahnend oder warnend wiedergespiegelt zu sehen. Aber diese Richtung führt uns gleichzeitig von dem systematischen Erkenntniswillen ab, den wir immer an die Wirtschaftsgeschichte heranbringen sollten. Wenn wir darauf verzichten, Entwicklungsmaßstäbe anzuwenden, die uns die Dinge vergleichbar machen, dann wird die Wirtschaftsgeschichte zu einem Konglomerat nebeneinanderliegender, unverbundener Systeme, das im Grunde nur noch durch irgendeine Intuition, eine unmittelbare Versenkung faßbar ist. Um möglichst viele Tatsachen zu erklären und zu verstehen, müssen wir jenen Weg der Mommsen und Rodbertus gehen, selbst wenn wir danach streben, ihn immer zu vervollkommnen und zwischen seinen verschiedenen Zweigen zu vermitteln.

Hier muß die Leistung des Sozialismus betont werden. Die Marxsche Ausrichtung des Blickes nach der kapitalistischen Lohnarbeit und Marktwirtschaft hin hat uns doch viele strittige Dinge in der Antike erklärt. Von da aus hat namentlich der italienische Jurist Giuseppe Salvioli einen ersten Versuch gemacht, das Wirtschaftsleben, wenigstens der römischen Antike, als eine Mischbildung aus der primitiven Oikoswirtschaft, die überall zugrunde liegt, und einzelnen selbst raffinierten Formen der Verkehrs- und Geldwirtschaft verständlich zu machen. Er hat damit die Antike auf die Wirtschaftsstufe gestellt, die Marx die einfache Warenproduktion genannt hat, wo die Bedarfsdeckungswirtschaft anfängt, von Märkten abhängig zu werden, die entscheidende Wendung zum eigentlichen Kapitalismus aber noch fehlt, die aus dem Markte heraus die großen Lohnarbeitssysteme herstellt. Unsere Betrachtung würde danach, statt die antike Wirtschaft an einem übersteigerten Kapitalismus scheitern zu sehen, in den Gedanken münden, daß sie an einem Nichtdurchbrechenkönnen des Kapitalismus zugrunde gegangen sei, nicht an einem Zuviel, sondern an einem Zuwenig an kapitalistischer Wirtschaft. Die antike Wirtschaft drängte ihrer ganzen Anlage nach auf den Kapitalismus hinaus, ohne daß es ihr gelang, ihn zu erreichen.

Daß die Bedarfsdeckung des Oikos das überwiegende Wirtschaftsziel des antiken Menschen gewesen ist, geht schon daraus hervor, daß die Einstellung des antiken Wirtschaftsdenkens von Xenophon und Aristoteles bis auf die „Rustikal"-Literatur der Cato, Varro und Columella bei allem, selbst überspitztem Erwerbssinn doch durchaus auf den Begriff des „Haushalts" beschränkt blieb. Für die Masse der Menschen im Altertum war das eine kleine bäuerliche Familienwirtschaft, wie sie durch die Arbeitskräfte blutsverwandter und patriarchalisch zusammenlebender Generationen bestimmt ist. Im Widerspruch dazu scheint die Äußerung Plinius' des Älteren in der „Historia naturalis" zu stehen: „Latifundia perdidere Romam et provincias." Hieraus müßten wir, scheint es, auf ein Land schließen, das in Großgüterkomplexen bewirtschaftet wird. Es ist aber schon hier die für die ganze Agrargeschichte ungemein wichtige Unterscheidung zwischen Besitz-

und Betriebsverfassung zu machen. Ein Latifundium ist auch heute niemals ein einheitlich bewirtschaftetes Gut, sondern umgekehrt eine Landmasse, die wegen ihrer Größe nicht mehr in einem Betrieb bewirtschaftet werden kann, die nur einem und demselben Eigentümer gehört. Im Altertum vollends ist der Großbesitz nur in den allerseltensten Fällen ein Großbetrieb. Der Boden steht unter der Bewirtschaftung von Kleinbauern, wobei dahingestellt bleiben mag, ob wir uns in früheren Zeiten auch nur für einzelne Länder und Völker ein durchgängiges Freibauerntum vorzustellen haben. In geschichtlicher Zeit sind diese Bauern jedenfalls großenteils abhängig von feudalen Oberschichten, werden zu königlichen, Adels- oder Tempelbauern, oder aber sie werden von der Stadt und ihrer Gewerbe- und Geldwirtschaft in schuldrechtliche Abhängigkeit gebracht. Die Auseinandersetzung der Stadt mit dem Bauerngut ist daher für alle antike und auch die alte und neue orientalische Wirtschaft charakteristisch. So haben sich, um ein Beispiel herauszugreifen, in der jüdischen Gesellschaft auf dem engen syrischen Küstengebirgslande fortwährend solche Auseinandersetzungen zwischen städtischen und bäuerlichen Kreisen abgespielt. Die religiöse und allgemeingeistige Spannkraft, die sich das Judentum durch die Jahrtausende bewahrt hat, ist von den Propheten zuerst im Kampf gegen die Knechtung des Bauern durch eigene und fremde Städte erweckt worden.

Das antike Bauerngut war in eine Siedelungsgenossenschaft, in einen Nachbarschaftsrahmen eingebettet und hatte daran einen zähen Halt gegen die Kräfte, die von außen eindrangen, seien es Kräfte der politischen Knechtung, einer vom Staate legitimierten Grundherrschaft, oder Kräfte, die den Bauern wirtschaftlich an städtische und andere Gläubiger verschuldeten. Wenn wir jedoch das Fortleben dieser ewigen, auch technisch unbeweglichen Bauernkultur betrachten, die Vermehrung der Bevölkerung auf dem Grund und Boden, die allmählich zu einer Teilung, einer Parzellierung des Bodens und so zur Bodenknappheit führt, so stoßen wir auf ein weiteres Element, das vielleicht die wichtigste Rolle spielte: die Erschöpfung der Bodenkräfte, das Nachlassen der Fruchtbarkeit, die Zusammendrängung des Nahrungsspielraumes auf einen Bruchteil dessen, was er früher gewesen war. Wie im heutigen China ist vielleicht auch in der Antike der Staat nicht zuletzt daran zugrunde gegangen, daß aus einer stagnierenden Landwirtschaft auf übervölkertem Boden die steuerüberlasteten Bauern davonliefen oder verkamen.

Um über den ländlichen Kredit Klarheit zu gewinnen, müssen wir zwei Möglichkeiten ins Auge fassen: Einerseits ein Hineingreifen von Kreditgebern von außerhalb und damit ein Hineinziehen des Bauerntums in den städtischen kleinen und großen Leihkapitalismus, wie es überall die typische Ursache der Bauernaufstände wird. Auf der anderen Seite Erscheinungen des nachbarschaftlichen Kredites, der nicht bloß in Form konkreter Leistungen, etwa der Hilfe auf dem Acker, beim Hausbau u. ä., sondern auch in der Form der Geldhilfe bestanden haben mag. Vielleicht kommt uns die jüdische Geschichte mit ihren Agrarproblemen etwas näher, wenn wir uns dieses Nebeneinander von städtischem Geldkredit und landwirtschaftlichem Nachbarschaftskredit vorstellen. Nach dem heiligen Gesetz fand alle sieben Jahre, im sog. Hall- oder Jubeljahr, ein allgemeiner Erlaß der Schulden statt. Vielleicht handelt es sich hier nicht um die Verschuldung zwischen verschiedenen Wirtschaftskreisen, sondern um eine Erscheinung innerhalb der uralten Siedelungsgenossenschaft, die es dem Nachbarn, der Kredit gegeben hatte, ins Gewissen rückte, auf das geliehene Kapital periodisch zu verzichten.

Es ist versucht worden, die Not des antiken Bauern mit sozialen Bewegungen der Neuzeit zu vergleichen. Bücher hat die lange Reihe der Agrarrevolutionen um die Mitte des 2. vorchristlichen Jahrhunderts geschildert, jene charakteristische Epoche, die der schließlichen Auseinandersetzung Roms mit Karthago und auch mit dem Hellenismus, anderseits aber auch den gracchischen Unruhen, dem Höhepunkt der innerrömischen Agrarkrisen, unmittelbar vorausging. Diese Bewegung reichte bis nach Asien, wo sie in den Diadochenstaaten ihren lebhaftesten geistigen Ausdruck in einer Propaganda philosophisch-religiöser Utopien erhielt. Vor solchen Erscheinungen gewinnt die Rede von einem antiken Sozialismus und Kommunismus, die Richard Pöhlmann in die Wirtschaftsgeschichte eingeführt hat und die im allgemeinen mit Vorsicht aufzunehmen ist, ihre größte Berechtigung. Nur ist nicht zu vergessen: Der Gegner dieses „Sozialismus" war überwiegend ein städtischer Frühkapitalismus, der sich nicht recht ausleben, kein Unternehmertum aus sich heraus erzeugen konnte. Daher war er auf die Bewucherung der Bauern angewiesen, die die Grundherrschaft, der Steuerstaat und die eigene Beharrung auf dem Lande festhielt.

Sehr hoch ist also in der Tat auch die Bedeutung der staatlichen Faktoren zu veranschlagen. Rom war mindestens seit dem 3. nachchristlichen Jahrhundert ein großer Militärstaat, in dem alle Wirtschaft in staatliche Leistungssysteme zur Erhaltung der ungeheuren Zivil- und Militärverwaltung eingespannt war. Diese Leistungen drückten den Bauern wie eine Schraube ohne Ende. Schon hier sind Erscheinungen typisch, die später die abendländische Wirtschaftsgeschichte kennzeichnen. Ein viel weniger mächtiger, jüngerer Staat kann da mit dem älteren römischen darin verglichen werden, daß auch er technisch zu wenig ausgebildet war, um die ganze Sphäre eines weiten Reiches in seiner Hand zu halten, und deshalb städtische und grundherrliche Aristokratien bildete, seine Macht ihnen übertragend, an sie aufteilend. Dies ist das Wesen der abendländischen sog. Feudalität. Man hat also ganz mit Recht auch von einem antiken Feudal- und Lehnssystem gesprochen. Der Bauer ordnete sich im römischen Reiche ebenso leicht in feudale Zusammenhänge ein, wie später in den germanischen Staaten. Der Staat begünstigte diese Bildung feudaler Kreise sowohl auf dem Lande als in der Stadt, deren wohlhabendste Schichten als „Kurialen" zwangsweise herbeigezogen wurden, um im Rathaus, der Kurie, die städtischen Ämter zu versehen. Neben der eigentlichen Verwaltung aber bestand der Hauptsinn dieser Ämter darin, dem Staate für seine Einkünfte zu haften. Der Staat schob zwischen sich und die Grundlage der Wirtschaftskraft, die große Bauernschicht, die ausgedehnte Mittelinstanz der großen Grundherren auf dem Lande und der kurialen Schichten in der Stadt ein. Damit war die antike Wirtschaft entwurzelt. Der Staat hielt diesen kostspieligen Apparat der Verwaltung noch eine Zeitlang aufrecht, dann wurde das große Schwungrad immer kraftloser. Die römische Reichskultur, namentlich die Provinzialkultur, wurde von den halbnomadischen germanischen und slawischen Völkern nicht so sehr überrannt als durchzogen und durchsetzt, indem schon Caracalla neben den romanisierten Provinzialen auch allen Fremdstämmigen in den

Reichsgrenzen das römische Bürgerrecht verlieh und seit der Völkerwanderung allenthalben die Fremdvölker als Gäste (hospites) im Gemenge mit den provinzialen Wirten (possessores) siedelten. Allmählich wandelte sich diese spätrömische in eine jung-nachrömische Feudalkultur. Die Bedeutung des großen Mittelpunktes Rom schwand über dieser Rückbildung der Provinzialkultur.

Wenn man die antike Wirtschaft als ausgesprochen kapitalistisch charakterisieren wollte, so wies man naturgemäß immer wieder auf die Sklavenwirtschaft hin. Was bei uns, so meinte man, der Lohnarbeiter bedeute, das sei in der Antike der Sklave gewesen, das Instrument, womit man große Kapitalien akkumulierte und in Arbeit zu Kultur- und Wirtschaftserfolgen entsprechend der Gegenwart umwertete. Julius Beloch, der durch bevölkerungsstatistische Berechnungen zu dem richtigen Ergebnis kam, daß die Ausmaße der antiken Land- und Stadtwirtschaft geradezu winzig gewesen seien im Vergleich mit denen der modernen kapitalistischen Länder, hat doch ebenfalls den Fehler begangen, der antiken Sklaverei ein allzu großes Gewicht beizulegen. Einen Hauptgrund für den Verfall der Antike sieht er in der Verdrängung der freien Arbeit auf dem Lande und in der Stadt durch die Sklavenwirtschaft. Aber aus allen heutigen Annahmen über die Verbreitung der Sklaverei in der antiken Welt geht hervor, daß die Sklaven damals gar nicht imstande gewesen wären, eine eigentlich kapitalistische Wirtschaft zu tragen. Sie machten nur ein Fünftel bis ein Viertel der gesamten Bevölkerung selbst in den entwickeltsten Städten des Altertums aus. In diesem Zahlenverhältnis konnten die Freien natürlich nicht von ihnen verdrängt werden.

Wir können überhaupt von der Sklaverei nicht als von einer einheitlichen, überall gleichwertigen wirtschaftlichen Größe sprechen. Die Art und Weise, wie sich das Eigentumsrecht an den Menschen jeweils auswirkte, ist wirtschaftlich von einer Menge verschiedener Faktoren abhängig gewesen. Auf die Frage, woher die Sklaven eigentlich in die Gesellschaft kommen, gibt es meist eine eindeutige Antwort: Sklaven produziert der Krieg und der Raub, daneben der Menschen-, besonders Kinderhandel zwischen einander fremden Verbänden, der wie die Tötung oder Aussetzung Neugeborener zur primitiven Bevölkerungspolitik zu gehören pflegt. Seit dem langsamen Versiegen solcher Quellen ist es die größte Schwierigkeit aller Sklavenverfassungen bis ins Amerika des 19. Jahrhunderts hinein gewesen, daß die Sklavenbevölkerung sich nur in den allerseltensten Fällen selbst vermehrt oder auch nur ergänzt, schon weil ihre „wirtschaftlichste" Ausnützung das Totarbeiten in ganz kurzen Fristen ist. Eine schnellere Vermehrung der amerikanischen Neger hat erst nach ihrer Emanzipation eingesetzt. Eine Akkumulation höherer Grade und rascheren Tempos aus Sklavenarbeit ist aber nur dann möglich, wenn der alsbald eintretende Widerspruch zwischen pfleglicher Behandlung und lohnenden Arbeitsergebnissen wie in der Plantagensklaverei der modernen Kolonialwirtschaft durch besondere Produktions- und Absatzgelegenheiten wie die der spezifischen Kolonialernten gelöst wird. Diese wurden bekanntlich unter klimatischen Umständen erzeugt, denen weder Europäer noch die meisten Eingeborenen gewachsen waren, und hatten, was noch ausschlaggebender war, das Glück, eine riesige Nachfrage in Europa entweder schon vorzufinden oder hervorzurufen. In der Antike konnte es so etwas wie diese koloniale, klimatisch und absatzmäßig bedingte Plantagenwirtschaft natürlich nicht geben.

Wo im Altertum ein massenhafter Absatz und Bedarf vorhanden waren, entstanden hochwertige Industrien und Gewerbe, die einen ganz anderen Sklaventypus voraussetzten als den Plantagensklaven, der in wenigen Jahren von seinem Herrn intensiv ausgebeutet und dann auf den Haufen des verbrauchten Menschenmaterials geworfen wurde, um durch neue Sklaven ersetzt zu werden. Hier fing der Sklave vielmehr an, eine wertvolle Arbeitskraft zu werden. Um seiner qualifizierten Arbeitsleistung willen hütete man diesen Sklaven im eigenen Hause, er trat mitten in den Kreis der Freien ein und spielte unter Umständen die Rolle des Beraters, Begleiters, Erziehers, mitunter des dem Herrn an Klugheit und Bildung Überlegenen. Man denke etwa an die Sklavenrollen der attischen und römischen Komödie, an unfreie Dichter und Schriftsteller wie Alkman, Äsop und Epiktet. Dieser qualifizierte Sklave war um so mehr geschätzt, als durch die Befriedung des römischen Reiches die Sklavenzufuhr aufhörte. Für ihn bekam die Pax Romana außer ihrem rechtlichen noch einen besonderen wirtschaftlichen Sinn.

Diese Dinge sind ja nicht ohne Entsprechung in modernen Verhältnissen. Der Sklave wurde nicht nur zum qualifizierten Arbeiter, sondern er trat auch in ein anderes Rechtsverhältnis ein, das ihn nicht mehr schlechthin als Sacheigentum vom Willen des Herrn abhängig machte. Es kam dasjenige Sklavenarbeitssystem auf, worin der Sklave entweder ein Sondervermögen, peculium, erhielt oder gar freigelassen, libertus, wurde. Diese beiden Züge sind Charakteristika der Sklaverei der Spätantike. Diese Emanzipation des antiken Sklaven verdient durchaus den anderen großen Emanzipationen der Geschichte, etwa denen der modernen liberalen Ära, zur Seite gestellt zu werden, wenn sie sich auch nicht schlagartig in einzelnen Gesetzen, sondern stetig in langsamer Entwicklung vollzogen hat. Der Sklave wurde zum geschickten Industrie- und Gewerbearbeiter. Genau so ist man noch im neuzeitlichen Europa, besonders in Rußland, dazu übergegangen, aus der agrarischen Leibeigenschaft eine gewerbliche, industrielle, handelswirtschaftliche zu entwickeln. Mit ihrer russischen Bezeichnung pflegt man diese gewerbliche Sklavenarbeit das Obroksystem zu nennen. Unter Obrok versteht man den Zins, den der russische leibeigene Sklave seinem Herrn zahlte, wenn er nicht mehr auf dessen Gute beschäftigt war, sondern für sich selbst Gewinne erarbeiten konnte, an denen der Herr nur mehr mit einer Abgabe beteiligt war. Der Sklave wurde in Rußland wie in der Spätantike von der schweren Landarbeit befreit und kam in Verhältnisse, wo seine Intelligenz dem Herrn selbst in der Ertragsteilung mehr abwerfen konnte als früher.

Der Stand der Freigelassenen fing schließlich an, eine politische Rolle zu spielen. Der frühere Sklave wurde ja oft sogar Minister des Kaisers. Eine gewisse intellektuelle Oberschicht ging aus diesen Kreisen hervor. Unter solchen Umständen wäre es sinnlos, zu sagen, die Antike sei an einer Verdrängung der freien durch massenhafte Sklavenarbeit gescheitert. Umgekehrt wäre das gewerbliche Sklavenelement vielleicht das einzige gewesen, das zu einem antiken Unternehmertum getaugt hätte, wenn die übrigen Voraussetzungen für die Entstehung eines solchen gegeben gewesen wären. Aber das waren sie eben nicht. Die Antike war überall weithin ein Gebiet des Hausfleißes und des Handwerkes, die wir erst in ihrer ganzen Ähnlichkeit mit unseren mittelalterlichen Zuständen kennen lernen müssen, um zu verstehen, daß die antike Wirtschaft durchaus kein großkapitalistisches Getriebe zur normalen Grundlage gehabt hat. Gewiß sammelte sich in den wenigen Großstädten jenes Lumpenproletariat an, das panem et circenses, den kostenlosen Genuß von Lebensunterhalt und Vergnügungen suchte, d. h. alle Erwerbslosigkeit des Reiches drängte sich in diesen Mittelpunkten zusammen, wurde dort zu einer chronischen Erscheinung, die der Staat mittels besonders organisierter Unterstützungen mit durchschleppte, wie es heute nach dem Weltkrieg die meisten europäischen Industriestaaten tun. Er versuchte höchstens, den Zuzug weiterer Erwerbsloser aus den Provinzen aufzuhalten. Aber wie heute folgt daraus nur, daß es an kapitalistischer Lohnarbeitsgelegenheit fehlte. Und auch mit den „Reservearmeen" der vorübergehend Arbeitslosen in der kapitalistischen Normalwirtschaft ist eben deshalb kein Vergleich zu ziehen. Rom und die wenigen anderen Großstädte waren keine Zentralmärkte im Sinne der Thünenschen Kreislehre, die von allen Seiten her für ihren differenzierten Verbrauch Waren angezogen und dadurch eine weitgehende Umstellung der unmittelbaren Nachbarschaft auf landwirtschaftliche Luxuserzeugung womöglich in Großgütern hervorgerufen hätten. In der Nachbarschaft Roms saßen trotz aller Latifundien die Kleinbauern zu Tausenden. Und der Bauernkultur stand überall eine Handwerkskultur zur Seite.

Auch wenn wir von der antiken Gewerbeverfassung reden, dürfen wir uns nicht irre machen lassen durch den Anschein einer hohen oder gar entarteten Kultur, das Vorhandensein eines imposanten Luxusverbrauches. Es ist durchaus fraglich, ob ein ausgedehnter Handel mit Luxus- und Gewerbewaren schon ein von Unternehmerhand gelenktes Gewerbe, eine Manufaktur oder Fabrik voraussetzt. Es gab mehrere Quellen, aus denen die gewerblichen Waren im römischen Reiche zusammenströmten. Da war zunächst einmal das Hausgewerbe, das sich unmittelbar an die Bauerngemeinde anschloß. Keine Bauernkultur bleibt auf die Dauer ohne ihr Gewerbe. Es gehört ja zum Oikosbegriff selbst, daß in die Lücken der Landwirtschaft mit ihrer durch den Jahreszeitenwechsel unregelmäßigen Arbeit sich immer wieder Gewerbe zur Deckung nichtagraren Bedarfs einschieben. An eine solche hausgewerbliche Arbeit schließt sich gerne die hausgewerbliche Kunst, das Volkskunstgewerbe, an, das wir noch heute im Orient, bei den slawischen Völkern und anderswo bewundern. Das Luxusbedürfnis der Reichen und der repräsentative Staatsbedarf erhöhte bald Güte und Absatzfähigkeit solcher Gewerbewaren. Man hat nachgewiesen, daß sich bis zur Spätantike die uralte Sitte erhalten hatte, die Tempelbildnisse zu bekleiden, und daß demgemäß überall rege Nachfrage nach kostbaren Gewändern allein für den sakralen Gebrauch herrschte. Daß ein solcher Handel mit Gewerbe- und Luxuswaren nicht unbedingt an kapitalistische Produktion gebunden ist, sieht man heute noch an dem ungeheueren Handel mit Weltwaren wie den Orientteppichen. Diese sind gerade in den besten Stücken noch immer Erzeugnisse des Hausfleißes, einer die vorderasiatischen Völker auszeichnenden Knüpfkunst, deren Ursprung vielleicht noch mit ihrer Vergangenheit, mit dem Zeltbau der Nomaden zusammenhängt, werden in den Häusern der Hersteller aufgekauft und treten als Ware in ein kapitalistisches Handelssystem ein.

Zu der hausgewerblichen Quelle der Luxus- und Gewerbewaren kommen andere. Sobald nur eine Kleinstadt entsteht, sondert sich ein rein städtisches

Gewerbe ab. Die bis auf die Gegenwart maßgebliche Teilung der gesellschaftlichen Arbeit in eine Agrar- und eine Industriesphäre tritt ein. Der Bauer erzeugt seine Gewerbewaren in den Pausen seiner landwirtschaftlichen Arbeit; der Handwerker produziert umgekehrt gewöhnlich Gewerbewaren, bleibt jedoch in den Lücken dieser Arbeit lange landwirtschaftlich tätig, denn jeder Bürger einer Kleinstadt ist, wenn er irgend kann, etwas Ackerbürger. Es handelt sich also nur um eine allmählich und stufenweise von der Landwirtschaft abgelöste Gewerbeverfassung. Der Bauer bringt seine landwirtschaftlichen Erzeugnisse als Ware zum Verkauf auf die Wochenmärkte der Kleinstadt und will dafür etwas haben, was er gewerblich nicht mehr mühelos und billig genug erzeugen kann. Der Handwerker in der Stadt produziert zunächst nur für den städtischen Kreis der anderen Gewerbe, auf deren Waren er angewiesen ist, und nimmt dann erst den Tausch mit dem Lande auf. So werden Kleinstädte vielfach schon Mittelpunkte fester Umkreisgebiete, deren Landwirtschaft mit ihnen unzertrennlich, im Sinne der späteren „Stadtwirtschaft", zusammenwächst.

Sofort tritt die Tendenz zur Ordnung dieses städtischen Gewerbes auf, die in der abendländischen Wirtschaftsgeschichte als Entstehung der Zunft ein vielerörtertes Problem geworden ist. Man hat auf historischer Seite oft geleugnet, daß die abendländische Gewerbeorganisation in den Städten etwas mit der Antike zu tun habe. Wenn sich auch vielleicht die Rechtsform nicht erhalten hat, was übrigens auch nicht unbedingt feststeht, so handelt es sich doch immer wieder um das zwangsläufige Auftreten derselben sachlich notwendigen Veranstaltungen aus der Doppelwurzel des Einflusses herrschaftlicher Gewalten und des freiwilligen genossenschaftlichen Zusammenschlusses der Handwerker selber. Die „Korporationen" des antiken Handwerks mochten selbständig aus der städtischen Siedelung hervorgegangen sein. Der Staat suchte sich alsbald ihrer zu bemächtigen, zunächst zu allgemein wirtschaftspolitischen Aufsichtszwecken, dann vor allem aber auch aus steuerlichen Gründen. Er erfaßte sie in derselben Weise, wie er Grundherrschaften und Munizipalkurien erfaßte. Sie mußten ihm gemeinsame Leistungen, sei es naturaler Art, zumal für den riesigen Bedarf des Heeres und der Beamten, sei es Geldleistungen, zuführen. Oft trat eine Adäration (oder, wie man es im Mittelalter nannte, eine Kommutation), eine Ablösung von Naturalleistungen in Geld ein.

Endlich gab es, wie es scheint, als einzigen wirklichen Großbetrieb, den man damals gekannt hat, den Staatsbetrieb, die Zusammenfassung gewerblicher Arbeiten durch den Herrscher. An sich war der Haushalt des Herrschers ja der größte Oikos, der Landesoikos, der „Hof" katexochen. Manufakturen oder Fabriken, denen freilich jede entwickelte maschinelle Technik noch fehlte, sind überall gerade in denjenigen Gebieten überliefert, wo schon vor Roms Herrschaft eine starke Staatsverwaltung bestand, vor allem im Orient, wo wir uns ein mächtiges Fortleben vorrömischer Kulturen vorstellen müssen. Mehr noch als für Mesopotamien, wo diese Kulturen immer wieder verschüttet wurden und untergingen, trifft das für Ägypten zu. Hier hatten schon die Pharaonen eine ganz ähnlich geordnete Zentralverwaltung, wie sie später unter den Ptolemäern, dann unter den Römern und schließlich unter dem Islam herrschte. Hier wogte eine unruhige Arbeitermasse um die Staatsfabriken, die Papyrus, berühmte Leinwand, Metallwaren großbetrieblich erzeugten. Dieser Staatskapitalismus konnte aber erst recht kein Privatunternehmertum erziehen und blieb ein Grenzfall in der antiken Gewerbeverfassung. Wo die Arbeiter die Möglichkeit hatten, auf das Land auseinanderzulaufen, brachen diese Fabriken zusammen. Der Staat ging dann dazu über, auf die älteren Formen seiner Bedarfsdeckung wieder zurückzugreifen. Er verbot die Adäration und versuchte, sich durch Inanspruchnahme von Naturalleistungen der privaten Kleinbetriebe zu helfen.

Diese antike Gewerbeverfassung stand also etwa auf dem Punkte wie heute der Verkehr zwischen dem Orient und dem kapitalistischen Okzident. Die meisten Orientwaren wurzeln, obwohl eingebettet in unser kapitalistisches Handelssystem, in unendlich primitiven Produktionen. Eine japanische Fabrik mit weiblichen Arbeitern ist, wie es uns Emil Lederer schildert, zugleich eine Art Pensionat; die Mädchen leben darin wie zu Hause. Auch wenn wir in der Antike von den Arbeitskasernen der männlichen und weiblichen Sklaven, den Ergastula und Gynecia, sprechen hören, so brauchen wir uns nicht immer gleich eine Fabrikhölle des Frühkapitalismus darunter vorzustellen, sondern möglicherweise eine Abart des Oikos, ein familienhaft zusammenwohnendes Ganzes, wenigstens da wo es einen hochgelernten Arbeiterstamm gab.

Diejenigen, welche sich immer noch gegen die heute wohl siegreiche Vorstellung einer nichtkapitalistischen Antike wehren, betonen auch gern und an sich mit Recht, daß man nicht nur die westliche Hälfte des römischen Reiches in Betracht ziehen, sondern auch das Ostreich berücksichtigen müsse, das mit seinen Prachtbauten, seinem höfischen und kirchlichen Zeremoniell und seiner Literatur und Kunst das ganze Mittelalter hindurch die Verfeinerung der Spätantike gleichsam verewigt. Besonders Lujo Brentanos Verdienst ist es, auf die typischen Züge der byzantinischen Wirtschaftsgeschichte aufmerksam gemacht und in ihr ein wichtiges Verbindungsglied zwischen Abendland und Morgenland, Altertum und Neuzeit erkannt zu haben, über das die traditionellen alten Luxuswaren des fernen Ostens, namentlich Chinas und Indiens, sei es zu Meere, sei es auf den großen Karawanenstraßen nach Europa herangeschafft wurden. Der Gipfel dieser byzantinischen Vermittelung war die Zeit der Kreuzzüge mit dem vollen Einbruch orientalischer Kultur in die westliche Welt, die erst dadurch ihre eigene mittelalterliche Kulturhöhe erreichte. Aber eine Deutung der Dinge byzantinischer Wirtschaft als Kapitalismus ist doch gerade wegen dieser Verwandtschaft mit dem Orient abzulehnen.

Der eigentliche Lebensnerv der oströmisch-byzantinischen Kultur und Wirtschaft lag nicht in ihrer Gewerbeverfassung. Das Reich von Byzanz wußte bis zu seinem Verfall sehr wohl, wem es seine Kraft zu verdanken hatte; es war, hauptsächlich nachdem ihm die Araber die Kornkammer der Spätantike, Ägypten, entrissen hatten, ein Bauernreich. Die bäuerliche Verfassung des byzantinischen Reiches, wie sie namentlich durch russische Forschungen aufgeklärt worden ist, zeigt deutlich den Zwang einer zweifachen Auseinandersetzung, die wir am besten aus den militärisch-politischen Ereignissen kennen, die aber am tiefsten im Wirtschaftlichen begründet war. Byzanz mußte sich einerseits gegen den Andrang des Orients verteidigen, nach der Seite der großen persischen Monarchie, hinter der die eigenständige und selbstbewußte Kultur der iranischen Länder stand, anderseits mußte es die slawischen Völker von sich abhalten, die über den Balkan zum Mittelmeer hinabstrebten, nachdem die germanischen Völker westwärts abgezogen waren. Da können wir nun Schritt für Schritt verfolgen, wie der ganze Zusammenhalt des Reiches von der Bauern- und Agrargesetzgebung abhängig war. Immer wenn die Bauern an den Rändern des Reiches, an der Militärgrenze, wie in ähnlicher geographischer Lage die österreichisch-ungarische Monarchie es später nannte, schlecht gehalten wurden und daher unzufrieden waren, drangen Perser und Slawen gegen dieses Reich und seine Hauptstadt vor. Man versuchte dann allemal, einerseits durch neue Siedelungen unter günstigen Bedingungen und doch straffer Manneszucht eine neue Militärgrenze zu schaffen, anderseits die staatlichen und grundherrlichen Abgaben und die bäuerlichen Rechte so zu regeln, daß die Bauern sich nicht mehr bedrückt fühlten. Man kann geradezu von partiellen Bauernbefreiungen sprechen.

Eine der größten Epochen des byzantinischen Reiches war jene Zeit, da zum ersten Male fremdstämmige Herrscher, die syrische Dynastie der Isaurier, mit Kaiser Leo III. (717) zur Herrschaft kamen. Es ist die Epoche des sog. Bildersturmes. Diese Bauerndynastie stieß das Übermaß von ästhetisch-zeremonieller Kultur von sich und versuchte, sich von dem Überreichtum der antiken Welt an Stoffen, Edelmetallen und Prunk zu trennen. Sie erließ aber auch eine große Agrargesetzgebung, die den Bauern Erleichterungen zu bringen versuchte. Bis zu der späteren Gesetzgebung des 10. Jahrhunderts blieb dann das Augenmerk der Herrscher immer darauf gerichtet, den Bauern gegen die Bedrückung der Bureaukratie und der sehr mächtigen Grundherrschaft, aus deren Kreisen sich die Beamtenschaft vielfach zusammensetzte, zu schützen. Die byzantinische Forschung weiß seit jeher, daß Vorbilder zu dieser Gesetzgebung gern von den Nachbarvölkern übernommen wurden. Die leonische Gesetzgebung hat sich z. B. an slawische Zustände angelehnt. Endlich, beim Andrang der Türken vom 11. bis zum 15. Jahrhundert, siegte der fremde Eroberer über die byzantinische Reichskultur vor allem dadurch, daß er den Bauern gewann. Das gleiche geschah an der Nordgrenze. Hier stand den byzantinischen Bauern das leichtere Los des slawischen Bauern, bei Russen, Bulgaren und Serbokroaten, vor Augen, ähnlich wie später die südslawischen Untertanen der Türkei als „Uskoken" zu den Habsburgern flohen. So war das eigentliche wirtschaftliche Problem des byzantinischen Reiches ganz wie das des abendländischen Mittelalters ein agrarisches. Jedenfalls vermag auch Byzanz in unser allgemeines Bild von der Antike keine wesentliche Änderung zu bringen. Gewiß ist Byzanz mehr und dauernder in die Kreise einer vorkapitalistischen Geldwirtschaft einbezogen worden als Westrom, da es auf der einen Seite den Handelsmittelpunkten der Alten Welt und auf der anderen Seite den großen Monarchien des Orients näherstand, die ein Vorbild auch für die Staatswirtschaft Roms geworden waren. Ließ doch die erste Kaiserzeit sich sogar von der großen politischen Literatur des indischen Volkes, vor allem dem Traktat des Kautilya aus der Alexanderzeit, anregen.

III. Das Mittelalter.

1. Die Germanenreiche: Volksrechte und Währungen. Das Karolingerreich. Die Normannen. Spanien. 2. Die ländliche Siedlungsgenossenschaft. Landnahme. Hufe und Mark. Parzellierung und Kleinsiedlung. Die Volksrechtssymbolik. 3. Die ländliche Grundherrschaft: Feudalität und Ministerialität. Hörigkeit und Hofrecht. Bodenrechtliche Beharrung und betrieblicher Fortschritt. Weistümer und Urbare. 4. Stadt und Fernhandel: Hofrecht und Patriziat. Gründungen und Befreiungen. Kaufgilde und Hanse. Textil- und Metallwirtschaft. Genossenschaft und Gesellschaft des Handelsrechts. — 5. Das Handwerk: Hausfleiß und Landhandwerk. Die Zunft als Monopol und Gemeinwirtschaft.

1. Die Germanenreiche.

Wollen wir das frühere Mittelalter, das typische, von kapitalistischen Neubildungen noch freie Mittelalter der Wirtschafts- und Kulturgeschichte, nach dem Vorgange der Wirtschaftsgeographie in einzelne Wirtschaftsgebiete von deren physischen Voraussetzungen, den natürlichen Produktions- und Verkehrsbedingungen her gliedern, so fällt zunächst der Kern der ersten fränkischen Großreichsbildung ins Auge. Max Weber hat Karl den Großen den Testamentsvollstrecker Diokletians genannt. Damit meint er: Auf den ganz anderen Voraussetzungen einer bereits germanisierten und slawisierten Welt unternahm Karl der Große um die Wende von 800 noch einmal den Versuch, den Diokletian am Ende des 3. Jahrhunderts gemacht hatte, eine gewaltige Staatswirtschaft zu begründen, deren eiserne Kontrolle, von der Mitte in die fernsten Provinzen ausstrahlend, im Grunde nur die primitivsten Wirtschaftsformen unter sich ertrug. Wenn beide Herrscher Zentralisatoren dieses Ranges wurden, so war das nur möglich, weil sie bereits in einer überwiegend naturalwirtschaftlichen Umwelt wirkten. Aber weitere Rückbildungen zur Naturalwirtschaft waren das Ergebnis beider Versuche.

Auf der Seite der Geldwirtschaft hat in der Spätantike im allgemeinen wenigstens bis Diokletian eine Tendenz zur Geldverschlechterung geherrscht, zu deren Symptomen gehört, daß der Staat die Adäration verbot und Naturalsteuern vorschrieb. Aber auch, wo es später und etwa früher eine zeitweise Aufwärtsentwicklung des Geldes gab, war doch der Drang zurück zur Naturalwirtschaft als Wirkung des schwankenden Geldwertes nicht aufzuhalten. Dann war es eben nicht mehr der Steuerstaat, der ein Interesse an den Sachsteuern hatte, sondern bei steigendem Geldwert umgekehrt der Steuerzahler, der dem Staate Sachleistungen aufzudrängen suchte. Die Flucht aus dem Gelde blieb also eine starke Ursache der allgemeinen Vernaturalwirtschaftlichung der Antike, wie auch heute wieder die breite Strömung einer Abkehr vom Kapitalismus auf das Land hinaus ohne die Erfahrungen der Inflation wahrscheinlich nicht möglich wäre. Gegenüber dem absinkenden Geldwert der Antike haben wir in der germanischen nachantiken Zeit den umgekehrten Fall einer Geldaufwertung, einer Appreziation, wie sie sich etwa in eigentümlichen Erscheinungen ihrer Rechtsquellen, der Volksrechte, zeigt.

Für eine übertriebene Vorstellung des Fortlebens antiker Formen in der nachantiken Kultur wird es immer sehr erstaunlich bleiben, daß fast in allen den jungen germanischen und slawischen Kreisen dieser Kultur früher oder später ein rechtliches und geschichtliches Schrifttum in der vernakulären, der eingeborenen Sprachform auftritt. Am frühesten finden wir es in England, dann in Rußland in den alten kirchenslawischen Quellen, schließlich auch in Mitteleuropa. Aber auch das älteste der germanischen Volksrechte, die in der lateinischen Sprache der Antike aufgezeichnet wurden, die Lex Salica des fränkischen Erobererstammes, die womöglich schon vor Chlodwig entstanden ist, trägt Spuren, die es nicht als ausgeschlossen erscheinen lassen, daß ein älterer germanischer Wortlaut später in den heute vorliegenden, sehr verderbten lateinischen Text übersetzt worden ist. Mindestens sachlich aber finden wir auf der ganzen Linie eine Ablösung und Durchdringung des ursprünglichen römischen Staats-, Zivil- und Kirchenrechts durch Satzungen der Eroberer. Diese zeigen uns die Gesellschaft ihrer neuen Staaten auch rechtlich aus den beiden natürlichen Bestandteilen jedes Erobererstaates zusammengesetzt: auf der einen Seite aus den römischen Provinzialen, seien es römische Herren- oder vorrömische, z. B. in Gallien, Britannien und Spanien keltische, Bauernschichten, und auf der anderen Seite den germanischen Kriegern, die sich als sog. Gäste dazwischen schoben. Aber auch wo, wie regelmäßig, die Gäste ihre provinzialen Wirte nach deren bisherigem römischen Recht fortleben ließen, gaben sie diesem vielfach neue Fassungen, die berühmteste darunter das von den Westgoten im heutigen Südfrankreich erlassene Breviarium Alarici, die Hauptgrundlage römischer Rechtsüberlieferung im abendländischen Mittelalter.

Zu den wichtigsten Fragen für das Verständnis der germanischen Volksrechte gehört nun die der von ihnen gebrauchten Währungen und Geldwerte. Während die Lex Salica in ihren ältesten Texten eine von Rom übernommene Großmünze (Schilling, solidus) von 40 Denaren (Pfennigen) kennt, erscheint in der späteren fränkischen Gesetzgebung, der Lex Ribuariorum, plötzlich eine Währung, die, wie die Engländer heute noch, 12 Pfennige einem Schilling entsprechen läßt. Das ist nur das augenfälligste von vielen Anzeichen, die auf ein Steigen des Geldwertes und infolgedessen eine Verkleinerung der Rechen- oder Münzeinheiten schließen lassen. Man hat früher angenommen, dieser Vorgang habe in der Karolingerzeit seinen Höhepunkt erreicht und zu einer allgemeinen Herabsetzung der in Geld ausgedrückten Bußbeträge geführt.

Die Volksrechte enthalten allemal eine Auseinandersetzung zwischen zwei Kulturepochen. Auf der einen Seite ist noch das Stadium des Sippenrechts in lebendiger Erinnerung, das den zivil- und strafrechtlichen Schutz in die Selbsthilfe eines vorstaatlichen Blutsverbands, der Sippe, stellt. Ein Merkmal dieser Stufe ist z. B. die Blutrache, die Vergeltung von Morden und Totschlägen durch ganze Sippen gegen ganze Sippen, die entsprechende Entscheidung von Grundbesitzstreitigkeiten durch geregelten Zweikampf oder die „exogamische" Blutsverbindung zwischen einander fremden Sippen durch die Raubehe. Später ging man dazu über, Sühneverträge abzuschließen, durch die Vergeltungsrechte wie

Besitzrechte sozusagen abgekauft wurden. Die Geld- oder Naturalbuße, durch die das geschah, war im wesentlichen Entschädigung der Verwandten für den „Wert“ des Getöteten. Allmählich mischte sich eine den Sippen übergeordnete Staatsgewalt ein, sie nahm von der Buße, dem Wergeld, für sich etwas in Anspruch. Auf diese Verstaatlichung des primitiven Selbsthilfe- und Bußrechts folgt eine große Epoche der Geldstrafen, die in aller eigentlich mittelalterlichen Gerichtsverfassung im Vordergrunde stehen. Gericht zu halten, an sich eine unangenehme und mühsame Pflicht, wird zu einem geldwerten Recht. Man rechnet mit Gerichtsgebühren wie mit anderen steuerlichen oder schuldrechtlichen Leistungen. Das begründet einen noch engeren Zusammenhang zwischen Recht und Wirtschaft als sonst. Erst eine spätere Zeit wandte sich mehr sittlichen, Vergeltungs- und Vorbeugungsstrafen, z. B. der Todesstrafe, zu.

Dem Vorherrschen der Naturalwirtschaft gemäß berechnen die Volksrechte Wergelder und Bußen vielfach doppelt in Geld und in Naturalien, vor allem Vieh. Steigender Geldwert mußte die Neigung zu wahlfreien Sachbußen verstärken. Aber sie waren offenbar auch unabhängig davon in einer Wirtschaftsverfassung begründet, die wie noch in der Gegenwart viele ländliche Lebenskreise das Geld wohl als Schatz des Reichen und als Wertmesser, aber nicht als allgemeines tatsächliches Tauschmittel kannte.

Was bedeutete in einer solchen Wirtschaftswelt das fränkische Reich? Deutsche und Franzosen halten Karl den Großen zugleich für den Begründer ihres nationalen Staates. Er war aber keines von beiden. Seine Kaiserkrönung in Rom war keine Äußerlichkeit, seine politische Stellung durchaus diesem Symbol angemessen, nicht mehr ausdrückbar mit dem Königsbegriff der germanischen Welt, deren Königtum bis dahin, wie bei allen primitiven Stämmen, eine Art Häuptlingschaft war, wie wir sie heute noch bei den Naturvölkern und das ganze Mittelalter hindurch bei den Slawen finden. Dieser Frankenkönig aber saß im Herzen der alten römischen Provinzialverwaltung. Er besaß die beiden Ufer des Rheins, der sich allmählich aus einer „Gürtelbahn“ des Römerreiches zur ersten großen Verkehrsstraße des neuen Abendlandes entwickelt hatte. Die Verbindung zwischen Süd- und Nordeuropa war damit in seiner Hand. Ringsherum lagen seine gallischen und germanischen Provinzen, die niederländische Bastion nach der englischen Insel hin und Italien, wo er sich das sinkende Germanenreich der Langobarden einverleibte. Der Beherrscher dieser riesigen Ländermasse war ein Kaiser schon vor seiner Krönung geworden. Er war aber zugleich ein germanischer und ein provinzial-römischer Herrscher. In seinem Reiche wurde eine doppelte Sprache gesprochen und herrschte die doppelte Volksart der germanischen Eroberer und der römischen Provinzialen.

Diese Stellung wird aber erst ganz verständlich, wenn man sich ihren wirtschaftlichen Unterbau klar macht. Die Stammeskultur sowohl wie die Provinzialkultur ringsumher waren ein lockerer, knetbarer Grundstoff für diese von einem diokletianischen Mittelpunkte aus herrschende Monarchie, die sich allerdings auch so nur einen kurzen Augenblick hindurch halten konnte und nach zwei Generationen schon zusammenbrach. Alle höhere wirtschaftliche Kultur war eigentlich eine königliche, eine staatliche. Karl dem Großen war es deshalb möglich, schnell von einem Ende des Reiches zum andern zu kommen, weil ihm, und ihm allein, große wirtschaftliche Mittel zu Gebote standen. Diese flossen zunächst einmal aus einer eigenartigen Anpassung der Naturalwirtschaft. Überall besaß der König unmittelbares Eigentum an Königshöfen und Pfalzen, sowie eroberten römischen Domänen. Überall hat er aber auch das Königsrecht (Regal) der germanischen Herrscher auf ein „Obereigentum" am Grund und Boden, das bei allen primitiven Völkern, z. B. bei Kelten und Slawen, ebenso bestand, in Anspruch genommen. Als Markenrecht gab es ihm eine fortwährende Möglichkeit des Eingriffs in die Siedelungsverfassung. Nicht nur die im besonderen Sinne sog. Marken des karolingischen Reiches stellten eine Militärgrenze dar, wo Siedelung wie in Byzanz zugleich Verteidigung bedeutete. Auch im Reichsinnern waren die Beamten des Königs, auf der einen Seite örtliche, die Grafen, auf der anderen Seite vom Hofe ausgesandte Reisebeamte, die Königsboten, zu jedem Eingriff in die Siedelungen befugt. Und nur das Verschwinden der römischen Geldsteuern scheint der alten Fabel von der Steuerscheu der Germanen zugrunde zu liegen, während die Beamtenschaft, wie der König selbst, besonders auf Reisen großenteils von Naturalbeiträgen der Untertanen lebte.

Von der Verwaltung der karolingischen Domänen handelt namentlich eines der großen Gesetze des Frankenreichs, die aus dem Zusammenwirken des Königs mit der Heeresversammlung, dem Volke, entstanden und nach ihrer Kapiteleinteilung Kapitularien genannt wurden. Es ist das berühmte Capitulare de villis, das immer wieder in der Wirtschaftsgeschichtschreibung den Typus des mittelalterlichen Oikos, des rein naturalwirtschaftlichen Fürstenhaushalts hat erläutern müssen, mit seinen zahlreichen Arten landwirtschaftlicher und frühgewerblicher Wareneinkünfte, ihrer Einziehung und Überwachung von der Zentrale her, der Zählung und Anschreibung jedes noch so geringfügigen Gegenstandes bei gleichzeitigem Zurücktreten von Gelderträgen. Alfons Dopsch hat dann diese Vorstellung auf einen realeren Boden gestellt, indem er wahrscheinlich machte, daß es sich hier zunächst nicht um ein allgemeines Gesetz für das ganze Reich, sondern nur um eine besondere Verwaltungsverordnung handele, eine südfranzösische Arbeit aus der Regentschaft des Kronprinzen, des späteren Kaisers Ludwig des Frommen, in Aquitanien, der heutigen Gascogne. Zwar hat die anschließende philologische Erörterung der sprachlichen und sachlichen Einzelheiten des Capitulare ergeben, daß sich mit Zeugnissen südfranzösischer Herkunft auch Fingerzeige auf andere, nördlichere Reichsteile mischen. Aber auch wenn daraus eine „Rezeption" der aquitanischen Verordnung im Norden zu folgern ist, wäre einleuchtend, warum gerade aus dem stärker römischen Süden ein bureaukratischer Zug in die karolingische Reichsgutsverwaltung kam.

Auf der agrarischen Grundlage des fränkischen Reiches erhob sich ein Handels- und Verkehrssystem, das in der Hand wesentlich des Königs, seines Zoll- und Geleitsrechtes, eines von ihm auf die Untertanen nach antikem Vorbild umgelegten öffentlichen Post- und Fuhrwesens, der von ihm beschützten und bevorrechteten fremden und einheimischen Kaufleute und Kaufmannsgenossenschaften war. Das Rückgrat dieses Systems war die Rheinstraße. Ihre Bedeutung wird verständlich, wenn man sich daran erinnert, daß bei der Reichsteilung unter den Enkeln Karls des Großen gerade der älteste, mit der Kaiserwürde bekleidete Sohn, Lothar, den durch die Rheinstraße dargestellten Teil des Reiches erhielt, dessen Kern, das heutige Lothringen, ja noch immer seinen Namen verewigt. Dieses Lotharreich umfaßte mit Italien, der Schweiz, dem eigentlichen Rheintal und den Niederlanden den Hauptverkehrszug der damaligen Welt. Senkrecht auf ihm standen die Verkehrsrichtungen, die quer über den Rhein aus dem französischen ins deutsche Kulturgebiet vorstießen und im weiteren Verlaufe bestimmt waren, die Reichskultur nicht nur über das heutige Deutschland, sondern weit hinein in die Slawenländer zu tragen: die Donaustraße über den Mittelpunkt des Osthandels, Regensburg, die Mainstraße durch großenteils slawisches (wendisches) Gebiet nach der Nordgaumark gegen Böhmen, und nördlich davon vor allem der Hellweg aus dem Ruhrgebiet über den Reichshof Dortmund in das westfälische und ostfälische, von Karl dem Großen so gewaltsam unterworfene und christianisierte Sachsenland nach den Elbmarken. Von der Großzügigkeit, mit der die fränkische Reichsverwaltung dieses ganze Verkehrssystem überschaute, gibt vielleicht den besten Begriff die bekannte Tatsache, daß die jahrhundertelang immer wiederkehrenden und vielleicht erst von unserer Zeit zu verwirklichenden Pläne einer Kanalverbindung zwischen Main und Donau bereits von Karl dem Großen nicht nur gedacht, sondern auch teilweise zur Ausführung gebracht worden sind.

Als Hauptverkehrsgebiet blieb das Rheinland vor allen Dingen durch seine städtische Kultur ausgezeichnet. Von der älteren, durch Carl Hegel begründeten Ansicht, daß von der Römerstadt zur mittelalterlichen Stadt keine Brücke führe, ist die Wissenschaft lange vor Dopsch bereits durch die Arbeiten von Ernst Mayer zu der natürlicheren Auffassung zurückgekehrt, daß mindestens der äußere Rahmen der hauptsächlichen Römerstädte, Mauern und Gebäude, sowie die Verkehrslage, einen Kern städtischen Lebens aus der Antike durch alle Zwischenzeiten herübergerettet hatte. Die Einzelheiten der frühmittelalterlichen Stadtverfassung mit ihren kollegialen Ämtern scheinen diese Auffassung noch zu bestätigen. In die gleiche Richtung weist die Beständigkeit der kirchlichen Organisation, die in den größeren Städten, hier genau wie in den Mittelmeerländern und dem Orient, ihre Bistümer errichtet hatte und von dort aus das umliegende Land beherrschte, ganz wie es die weltliche Verwaltung an ihrem Teile tat. In England, wo sich die Zustände der frühgermanischen Zeit und, besonders dank der Nachahmung durch Alfred den Großen, gerade die Einrichtungen des fränkischen Reiches am zähesten erhalten haben, ist heute noch der Begriff der größeren Stadt (city, civitas) an den Sitz eines Bischofs und einer Kathedralkirche gebunden.

Wirtschaftsgeographisch kaum minder bedeutungsvoll als das fränkische Reich, wenn auch von ganz anderem Aufbau, sind die Wirkungen, die von der Karolingerzeit bis nach dem ersten Jahrtausend in zwei großen Strömen von den Völkern der Skandinavischen Halbinsel, jener von den alten Geschichtsschreibern so genannten Völkerwiege (officina gentium), ausgegangen sind. Sachlich entspricht es dabei genau dem Bilde des fränkischen Reiches, daß hier Stämme, die auf der einen Seite noch viel stärker in urwüchsiger bäuerlicher Wirtschaft befangen waren, auf der anderen Seite nur einen desto größeren weltpolitischen Wirkungskreis gehabt haben. Die der Nordsee zugewandten Norweger und Dänen, gemeinsam als Nordmannen oder Normannen bezeichnet, und die der Ostsee zugewandten Schweden oder Rodsen waren Bauernvölker, die das Dasein und die Kraft des gemeinfreien, von keiner Grundherrschaft abhängigen Bauerntums bis in die Neuzeit hinein dadurch bewiesen haben, daß dieses Bauerntum neben Adel und Kirche und dem meist vom deutschen Festlande her eingeführten Stadtbürgertum stets schon einen gleichberechtigten vierten Stand in der Verfassung des Staates gebildet hat. Aber eben mit dieser zähen Erhaltung eines selbstbewußten Freibauernstandes auf meist engstem geographischen Raume zwischen Gebirge und Meer wird es zusammenhängen, daß dieselben Bauernvölker als Wikinger immer wieder Scharen der kühnsten Seefahrer nach Ost und West als Kaufleute, Räuber und Staatengründer auf alle erreichbaren Festlandsküsten entsandten. Sie sind dadurch nicht nur die Vorläufer der späteren nordeuropäischen Handelsorganisation der deutschen Hanse geworden, sondern haben weit über Nordeuropa für die Germanisierung der Randgebiete des Römerreichs ähnliches getan wie das fränkische Reich für die Mitte. Nach einer langen Zeit verheerender Raubzüge an den Küsten und in die Flußläufe Deutschlands, Frankreichs und Englands gelang den Normannen eine erste Staatsbildung zu beiden Seiten des Kanals, zuerst in dem fränkischen Herzogtum Normandie, wo sie französische Sprache und Gesittung annahmen, und sodann nach dem Zuge Wilhelms des Eroberers 1066 in England, wo sie nun nicht bloß wie früher als „Dänen" die Bevölkerung des Nordens durchsetzten, sondern als französierter Lehnsadel die angelsächsischen und keltischen Bauern unterjochten. Ungefähr gleichzeitig, im Anfang des 11. Jahrhunderts, entstand dann der Normannenstaat in Sizilien und Unteritalien, der die Grundlage für die spätere Herrschaft der deutschen Staufer und der französischen Anjous wurde. Beide Staatsbildungen nicht nur in sehr eigentümlicher, verkehrspolitisch beherrschender Lage fast an die strategischen Stützpunkte der späteren englischen Weltmacht erinnernd, sondern auch innerlich auffällig durch das aller übrigen mittelalterlichen Staatenwelt weit vorauseilende Maß geldwirtschaftlicher und bureaukratischer Organisation. Seit der Stauferzeit ist England der Staat, der von den schwer ringenden festländischen Herrschaftsgewalten um die Machtgrundlage namentlich seines Geldsteuerwesens beneidet wird, und im italischen Normannenreiche haben germanische Könige im regen Handelsaustausch mit Byzanz und dem Islam noch vor der Blüte der italienischen Städtekultur rein staatswirtschaftlich die Gewerbe des Ostens, z. B. die Seidenindustrie, eingeführt.

Im Osten aber haben die schwedischen Rodsen dem großen ostslawischen Reiche den Namen Rußland gegeben. In umgekehrter Richtung wie die arabischen Kaufleute, deren Münzen heute überall in Rußland ausgegraben werden, haben diese Wikinger oder, wie sie hier hießen, Varjager mit ihren kleinen Ruderbooten, die sie über Wasserscheiden und Stromschnellen fortschleppen konnten, aus den Flußmündungen der Ostsee über die Seengebiete Innerrußlands die Ströme des Schwarzmeeres, besonders den Dnjepr, erreicht, um, wie einst West- und Ostgermanen in Rom, als „Föderaten" in Byzanz zu erscheinen, vor allem aber unterwegs, gewaltsam oder friedlich von der Bevölkerung zur Schlichtung ihrer „Unordnung" herbeigerufen, ritterliche Herrschaften über die Slawenstämme, besonders um den Mittelpunkt von Kiew, zu begründen. Allemal war auch hier die Christianisierung gleichsam das Siegel auf dem ersten Abschluß der neuen römisch-barbarischen Mischbildungen. Die Epoche des ersten christlichen Jahrtausends bringt die römische Kirche nach Skandinavien, die byzantinische nach Rußland, und genau zur gleichen Zeit entschied das Eindringen des Christentums in Polen, Böhmen und dem Magyarenreich der ungarischen Tiefebene, daß diese Gebiete für das Mittelalter dem fränkisch-deutschen Kulturkreise angeschlossen blieben. In der Tat ist das arpadische Magyarenreich auf der Stätte, wo Attila und nachher Karls des Großen awarische Gegner geboten hatten, in seiner Verwaltungsorganisation bis auf den heutigen Tag mit seinen Komitaten und Palatinen ein ähnlich getreues Abbild des fränkischen Reiches geblieben wie England an der entgegengesetzten Ecke unseres Erdteils.

Ein eigener kleiner Teilkreis fügt sich diesen größeren Kreisen auf der Pyrenäenhalbinsel an, wo von der spanischen Mark Karls des Großen im heutigen Katalonien und von den Überresten der Gotenherrschaft an der asturischen Nordküste aus die Araber in zähem, das ganze Mittelalter erfüllendem Ringen auf ihr afrikanisches Herkunftsland hin zurückgedrängt wurden. Auch hier ist das wirtschaftsgeschichtlich Belangreiche die Rolle, die unter der glänzenden Oberfläche der ritterlichen Kämpfe das stille Vordringen germanischer Bauernsiedlung gespielt hat. Die Rechtsgeschichte ist früh auf die starken Übereinstimmungen aufmerksam geworden, die das mittelalterliche spanische Recht mit den nordgermanischen Volksrechten Skandinaviens aufweist. Die reale Grundlage dieser Ähnlichkeit spanischer und skandinavischer Gotenkultur sind vor allem die bevorzugten Sonderrechte (fora, fueros) der dörflichen und städtischen Kolonialsiedelungen gewesen, die den christlichen Heeren gegen die Araber auf dem Fuße folgten und auch hier eine Militärgrenze römisch-germanischen Wesens begründeten. Die „Bevölkerung" (poblacion) des Landes mit solchen Siedelungen weitgehender gemeindlicher Unabhängigkeit war in allen mittelalterlichen Jahrhunderten neben den Kriegstaten der vornehmste Ruhm der spanischen Großen und Ritter.

2. Die ländliche Siedlungs-Genossenschaft.

Die nationalökonomischen Theoretiker, die die Entstehung der kapitalistischen Wirtschaftsordnung vor allem aus der Landflucht und der beschränkten Verfügung der Bevölkerung über nutzbaren Grund und Boden abzuleiten versuchen, haben nicht mit Unrecht das eigentliche Mittelalter als eine Zeit angesprochen, wo diese Bedingungen nicht oder doch nur in sehr abgeschwächtem Maße vorhanden gewesen sein können. Nicht nur in der alten römischen Provinz, sondern auch draußen in den weiten Räumen des mittleren, nördlichen und östlichen Europa scheint das ganze Mittelalter hindurch selbst für eine ursprüngliche Technik der Siedelung und Landwirtschaft neuer urbarer Boden in Hülle und Fülle erreichbar gewesen zu sein. Gerade die dünne Bevölkerung der spätantiken Provinz und die geringe Stärke der Germanenstämme, die namentlich Hans Delbrück aus dem Verhältnis des Nahrungsspielraums errechnet hat, geben uns die Vorstellung, daß zu Anfang die Siedlung überall auf die am leichtesten zugänglichen und zu bearbeitenden Böden, besonders die Lößgebiete der Flußtäler, beschränkt war. Zwischen den einzelnen Stammes- und anderen großen Siedlungsgebieten, wie sie z. B. die Grundlage für die fränkischen Gaue, Grafschaften und Diözesen gebildet haben (noch heute nennt ja der Franzose das ganze platte Land pays, pagus, Gau, der Italiener contado, comitatus, Grafschaft), lagen wohl fast überall waldbedeckte oder sonst öde Zwischenräume von Berg-, Moor- und anderem Unland, die sie, wie noch in späterer Zeit die Stammes- und Burgenbezirke der Slawenländer, gegeneinander abschlossen und aus Verteidigungsgründen oft künstlich, z. B. durch Verhaue, in diesem Zustande erhalten und befestigt wurden. Deshalb konnte Jahrhunderte hindurch die Siedlung zunächst einmal solches Öd- und Grenzmarkenland der Nachbarschaft ergreifen, bis sie endlich in Wanderungsbewegungen wie der deutschen Kolonisation der Slawenländer selbst über weiteste Räume hin der wachsenden Bevölkerung Abfluß verschaffte und Übervölkerung verhütete. Natürlich ist dieser Vorgang nicht, wozu manche jener Theoretiker neigen, an Beweglichkeit und Planmäßigkeit mit Kolonisationsvorgängen des modernen Wirtschafts- und Verkehrszeitalters zu vergleichen. Er vollzog sich viel langsamer, schwächer und unsystematischer, so daß immer wieder die bäuerlichen Verfassungen auf einen hohen Grad von Abhängigkeit und wirtschaftlicher Not herabgedrückt werden konnten, ehe die Neusiedlung Erleichterung brachte. Aber die Neusiedlungen, der „Neubruch", gehören jedenfalls zum typischen Bilde der mittelalterlichen Agrarverfassung, sowohl auf dem in der Verfügung der einzelnen Siedlungen stehenden Allmendboden als auch auf herrenlosem und erobertem Lande, das die Staatsgewalten zu vergeben hatten.

In diesem Rahmen durchlief die mittelalterliche Landwirtschaft nach uralten Überlieferungen mit festen, über ganz Europa bis nach den Slawengegenden und Byzanz überall wesentlich ähnlichen Formen ihre Kreise. Die Festigkeit und Übereinstimmung dieser Formen hat die Wirtschaftsgeschichte zu verschiedenen Zeiten nach verschiedenen Erklärungen suchen lassen. Die älteste und natürlichste darunter, die sich auch mit den vorgeschichtlichen und völkerkundlichen Voraussetzungen der Wirtschaftsgeschichte am besten verträgt, führt die überall gleiche Zwangsläufigkeit des mittelalterlichen Agrarwesens auf die genossenschaftlichen Lebenskräfte des Blutszusammenhanges in Sippen oder des Siedlungszusammenhanges in Dörfern und übergeordneten Bezirken, wie Hundertschaften oder Kirchspielen, zurück. Sie rechnet mit einer durchschnittlichen Gesellschaft wirtschaftlich gleich starker und unabhängiger, „gemeinfreier" Bauern. Aus der Betrachtung namentlich des späteren Mittelalters und der mehr mitteleuropäischen Gegenden entwickelte sich dann gegen Ende des 19. Jahrhunderts, als die romantische Geschichtsanschauung einem staatsfremden Liberalismus Platz machte, die Anschauung, nur herrschaftliche Gewalten, vor allen Dingen die Grundherrschaft von Adel und Kirche, könnten die seltsamen kollektiven Züge der mittelalterlichen Agrarverfassung geschaffen haben. Neuerdings versucht eine dritte Auffassung zwischen den beiden genannten zu vermitteln, indem sie lange vor den Zeiten der Grundherrschaft des ritterlichen Adels aus der Sippenverfassung, aus der Nachkommenschaft der Sippenhäupter, einen „Uradel" hervorgegangen sein läßt, der durch Besitzvorrechte und straffe Herrschaft über die jüngeren Sippenzweige die typische Gestalt des mittelalterlichen Dorfes, den von Bauernhöfen umgebenen Herrenhof, begründet habe. Die meisten Stützen dieser dritten Auffassung können auch aus einer der beiden älteren erklärt werden. Wenn die deutsch-slawische, übrigens genau wie etwa die afrikanische, Vorgeschichte öfters eine Anzahl von Kleinhöfen um einen Großhof gelagert zeigt, so braucht das keinen Uradelsvorrang des Großhofes zu bezeugen, sondern vielleicht nur jene eigentümlichen Verhältnisse getrennten Lebens und Wohnens, wie sie Naturvölkern immer wieder durch strenge religiöse und sittliche Gebote, Sondergebote für das Leben der beiden Geschlechter und der einzelnen Generationen, nahegelegt werden. Und die sogenannten Großhufen, die sich namentlich in England und Skandinavien in einer Größe bis zu 100 ha gegenüber sonst etwa vier- bis achtmal kleineren Bauernbesitzungen finden, können ebensogut wie Uradelssitze einfache Kombinationen und Variationen wirtschaftlicher Verhältnisse sein. Die Durchschnittsgröße der Bauernbesitzung mußte ja allenthalben nicht nur nach der Ergiebigkeit und Lage des Bodens, sondern auch nach der Zugehörigkeit und Einrechnung aller möglicher Nebennutzungen in ihren Ausmaßen außerordentlich schwanken.

Zwischen Genossenschaft und Grundherrschaft gehört unstreitig im mittelalterlichen Europa der größere und ältere Einfluß auf die Agrarverfassung der Genossenschaft. In dreifacher Stufung erstreckte sich das Verfügungsrecht des einzelnen bäuerlichen Hofwirtes (altsächsisch Erbexen) in der Siedlungsgenossenschaft von der Hofstatt über feste Anteile am Ackerboden bis zu verschiedensten Nutzungsberechtigungen an der ringsumher liegenden, unverteilten Flur. Schon die Hofstatt oder Wurt (Echtwort) mit dem Sonderfrieden innerhalb ihres Zaunes oder Etters, sei sie wie im Süden meist eine Vielheit von Wohn- und Wirtschaftsgebäuden oder wie im kälteren Norden ein einziges, riesiges Giebeldach für Menschen und Vieh, war nicht eigentlich im Sinne römischen oder modernen Eigentumsrechtes Einzelbesitz, sie war Geschlechtseigentum, dessen skandinavischer Name Odal (die Wurzel auch des bekannten Namens der Stammgüter im Gegensatz zu den Lehen: allod) der beste Ausdruck für die ursprüngliche Adelsnatur aller freibäuerlichen Wirtschaft ist. Sie war, wie in Deutschland weit bis in die Neuzeit hinein gesagt wurde und wie es auch in der russischen Bauernsprache begegnet, die „Mutter der Hufe“, d. h. die rechtliche Wurzel aller der Besitzstücke und Berechtigungen, die zusammen die Grundlage des bäuerlichen Daseins ausmachten.

An sie schloß sich zunächst der Besitz des Einzelnen in der verteilten Feldmark, d. h. eine Anzahl von Ackerstreifen in den verschiedenen Stücken oder Gewannen, in die nach Güte, Lage und Besiedlung des Bodens die Ackerflur des Siedlungsganzen zerfiel. Hier war das Verfügungsrecht des einzelnen gegenüber der Hofstatt schon abgeschwächt, denn nicht nur unterlag die Bewirtschaftung, in der diese Ackerstreifen standen, dem „Flurzwang“, den sehr ins einzelne gehenden Geboten und Verboten der Gemeinde, die Art, Beginn und Dauer der einzelnen Kulturen und vor allen Dingen das typisch mittelalterliche Gemisch von Ackerbau und Viehzucht, die Beweidung der Stoppel und der Brache regelten und von denen die englische Feldgemeinschaft den Namen des Systems der offenen Felder (open fields system) bekam. Nicht nur brachte daneben die „Gemengelage“, das bunte Durcheinanderliegen der einzelnen Streifen, eine tatsächliche starke Abhängigkeit des Einzelbesitzers von jeder Maßnahme der Nachbarn mit sich. Vor allem lebt an den verschiedensten Stellen die Entstehung dieses Acker-„Eigentums“ aus der Zuweisung durch die Siedlungsgemeinde, außer in der Benennung als „Lose“, in der unbestreitbaren Rechtsübung tatsächlicher Landumteilungen fort. Mag auch im übrigen die berühmte russische Dorfgemeinde, der Mir (d. h. Friede, wie ja auch das deutsche Recht oft die Dorfflur nennt), mit seinem vielbesprochenen Agrarkommunismus ein vom neuzeitlichen Steuerstaat tief beeinflußtes Gebilde sein ganz wie die bäuerliche Steuergemeinde der Antike, ihr für den Bauern wichtigstes Merkmal, die Möglichkeit periodischer Neuverteilung (Peredjel) des Ackerlandes nach dem wechselnden Bedarf der Generationen, entspricht nur dem, was auch sonst überall noch auf dem Grunde der frühmittelalterlichen Siedlungsverfassung durchschimmert. Das klassische Gebiet ältester bäuerlicher Kultur im germanischen Bereich ist auch hier wieder Skandinavien, wo einesteils die schwedischen und norwegischen Volksrechte das Recht des Bauern zur Rodung auf der Allmend der Pflicht, nach Bedarf dort wieder anderen zu weichen, gegenüberstellen, und wo anderenteils bis nach Schleswig-Holstein hinein das Verfahren der Landumteilung mit dem Maßseile (Reeb), das Reebning, in hellster geschichtlicher Zeit zutage liegt.

Von da aus erschließt sich endlich am natürlichsten das Verständnis für jene Mannigfaltigkeit von Nutzungsrechten an unverteiltem Lande, die unter den Schlagworten der Allmendverfassung und Markgenossenschaft zusammengefaßt zu werden pflegen. Je eingehender sich die neuere Forschung mit diesen Dingen beschäftigt hat, je mehr erkennen wir, daß das ganze Dasein des mittelalterlichen Menschen, des Bauern, aber auch noch des Stadtbürgers, überall weithin auf der Voraussetzung solcher Nutzungsrechte gründet. In England wurde die alte, auf dem steuer- und wehrfähigen Freibauern (yeoman) beruhende Agrarverfassung zerstört, als und wo die Allmenden (commons) durch staatliche, grundherrschaftliche und selbst bäuerliche Übergriffe in der Rechtsform der Einhegung (enclosure) gemindert oder ganz zerstört wurden. Und das ist nur der an einem Schulfall schlagend hervortretende Gang der Entwicklung vom kollektivistischen Mittelalter zur individualistischen Neuzeit überhaupt. Immer wieder hat man zweifelnd auf den großen Anteil hingewiesen, den an der Verteilung der Nutzungsrechte in der mittelalterlichen Siedlung in aller geschichtlichen Überlieferung auch die Grundherrschaft hat, und daraus für alle Einzelheiten der Markenverfassung grundherrschaftlichen Ursprung im Rechtlichen oder Tatsächlichen ableiten wollen. Und gewiß war die Grundherrschaft, wo sie bestand, die gegebene Trägerin oder doch wenigstens Aufsichtsstelle der kollektiven Wirtschaftsrechte, die sich im Gedanken gemeinsamer Nutzungen an unverteiltem Lande verkörperten. Aber alle älteste Überlieferung zeigt, daß sie dieses System nur übernommen und nicht geschaffen hat.

Worin bestanden die unverteilten Nutzungen (französisch communaux, italienisch usi civici, russisch vopčija)? Zunächst in Wald und Weide, die deshalb im Mittelalter besonders eng zusammengehörten, weil der Wald im Unterschied von dem späteren, von herrschaftlichen Gewalten mehr oder weniger rational beforsteten und deshalb auch immer ertragreicheren Nadelholz zugewandten Betriebe überwiegend ein lichter Laubwald mit viel Unterholz und Graswuchs war. Er bot dem bäuerlichen Wirte von der Reisig-, Kräuter- und Beerenlese über den Brenn- und Bauholzschlag bis zur Eichel- und Buchelmast der Schweine und zum Eintreiben des Großviehs, das kein Forstmann fernhielt, eine fast unübersehbare Menge von wirtschaftlichen Vorteilen. „Soweit Axt, Sense und Pflug gehen" — mit diesen Worten bezeichnet das russische Bauernrecht den Kreis der Nutzungen in der Mark.

Unter den Nutzungsberechtigungen der bäuerlichen Hufe an der gemeinen Mark oder sonstigem unverteilten Boden darf das je früher je mehr hervortretende Recht des Neubruches nicht vergessen werden. Es gab dem oben berührten Vorgang der Siedlungsverdichtung und Bevölkerungsversorgung erst eine rechtliche Form. Die skandinavischen Volksrechte bewahren die Erinnerung an Zeiten, wo der Mann in der Mark soviel Neuland zur Bebauung oder Besiedlung nehmen durfte, als der Wurf seines Streithammers oder der Schall seiner Stimme reichte — sehr anschauliche Beispiele von der Entsprechung zwischen den Kräften des Bauern und der ihm zustehenden Nutzung am gemeinen Lande. Aber überall anders ist das Vordringen der Besiedlung und der Feldmark in die Allmend ein nicht minder deutlicher, unaufhaltsamer Vorgang der mittelalterlichen Agrarverfassung. Bifang oder Ornum, wie es althochdeutsch und altnordisch heißt, Assarta (Neusaat), Novale oder Novina, wie mittellateinisch und slawisch gesagt wird, sind wie Fühler, die die innere Ackerwirtschaft im Dorfe auf allen Seiten in das unbesiedelte Land hinaus streckt. Daraus ergeben sich auch eine Reihe typischer Abänderungen des ursprünglichen, aus durchschnittlich gleichen Vollhufen zusammengesetzten Grundplanes der alten Bauerngemeinde.

Zunächst führt die Neusiedlung dazu, daß neben dem Erbbesitz der Geschlechter an den Hufen, dem echten, unveräußerlichen „Eigen" der Volks- und Landrechte (altenglisch Volkland, französisch „propres") persönlichere Besitzverhältnisse an einzelnen frei veräußerlichen, „walzenden" Grundstücken (altenglisch Buch-, d. h. Urkundenland, französisch „acquets") entstehen. In zweiter Reihe sodann neben den vollberechtigten Bauernhufen ganze Teilhufen und Kleinstellen, die zwar ebenfalls noch Mitglieder der Gemeindeverfassung sind, aber durch ihr geringeres Ausmaß im Range und meist in den Nutzungsrechten auf eine tiefere Stufe rücken als die Vollhufen. Sie heißen gerne danach, daß als Mittelpunkt solcher kleineren Siedlungseinheiten auch eine kleinere Haus- und Hofstatt als der gewöhnliche selbstherrliche Bauernhof gedacht wird, in Oberdeutschland z. B. Schupposen, wahrscheinlich von Schuppen oder Schopf, in Niederdeutschland Kätner- oder Kossäten-(Katensitzer-)Stellen von dem Kleinhaus, der Kate. Auch die Namengebung nach dem Teile des Gemeindelandes, aus dem die Kleinstellen herausgeschnitten sind, kommt vor. Da es meist der Dorfanger, niederdeutsch Brink (Rand), ist, werden die darin ansässigen Brinksitzer Brinkleute, im englischen Mittellatein bordarii, genannt. Damit ist ein erster Schritt hinaus aus der normalen gleichheitlichen Verfassung der Bauerngemeinde getan, eine erste Aufspaltung des Landbesitzes in Größenklassen angebahnt, wie sie dann etwa (übrigens wahrscheinlich auf Grundlage altrömischer Terminologie), namentlich im slawischen Osten, als Großbauern, Mittelbauern und die (ja noch heute unter dem Bolschewismus nicht besiegte) „Dorfarmut" unterschieden werden. Der Hauptbeweggrund für die alte Bauerngemeinde, solche Zwischenbildungen zu dulden oder gar wohl zu befördern, ist natürlich vor allem der wirtschaftliche Bedarf an Arbeitskräften, der in der gewünschten Zahl und Beschaffenheit nicht immer innerhalb der reinen Familienwirtschaft zu befriedigen war. Hauptsächlich aus diesem Grunde entsteht daher neben der Kleinsiedlung, die noch in Hufenbruchteilen ausgedrückt werden kann, eine abnehmende Stufenleiter kleinerer und kleinster Stellen, die oft bloß noch Haus und Garten umfassen; auf der untersten Stufe steht der Zuzügler, der, sei es gesondert als Häusler oder im gemeinsamen Haushalt mit einem Bauern als Einlieger, im wesentlichen nur noch eine abhängige Arbeitskraft darstellt. Immer aber ist das Bezeichnende dieser mittelalterlichen Stufenleiter von Siedlungsgrößen und Arbeitskräften, daß Arbeit nicht ganz ohne Besitz, d. h. nur im Grenzfall als die „freie" Lohn- oder gar Wanderarbeit der späteren kapitalistischen Landwirtschaft auftritt. Vielmehr ist gerade das Gewöhnliche eine gemischte Entschädigung der Arbeitsleistung, einerseits durch Natural- und Geldlöhne, anderseits durch Überlassung von Land unter irgendeinem Pachtverhältnis. Diese Mischung ist die Eigentümlichkeit der Siedlungsverträge, die in Nordeuropa besonders auffällig im westfälischen Heuerlingsrecht, im romanischen Südeuropa als Teilpacht-, besonders Halbpachtverhältnis (métayage, mezzadria) anzutreffen sind. Die agrarpolitische Bewertung gerade dieser gemischten Landnutzungs- und Arbeitsverträge kann und muß je nach ihrer Gestaltung im einzelnen ganz verschieden ausfallen, wie z. B. noch heute im Arbeitsamt des Genfer Völkerbundes über den Charakter der japanischen Kleinstellenbesitzer als Arbeiter oder als Pächter gestritten wird. Aber gerade die Mischung ist das Kennzeichnende des vorkapitalistischen Wirtschaftszustandes.

Es ist nötig, die Grundgestalt der mittelalterlichen Bauerngemeinde mit ihren typischen Zügen in der Ruhe, aber auch mit ihren von ihr selbst erzeugten Spaltungs- und Entartungskeimen in der Bewegung zu sehen, noch ehe diese Bauerngemeinde unter den starken, jeweils mehr in der Richtung der Erhaltung oder der Veränderung wirkenden Einflüssen der Grundherrschaft gedacht wird. Nicht diese, sondern der Grundplan der Bauerngemeinde ist das erste und beherrschende Element der frühen Agrargeschichte. Daß es vielfach den umgekehrten Anschein hat, liegt vor allen Dingen an der optischen Täuschung, die die agrargeschichtlichen Quellen vom frühen Mittelalter mit sich bringen. Soweit sie schrifturkundlicher Natur sind, gehören sie notwendig den Kreisen weltlicher und besonders kirchlicher Grundherrschaft an, die allein im Besitze solcher schriftlicher Kultur waren. Lateinische Urkunden und aus diesen abgeleitete und zusammengestellte Besitz- und Einkommensverzeichnisse in derselben Sprache sind die Verwaltungsakten der alten Grundherrschaft, aus denen sich die Wirtschaftsgeschichte häufig ein allzu einseitiges Bild der mittelalterlichen Agrarverfassung gemacht hat. Und auch die Quellen, die neben diesen Akten in der Form der Satzung oder der Abhandlung das eigene uralte Recht der Bauerngemeinden und ihrer Zusammenfassungen zu Hundertschaften und Kirchspielen, Gauen und Grafschaften zeigen, d. h. im früheren Mittelalter die Volksrechte und im späteren unmittelbar daran anschließend die Landrechtsbücher und die Weistümer der Dorf- und Grundherrschaften, sind gleichfalls als schriftliche Aufzeichnungen und kasuistische oder allgemeine juristische Denkergebnisse bereits durch den Kultureinfluß einer oberen herrschaftlichen Gesellschaftsschicht hindurchgegangen. Will man sich eine Vorstellung von dem machen, was im wirklich volkstümlichen Rechts- und Wirtschaftsleben der alten Zeit die Stelle der römischen Schrift und Sprache vertrat, so muß man an den unendlichen Reichtum der rechtlichen und wirtschaftlichen Symbole denken, deren Erforschung noch ganz in den Anfängen steht. Mit Recht hat die jüngste Urkundenlehre unter und neben den Schichten und Gebieten des schriftlichen Urkundenwesens das Vorhandensein eines symbolischen Urkundenwesens festgestellt, das sich namentlich in den spät von der Verkehrswirtschaft erreichten Bauerngebieten der Alpen- und Küstenländer in einer Fülle sinnlich-bedeutsamer Gegenstände und Gebräuche entfaltete. In welchem umfassenden Sinne das deutschrechtliche Handgemal ein solches Symbol des geschlechterweisen Erbbesitzes an der Hofstatt war, lehren noch für die Neuzeit etwa in der Schweiz die sogenannten Bauernmarken, die, wie die Kaufmanns- und Handwerkszeichen in der Marktwirtschaft, in der Agrarverfassung Eigentums- und andere Rechtsverhältnisse durch Gestalt und Symbol wie Bilder und Zeichen an Gegenständen und Geräten der ländlichen Kultur, von Grenz-(Lack-)Bäumen bis zu „Kerbhölzern", darstellten. Erst wenn diese Rechts- und Wirtschaftssymbolik zusammen mit allen anderen noch schwerer faßbaren Überresten genossenschaftlichen Volkslebens in Märchen und Sage, Sitte und Kunst als eine große Überlieferungseinheit in ihrer ganzen Tragweite erkannt sein wird, wird man sich einer gebührenden Schätzung der Grundlagen der mittelalterlichen Agrarverfassung nähern. Gewiß haben in diese genossenschaftliche Kultur herrschaftliche Kräfte überall in der mannigfaltigsten Weise hineingespielt, aber auch sie erscheinen bei näherer Betrachtung in den Formenkreis der Genossenschaft einbezogen, und man darf weder den Staat noch die private Grundherrschaft allzu scharf von der genossenschaftlichen Lebensgrundlage abheben. Der Staat war in einem gewissen Sinne ja nur die Krönung des Gebäudes einander übergeordneter genossenschaftlicher Lebenskreise und daher z. B. auch das militärische Interesse des Staates nicht, wie in späteren Zeiten, eine arbeitsteilig einem unbewaffneten Volke gegenüberstehende Angelegenheit, sondern noch lange bis in die Neuzeit von der Verpflichtung und Berechtigung der Bauerngemeinden zum (wie auch zeitlich und örtlich begrenzten) Auszug der „Landwehr", der slawischen Opolzen, der englischen und amerikanischen Milizen, getragen. Die Grundherrschaft aber hat alle ihr eigentümlichen Einrichtungen, den Inbegriff ihres „Hofrechts" erst auf der Grundlage einer der freien Bauerngemeinde in allen Stücken nachgebildeten Lebensgemeinschaft ausbilden können.

3. Die ländliche Grundherrschaft.

Alles das hindert nicht, daß die Grundherrschaft, wie bekannt, nicht eine Ausnahmeerscheinung, sondern geradezu ein Aufbauprinzip der mittelalterlichen Wirtschaft und Gesellschaft wurde. Die Ansätze einer antiken Feudalität, von denen gesprochen wurde, verstärkten und verbreiteten sich namentlich in der Weise, daß die mittelbare Stellung einer unteren Klasse zum Staate durch Einschiebung von Herrschaftsrechten einer oberen Klasse, statt wie in der Antike überwiegend steuerwirtschaftliche und geldwirtschaftliche, jetzt vor allem amtsrechtliche und landwirtschaftliche Bedeutung bekam. Immer war und blieb es möglich und in der späteren Zeit sogar das Gewöhnliche, daß der Grundherr wie im Altertum auch die Leistungen der Bauern an den Staat sammelte und für sie haftete. Aber das trat doch in der Frühzeit sehr zurück vor dem eigentlich mittelalterlichen Prinzip des Lehensstaates, worin Besitz von Land und Verfügung über bäuerliche Abgaben und Arbeitsleistungen eine militärische Führerklasse in den Stand setzen sollten, militärische, aber vor allem auch nichtmilitärisch-politische Amtspflichten der Verwaltung und Rechtspflege für den Staat zu übernehmen. Man kann also wirtschaftsgeschichtlich sagen, daß Bestehen und Ausbreitung der Grundherrschaft von dem Maße abhängig ist, in dem die Erhaltung einer kräftigen bäuerlichen Selbstverwaltung einen solchen Überbau landwirtschaftlich ausgestatteter Feudalämter überflüssig oder umgekehrt ihr Verfall ihn unvermeidlich machte.

Innerhalb dieses gesetzmäßigen Rahmens ist nun die Entstehung grundherrschaftlicher Verhältnisse auf die mannigfaltigste Art denkbar und bezeugt, sei es daß man mit Wilhelm Sickel die Fortdauer römischer Feudalität oder mit Theodor v. Inama die große Epoche des karolingischen Amtsrechts oder endlich mit Gerhard Seeliger für Deutschland, Paul Vinogradoff für England, Pavlov Silvanskij und Handelsman für Rußland und Polen die allgemeine und das ganze Mittelalter hindurch währende Ausbildung des Lehensrechtes ins Auge faßt. Lehensverfassung ist ja der technische Name des übereinstimmenden Staats- und Wirtschaftsaufbaus, in dem öffentliche Leistungen aller Art, nicht bloß oder nur in politisch bewegten Zeiten überwiegend militärische, durch Hingabe eines Sachbesitzes, im Regelfall von Grundstücken oder Bodennutzungen, der „Wohltat" (beneficium), wie das lateinische, der „Vorsorge" (pronoia, serbisch pronija), wie das griechisch-slawische, des Pachtguts (iktá), wie das islamische Mittelalter sagt, entgolten werden. Schon diese wechselseitige Beziehung von Nutzungsbesitz und öffentlicher Leistung aufeinander, das „Heben und Legen" des deutschen Volksrechtes, ist etwas, was die Feudalität von der bäuerlichen Gemeindeverfassung entweder übernommen hatte oder worin sie doch durch den Vorgang dieser neu bestärkt wurde. Nach diesem Grundsatz dehnt sich mittelalterliches Lehenswesen dann bekanntlich über den Kreis der grundherrlichen Wirtschaft weit hinaus, zunächst auf die bäuerliche, deren Lehenscharakter das Mittelalter in den Formen des Sack- oder Beutellehens (englisch fee simple) anerkennt, und mitten in die Sphäre der späteren stadtbürgerlich-gewerblichen Wirtschaft hinein, wo bis in neuere und neueste Zeit Ämter durch Belehnung mit dem Besitz von Grundeigentum und allerlei Hebungsrechten, wie Zöllen und Gebühren, besetzt werden, bis am Ende der Ämterkauf des frühen Beamtenstaates als leere Hülse dieser Amtsbesitzverhältnisse übrigbleibt.

Der Sache nach kann nun Grundherrschaft als das Prinzip wirtschaftlicher Abhängigkeit in Verbindung mit politischer oder doch wenigstens in der Richtung auf politische Abhängigkeit sozusagen von unten oder von oben her erwachsen. Das angelsächsische Volksrecht überliefert, daß häufig der gemeinfreie Bauer (ceorl) durch wirtschaftlichen Erfolg zum Gefolgsmann des Königs oder eines anderen Herrn, zum „Degen" (thegn), empor„gedieh", und ähnlich werden wir uns überall im öffentlich-rechtlichen, militärischen oder amtlichen Dienst von Königen und Großen eine reich gewordene obere Bauernschicht zu denken haben, die nach Art der niederrheinischen Freidienstmannschaft eine der Grundlagen für die spätere niedere Lehensritterschaft, die Ministerialität, abgab. Daneben aber bleibt bestehen und für die ursprüngliche Sozialauffassung einer freibäuerlichen Gesellschaft unendlich bezeichnend, daß Herrendienst niederer Grade anfangs nur von Unfreien geleistet wird und auf diesem Wege auch die Ministerialität mindestens eine von zwei Wurzeln in den Schichten unterhalb der freien Stände hat, nur daß nun, wie in der Spätantike die Freigelassenen zu den Funktionen der Herrscherklasse aufgestiegen waren, auch diese unfreien Herrendienstleute des Mittelalters rasch die Masse der ranghöheren Freibauern an tatsächlicher wirtschaftlicher und gesellschaftlicher Machtstellung überholten und schließlich mit den Freidienstmannen zu einem allgemeinen Typus grundherrlichen Niederadels verschmolzen.

Den grundherrlichen Emporkömmlingen der freien und unfreien Stände entspricht sodann notwendig das umgekehrte Bild absinkender oder von vornherein grundherrlich abhängiger Schichten. Wirtschaftlicher Mißerfolg zwang in Verbindung mit den stets gleichzeitig steigenden Anforderungen des Heeres- und Steuerstaats weithin die Freibauern zu einer Erneuerung des römischen Klientelverhältnisses durch Inanspruchnahme des Schutzes, durch „Kommendation" in die „Munt", wirtschaftlich Stärkerer, und begreiflicherweise kam dafür die Grundherrschaft der Kirche, der kirchlichen Anstalten, noch mehr in Betracht als die des weltlichen Adels, schon weil hier die uralte Rechtsübung der kirchlichen Steuerleistung (Zehnten) und des kirchlichen Pflichtteilanspruches an die Erbschaften (Seelgerät) die Bevölkerung ähnlich wie der Staat belastete, sodann auch weil die germanische Rechtsinstitution der sogenannten Eigenkirche, die Wurzel der späteren Patronatsrechte, auch die Seelsorge aus eigenem Kirchenbesitz zum geldwerten Wirtschaftsrecht von Grundherren (und Gemeinden) machte. In allen germanischen und slawischen Ländern sieht man auf der einen Seite die Grundherrschaft der Kirche, der „toten Hand", ins ungemessene wachsen, auf der andern Seite dafür allerdings auch die Kirche, und zwar viel mehr als die Staatsgewalt, in zunehmendem Maße ihre große mittelalterliche Rolle als sozialpolitische Fürsorge- und Versicherungsanstalt spielen, der die Naturalverpflegung der Armen und Arbeitslosen zur Last fällt, eben weil sie regelmäßig durch Hinterlassenschaften, bedingte und unbedingte Schenkungen aus allen Bevölkerungsschichten, überwiegend in der Form von Landbesitz, die Kapitalgrundlage dafür ansammelt.

Auch an ursprünglichen dinglichen und persönlichen Abhängigkeitsverhältnissen hat es aber im Frühmittelalter sicher nicht gefehlt, und die Auffassung Werner Wittichs vom germanischen Bauern als einem kleinen Grundherrn ist wenigstens insofern nicht unberechtigt, als, wie wir schon sahen, im Schoße der großbäuerlichen Familienwirtschaft auch für andere als blutsverwandte Arbeitskräfte, von dem erkauften oder eroberten Sklaven bis zum freien Einlieger, Platz war. Alle diese Verhältnisse werden je klarer, je mehr man sich daran gewöhnt, in die für alles frühe Mittelalter charakteristische, wenn auch dem heutigen Menschen widerspruchsvoll erscheinende Vereinigung von grobem wirtschaftlichen Materialismus und doch sehr feinen, sittlich und rechtlich geregelten menschlichen Beziehungen einzudringen. Das Mittelalter hat einesteils überall einen blühenden Menschenhandel getrieben, der wesentlich im Anschluß an die großen, aus dem Osten kommenden Handelswege (unser „Sklave" bedeutet ja ursprünglich den so als Menschenware gehandelten Slawen) und wesentlich von Landfremden, insbesondere Arabern und Juden, betrieben wurde, so daß es entfalteter Grundherrschaft an völlig unfreien Arbeitskräften niemals hätte fehlen können. Aber noch mehr wie in der Antike erstickte jetzt die Naturalwirtschaft eine großbetriebliche Sklavenwirtschaft im Keime, weil nicht nur die Möglichkeit größeren Plantagenbaus, sondern selbst die des antiken Gewerbebetriebes mit altgewohntem Sklavenbesitz fehlte. Parallel der Herabdrückung der zurückbleibenden Bauernschichten durch die Grundherrschaft läuft daher allenthalben eine umgekehrte Hebung der von vorneherein unfreien und abhängigen Arbeitskräfte durch die mittelalterliche Grundherrschaft. Die Wirtschaftsform, in der ein aus hundert verschiedenen Quellen zusammenfließender ritterlicher Herrenstand die Arbeitskraft mehr oder weniger bis zur Hörigkeit, d. h. vor allem bis zur Schollenbindung „ausbeuten", d. h. davon leben konnte, um sich arbeitsteilig anderen gesellschaftlichen Pflichten als den wirtschaftlichen zuzuwenden, war eben im großen und ganzen nur die eine, in der der Bauer genau wie in seiner früheren Freiheit auf eigenem Hof und als verantwortlicher Leiter seiner eigenen Wirtschaft sitzen blieb und sein Herrendienst wesentlich in der Abführung von Natural- oder Geldzinsen und einzelnen, meist öffentlichen oder prekarisch-freiwilligen Charakter tragenden, persönlichen oder sachlichen Leistungen an den Herrn bestand. Auch der Sklave war als ein solcher bäuerlicher Wirt (servus casatus) am besten auszunutzen, und so rücksichtslos die Rechtsformen der überall im germanischen Kolonialgebiet und in den Slawenländern ausgebildeten Leibeigenschaft der Bauern als eine wirkliche Sklaverei anerkannt werden müssen, so vorsichtig sind unter anderen wirtschaftlichen Bedingungen die fortdauernden Namen bäuerlicher Unfreiheit, z. B. die süd- und westdeutsche „Leibherrschaft", auf ihren Sachgehalt zu untersuchen, wobei allemal erhellt, daß am Ende des Mittelalters diese Rechte in Westeuropa, z. B. im pfälzischen „Wildfangrecht" oder in der englischen „Nativität", zu bloßen geldlichen Schuldverhältnissen der Leibeigenen gegenüber den Leibherren ausgehöhlt worden waren.

Der erste Blick also zeigt als Ergebnis der Aufspaltung mittelalterlicher Gesellschaft in einen grundherrlichen Ober- und in einen grundholden Unterstand abermals einen überraschend allgemeinen Typus der landwirtschaftlichen Verhältnisse, der in dem Durchschnitt der damaligen wirtschaftlichen Möglichkeiten begründet liegt und sich nur langsam mit der allgemeinen Bewegung des Wirtschaftssystems abwandelt. Durch parallele Hebungen und Senkungen der Rechts- und Lebenslagen entsteht aus reichen und armen, freien und unfreien, ihren Grundbesitz einem Herrn auftragenden oder von ihm leihenden Bauern ein allgemeiner Bauernstand, dessen gemeinsame Namen in Mittel- und Osteuropa mehr in die Richtung des sozialen Empfindens weisen (wie die deutschen Bauern gern „arme Leute" heißen und die russischen sich gern „Waisen" nennen), in dem ritterlich-orientalisch-feudalen Westeuropa schon mehr in der Richtung sozialer Abschätzigkeit liegen — der Dorfbewohner (villanus) wird zum Symbol des Häßlichen (französisch vilain) oder gar des Schurken (englisch villein), was die spätere deutsche Ritterdichtung als durchgängig biedere Kopie mit „Dörper" wiederzugeben versucht.

Mit Recht hat endlich besonders die deutsche wirtschaftsgeschichtliche Forschung, an der Spitze Georg v. Below, hervorgehoben, daß die Schaffung der mittelalterlichen Herrenstände auf die bloß wirtschaftliche Tatsache grundherrschaftlicher Abhängigkeiten nicht beschränkt werden kann, daß vielmehr auch im Mittelalter überall schon Staatsgewalt und öffentliches Recht als Quelle der Abhängigkeitsverhältnisse zwischen Ober- und Unterstand in Betracht zu ziehen sind. Aber mehr als der Streit zwischen den Anhängern und Gegnern der sogenannten grundherrschaftlichen Theorie vermuten läßt, besteht der wirtschaftsgeschichtlich wesentliche Hergang doch in einer gegenseitigen Durchdringung des Wirtschaftlichen und Politischen, der von unten und der von oben ausgehenden Umbildungen der freibäuerlichen zur grundherrlichen Gesellschaft. Nicht nur wirtschaftliche Mißerfolge und Nöte treiben die kleinen Grundbesitzer in die Gewalt der großen, sondern diese Strömung wird durch die Staatsgewalt verstärkt, die notgedrungen größeren und kleineren Grundherren Verwaltungsaufgaben verschiedenen Inhalts und Umfangs überträgt und ihnen zu deren Erfüllung entweder Privilegien in Form der Befreiung von staatlichen Gerichts- und Steueransprüchen (Immunität) oder der Erleichterung (im russischen Recht l'gota) solcher erteilt oder staatliche Rechte auf Wirtschaftsleistungen der Untertanen preisgibt. Am auffälligsten ist das in den beiden vornehmsten staatlichen Hoheitsverwaltungen des Heeres und Gerichts. Dort entsteht das Lehnsheer mit seiner Pyramide ineinander eingeschachtelter Befehlsrechte vom letzten Afterlehnsträger bis zum obersten Lehens- und Landesherrn, der jetzt in straffer Form das alte volkskönigliche Obereigentum an allem Boden erneuert und auch unter sich „kein Land ohne Herrn" (nulle terre sans seigneur) sehen will. Hier das Absterben der alten Landgerichte der Freibauern und ihre der Grundeigentumsverfassung entsprechende Spaltung in die örtlichen und bezirklichen Niedergerichte der abhängigen Bauern und die verschiedensten Formen herrschaftlicher und feudaler Gerichtsverfassung, diese aber in ihren verschiedenen höheren und höchsten Kreisen von dem „Hofrecht" der grundherrlichen Bauern bis zum Lehnshof des Hochadels um den König durchweg derart gleichheitlich-demokratisch oder, wie das Mittelalter sagte, paritätisch (aus pares, pairs, peers) aufgebaut, daß das Vorbild der ursprünglichen freien Volks- und Bauerngemeinde vom Grunde der Gesellschaftspyramide aus gleichsam überall hindurchleuchtet.

Nicht minder wichtig als diese große Einheitlichkeit der mittelalterlichen grundherrlich-bäuerlichen Verhältnisse ist es allerdings, sich ihre Entwicklungsunterschiede nach Orten und Zeiten zu vergegenwärtigen. Hier hat zunächst die deutsche Agrargeschichte an den Unterschieden des ost- und westelbischen Landes und sodann und innerhalb dieses noch des Südwestens und Nordwestens eine Reihe von Begriffen entwickelt, die es nur gilt, genügend beweglich zu fassen, um sie untereinander in Verbindung zu halten und vor allem auch auf die übrige europäische Agrargeschichte anwenden zu können. Die sogenannte ältere Grundherrschaft des deutschen Südwestens ist die typische Situation der Grundherrschaft, die als ein „Streubesitz" an Land und Nutzungen über große Flächen hin erscheint. Das bedingt auf seiten des Herrn eine Anschauung und Verwaltung seiner grundherrlichen Rechte, die ihn zum mehr oder weniger reinen, seiner politischen Stellung viel eher als der Wirtschaft zugewandten Rentengläubiger macht, auf der Seite der Bauern eine mehr oder weniger große Erleichterung aller grundherrschaftlichen Abhängigkeit durch die weite Verteilung ihres Druckes und das Nebeneinanderbestehen, also den wenigstens möglichen Wettbewerb regelmäßig mehrerer Grundherrschaften in derselben Ortsgemeinde. Die sogenannte jüngere Grundherrschaft Nordwestdeutschlands führt uns diesen Anfangszustand dann bereits eigentümlich aufgelockert und fortgebildet vor. Mit zunehmender Geldwirtschaft sind die Grundherren dazu übergegangen, die Kreise ihrer Rechte mehr und mehr zu schließen, an bestimmten Verwaltungsmittelpunkten, den Höfen ihrer Verwalter oder Meier (villici), zu sogenannten Villikationen zu vereinigen und endlich diesen Verwaltern in einer eigentümlichen, an die antike Steuerpacht und die spätere „Regie" des Merkantilismus erinnernden Mittelstellung zwischen Beamten und Unternehmern durch ein Pachtverhältnis ganz zu überlassen. Die sogenannte Gutsherrschaft Nordost- (und übrigens vielfach auch Südost-) Deutschlands schließlich ist die Wirtschaftsform, in der der wirtschaftliche Unternehmungsgeist des Grundherrn sich unter dem Drucke eines ersten internationalen Getreidemarktes dazu steigert, größere herrschaftliche Eigenwirtschaften anzulegen und diese Eigenwirtschaften hauptsächlich mit der verschärften und unmittelbaren Beanspruchung der Arbeitskraft seiner abhängigen Bauern zu betreiben.

Wie die ständisch-konservative Opposition der Bauernbefreiungen im 19. Jahrhundert nicht mit Unrecht hervorhob, hatte die Grundherrschaft nun vor allem noch eine besondere Funktion in bezug auf die Entwicklung des Bodenbesitzes. Hier denkt man zunächst von neuzeitlichen Verhältnissen aus gerne an die Art und Weise, in der eine zur Gutsherrschaft gewordene Grundherrschaft „Bauern legte", d. h. Bauernbesitz einzog, um ihre Eigenwirtschaft dadurch zu erweitern. Um so sorgfältiger muß man sich für die frühere Stufe der Grundherrschaft klarmachen, daß hier die Regel umgekehrt das Streben nach Erhaltung des Bauerngutes als Rentenquelle sein mußte. Auch vor der Grundherrschaft stand die Erhaltung des bäuerlichen Besitzes, deren Bedeutung im Gegensatz zur Mobilisierung und Parzellierung des Bodens wir heute gut genug kennen, unter einem Schutze, nämlich dem der gemeindlichen Selbstverwaltung. Es ist von einer modernen Zeit, die die Erhaltung der Bauerngüter ausschließlich entweder von staatlicher Erbrechtsgestaltung oder von der freiwilligen Erbsitte der einzelnen Bauern erwartet, noch viel zu wenig erkannt, in welchem hohen Grade auch dabei früher die alte Bauerngemeinde als Mittelstelle zwischen Staat und einzelnen auftrat. Bei dem langsamen Zurückweichen des alten Geschlechterbesitzes vor einer persönlicheren Erbrechtsordnung, zunächst für den Kaufbesitz und dann auch für den Stammbesitz, war die Siedlungsgenossenschaft lange Zeit hindurch die einzige Macht, die das lebendige Bewußtsein gemeinschaftlicher Verfügungsrechte auch im Erbgang festhielt und vor allem Vererbung und Verkauf von Grundstücken an Siedlungsfremde dadurch verhinderte, daß sie den ganzen Kreis möglicher Bodenrechtsgeschäfte mit dem Vorbehalte der sogenannten Näher-, Einspruchs- oder Retraktrechte, zunächst zugunsten der erbberechtigten Familie, aber dann und in vielen Fällen sogar gegen diese auch zugunsten der Siedlungsnachbarn, umgab. Wie die Siedlungsgenossenschaft die wankenden Sippenrechte, so half jetzt die Grundherrschaft die wankenden Nachbarschaftsrechte stützen. In einer Fülle von Rechtsbildungen, die sichtlich im engen Austausch mit dem Lehensrecht der Grundherrenklasse selbst zustande kamen, überwachte der Grundherr die Erhaltung des leistungsfähigen Bauerngutes durch Bewilligungs- und Abgabenrechte bei jeder für den Besitz belangreichen Veränderung des bäuerlichen Lebens, also vor allem bei Eheschließungen und Erbfällen, wo ihm, genau wie beim adligen Feudalrecht dem Lehensherrn, die verschiedenen Fälle (französisch reliefs, relevia) zustanden, von der Abgabe von Mobiliar und Inventarstücken, wie Kleidern (Wadmal) und dem „Besthaupt" (Vieh), die die „tote Hand" des Hörigen (daher mainmorable genannt) dem Herrn reichte, bis zu den Handlöhnen, Ehrschätzen oder Laudemien, die heute noch in England den langfristigen Leihbesitz der adligen und geistlichen Grundherrschaft alle hundert Jahre mit riesenhaften Kapitalabfindungen zu bereichern pflegen.

Die Summe dieser grundherrlichen Eingriffsrechte hat gewiß eine ihrer Wurzeln auch in dem Recht der unfreien, versklavten oder freigelassenen Arbeitskräfte, die die Grundherrschaft unter das gleiche Joch zwang wie den freieren Bauernbesitz, um aus allen verschiedenen Rechtsklassen der bäuerlichen Wirtschaft das durchschnittliche Bauernrecht des Mittelalters zu bilden. Aber so wenig die entsprechenden Eingriffsrechte des Lehnsherrn gegen die adligen Vasallen immer Kennzeichen alter Unfreiheit waren, so wenig erschöpft auch die spätere Gleichsetzung des Fallrechtes mit bäuerlicher Unfreiheit das Wesen dieser Einrichtung. In der Grundherren- wie in der Bauernschicht war die oberherrliche Überwachung des Erbganges und sonstigen Verkehrs der Bodenrechte vielmehr nur das natürliche Auskunftsmittel, das sich die stabile Landwirtschaft des Mittelalters schuf, um des Fortganges dieser Wirtschaft in immer gleichen Kreisen Jahrhunderte hindurch gewiß sein zu können. Und was für die dinglichen Bodenrechte gilt, gilt naturgemäß auch für den Einfluß der Grundherrschaft auf die Entwicklung des Schuldrechtes am Boden. In Zeiten, deren Pfandrecht fast nur die Übereignung der geliehenen Sache als Sicherheit kannte, mußte gerade die Grundherrschaft (wie übrigens entsprechend auch das Lehensrecht) weitgehend als eine Kreditsperre für den Boden mit allen nachteiligen und entwicklungshemmenden, aber auch mit allen wohltätig erhaltenden Folgen für den Bodenbesitz wirken.

Selbstverständlich ist das nur die eine, von den Romantikern einseitig hervorgehobene Seite der Sache. Wenn die Grundherrschaft gleichsam einer der Keime des späteren bevormundenden Patrimonialstaates war, so vertrug sich doch ihre Vormundschaft nicht minder wie die des Patrimonialstaates mit einem großen Maße von Eigensucht. Was sie keinem Fremden gegenüber dem Bauerngut erlaubte, scheute sie sich doch schon vor den Zeiten der Gutsherrschaft und des Bauernlegens niemals selbst zu tun, wenn es ihre wirtschaftlichen Interessen fördern konnte. Hierher gehören einmal alle die Maßnahmen der Grundherrschaft, die zunächst langsam und dann mit immer beschleunigten Schritten zugunsten herrschaftlicher Zwecke die alte Genossenschaftswirtschaft des Flurzwanges und der Allmende durchbrachen und auflösten. Sicherlich konnte auch umgekehrt die Festigung kollektiver Wirtschaftsverhältnisse im Interesse der Grundherrschaft liegen und sie dazu bestimmen, auch neue Wirtschaftsunternehmungen, z. B. Waldsiedlungen wie die viel umstrittenen Gehöferschaften im Trierischen, nach den alten, fast künstlich wieder belebten Grundsätzen der Siedlungsgenossenschaft einzurichten. Ebensooft und wohl doch überwiegend aber wohnte der Grundherrschaft das entgegengesetzte Streben zur Durchbrechung kollektiver Bindungen inne, wo ein wenn auch nur bescheidener und verfrühter wirtschaftlicher Unternehmungsgeist sich durch diese Bindungen beschränkt fand, und es entstanden neben den Herrenhöfen auch bäuerliche Siedlungsbilder mit individualistischem Separations- und Verkopplungsprinzip, wie die „Vereinödung" im Allgäu, oder die erst neuerdings erkannte, die ältere Dorfsiedlung durchsetzende Streu- und „Kamp"-Siedlung Westfalens. Das Hauptziel war allemal Befreiung der grundherrlichen Eigenwirtschaft von genossenschaftlichen Auflagen, z. B. Weiderechten, und, noch wichtiger und einschneidender, die eigene Inanspruchnahme von Sondernutzungen und anderen Vorrechten, z. B. dem des „Obermärkers", in der Genossenschaft.

So haben wir uns die Grundherrschaft von Anfang an als den wenigstens möglichen Träger der Agrarreformen vorzustellen, die dann in den neuzeitlichen Gemeinheitsteilungen oder Separationen einen Gipfel erklommen und auf der ganzen Linie den individualistischen Geist der Unternehmung gegen den kollektivistischen Geist der Überlieferung vertraten. Während in neuerer Zeit, namentlich bedingt durch das Hereinwirken der städtisch-gewerblichen Sphäre, das technische Moment dieser Agrarreformen, die Trennung und Verbesserung von Feldbau und Viehzucht, im Vordergrunde steht, sind es in älterer Zeit besonders neue rechtliche Möglichkeiten der Bodennutzung, die die Grundherrschaft in den Kreis der alten Genossenschaftsrechte einführte. Wir haben gesehen, wie ihr die bäuerliche Selbstverwaltung vor allem auf dem Wege der Kleinsiedlung dabei vorangegangen war. Diese Ansätze konnte nun die Grundherrschaft besonders durch größere Ansammlung wirtschaftlicher und politischer Macht und durch vermehrte Anwendung geldwirtschaftlicher Verfahren großziehen und verfeinern. Besonders die Ausbildung des ländlichen Pachtrechtes wird als Tat der Grundherrschaft angesehen werden müssen. Wiederum bot das Lehensrecht von der Oberschicht her ein Vorbild für die Teilung von Eigentums- und Besitzverhältnissen, die einerseits das Herabsinken der freibäuerlichen, anderseits das Aufsteigen der unfreien Schichten nahelegte. Während noch das altenglische Landwirtschaftsrecht deutlich einen Zustand zeigt, in dem der Bauer „mit seinem Gute gehen konnte, wohin er wollte", d. h. die Wahl zwischen wechselnden Schutzverhältnissen besaß, konnte gefestigte Grundherrschaft ohne mindestens ein Obereigentum des Herrn am Lande und in den meisten Fällen auch ohne eine entsprechende Bindung der bäuerlichen Arbeitskraft an den Boden, den Anfang dessen, was später das rezipierte römische Recht die glebae adscriptio nannte, nicht auskommen. Aber im Schnittpunkt des grundherrlichen und des bäuerlichen Interesses an einer beständigen Bauernwirtschaft, der bäuerlichen Erbleihe des Mittelalters, konnte sich nun eine große Mannigfaltigkeit von Rechten entfalten, die der Grundherrschaft die Aufnahme immer neuer, zuschüssiger Arbeitskräfte in mehr oder minder fester Ansässigkeit als „Gäste" oder „Landsiedel" (hospites, slawisch Kmeten von comites) erlaubten. Am Ende der Entwicklung stand dann die Zeitpacht, die auf der einen Seite durch ihre kurzen Fristen und ihre rational-urkundlichen Bedingungen im schriftlichen Vertrage (oder mindestens in einer Kopie aus Gerichtsbüchern, wie beim englischen „copyhold") vor Rechtsverlust und anderen Schädigungen sicherte, auf der andern Seite einem zunächst aus der Bauernschaft und dann wohl auch aus stadtbürgerlichen und grundherrlichen Elementen gemischten Pächterstande die Gelegenheit gab, auf der Grundlage und je nach Maßgabe eigenen Inventar- und Geldbesitzes seinerseits zu kleineren oder größeren Unternehmern zu werden wie die Meier der jüngeren Grundherrschaft.

Alle diese verschiedenartigen, beharrenden und fortschrittlichen Momente wurden in der Grundherrschaft ganz wie in der autonomen bäuerlichen Selbstverwaltung doch noch auf lange hinaus von dem Rahmen der alten Genossenschaftsrechte zusammengehalten. Es ist ein Irrtum, zu glauben, daß das östliche Deutschland infolge seines gutsherrschaftlichen Gesellschaftsbaus die Sitte der Überlieferung ländlichen Wirtschafts- und Gemeinderechtes durch Wahrspruch der Bauern selbst, das sogenannte Weistumsrecht, nicht gekannt habe. Wie das Gebiet der östlichen Gutsherrschaft selbst mit freibäuerlichen Elementen, z. B. in Ostpreußen bis zur Bauernbefreiung hin, durchsetzt war, so sind überall auch die Reste eigener bäuerlicher Rechtsweisung zu spüren, und seitdem die neuere Weistümerforschung großen Wert darauf legt, daß es auch in Süd- und Westdeutschland gerade die Grundherrschaft und ihr Beamtentum waren, die den alten Bauernrechtsweisungen großenteils in ihrem eigenen herrschaftlichen Interesse zur Aufzeichnung verhalfen, sollte klar sein, welche Lebensgemeinschaft das grundherrschaftliche Hofrecht im ganzen Mittelalter mit der Bauerngemeinde eingegangen ist. Der Kreis der als „familia" einer Grundherrschaft unter deren Gerichtsbarkeit in Grundherrschaftssachen zusammenlebenden Bauern war in jeder Beziehung dem Kreise der alten autonomen Bauerngemeinden und Bauerngenossenschaften nachgebildet. Weithin, wie es besonders am Beispiel des langobardischen Schultheißen (niederdeutsch Schulte, niederländisch-englisch schout, scout) und des englischen Reeve (Grafen) deutlich wird, waren die alten Beamten des Volks- und Königsrechts zu grundherrschaftlichen Beamten — man möchte sagen herabgesunken. Und die Rechtsfragen, die die Grundherrschaft sich in der Form des Weistums entweder zum Zweck grundsätzlicher Rechtsfeststellung oder zur privaten Beurkundung von Einzelrechten durch Bauernversammlungen oder deren Ausschüsse und Vertreter beantworten ließ, waren ebenso wie die amtlichen Erhebungen (Inquisitionen) des fränkischen Reichsrechts oder die Geschworenengerichte des englischen Gemeinrechts Erweiterungen und Fortbildungen der uralten volksrechtlichen Gewohnheit, das Recht eines miteinander lebenden genossenschaftlichen Menschenkreises entweder nach Bedürfnis von Fall zu Fall oder periodisch an Gerichts- und kirchlichen Feiertagen, oft unter Grenzbegehungen, Flurbesichtigungen und Prozessionen, durch formelhafte Aussage lange vor der schriftlichen Fixierung von Geschlecht zu Geschlecht lebendig zu erhalten. In der Wirtschaft wie im übrigen Gesellschaftsleben unterschied der mittelalterliche Mensch wie der Primitive überhaupt und wie eigentlich auch heute noch alle von Gewohnheit und Richterspruch lebenden Rechte, vor allem das englische, ja noch nicht streng zwischen der Setzung neuen und dem Ausspruch alten Rechts, nicht einmal zwischen Rechtsprechung und Verwaltung. Das Weistum, das sich überall, auch außerhalb Deutschlands, als englischer „inquest", als italienische „guisa" oder „favola" und sogar auf slawischem Boden findet, war also die Grundform des bäuerlichen Rechtslebens in kleinen und großen Umgebungen und hat als solche, wo sie und ihr Geist lebendig blieben, aller Grundherrschaft ihren patriarchalischen Charakter, man könnte beinahe sagen etwas von demokratischem Charakter verbürgen helfen.

Auch die zweite große Quellengruppe der mittelalterlichen Agrargeschichte, die grundherrlichen Verwaltungsakten, die sich vom einfachen Kopialbuch oder Register von Besitzurkunden bis zum rechtlich und wirtschaftlich fein durchgearbeiteten Besitz- und Hebungsverzeichnis im sogenannten Urbar erstrecken, entfernt sich trotz ihres rein herrschaftlich-bureaukratischen Charakters nicht völlig von den Lebensformen des bäuerlichen Gewohnheitsrechtes. Wie vielfach Urbar und Weistum Hand in Hand gehen, das eine auf das andere Bezug nimmt oder es sich einverleibt, so ist durch das ganze Mittelalter von dem ersten uns erhaltenen Riesenurbar, dem Domesday-Book Wilhems des Eroberers von England, über das „Erdbuch" König Waldemars II. von Dänemark bis zum märkischen Landbuch Kaiser Karls IV. und den „Schreibebüchern" der Freistadt Novgorod die grundherrliche und darüber hinaus die lehens- und landesherrliche Verwaltung von Bodenbesitz und Bodeneinkünften überall an die Rechtsweisung der bäuerlichen Untertanen geknüpft geblieben. Noch Joseph II. von Österreich und Friedrich der Große haben in den schwülen Zeiten vor der Französischen Revolution Urbarien in großem Umfange auf Domänen und anderen Grundherrschaften aufnehmen lassen, um Maßnahmen der Bauernbefreiung und Gemeinheitsteilung vorzubereiten. Auch in diesem Hilfsmittel grundherrschaftlicher Verwaltung, dem Nachfahren der spätantiken und dem Vorfahren der modernen Grundsteuerkataster, tritt also die durch die Grundherrschaft ungebrochene Verwandtschaft des bäuerlichen Wirtschafts- und Rechtslebens mit dem Gedanken der Staatsgewalt und der Gemeinwirtschaft hervor.

Mit diesen rechtlichen Grundformen kam die Gewohnheitsmäßigkeit und Beharrlichkeit der wirtschaftlichen Zustände, von der einen Seite könnte man sagen ihr bequemer Schlendrian, von der andern Seite mit dem gleichen Recht ihr großzügig menschliches Leben und Lebenlassen, aufs beste überein. Namentlich kirchliche Grundherrschaft hat sich im Mittelalter allgemein durch diesen breiten Konservatismus ausgezeichnet nach dem zeitgenössischen Sprichwort, daß „unter dem Krummstab gut wohnen" sei. Die massenhafte Wollschafzucht z. B., die gerade die Kirche für ihren eigenen Bedarf, aber auch wie im mittelalterlichen England schon zu Ausfuhrzwecken betrieb, hat sich lange vor den „Einhegungen" aus grundherrlichen Weideberechtigungen erhalten. Aber selbst die größere weltliche, d. h. fürstliche Grundherrschaft ist in der Anspannung ihrer abhängigen Arbeitskräfte zu eigenen Zwecken nur ganz langsam über das gewohnte, in den Weistumsrechten befestigte Maß hinausgekommen. Die meisten Abgaben und Dienste waren ebenso streng „gemessen", wie sie später unter der Gutsherrschaft des Ostens „ungemessen" zu werden neigten. Und vielleicht liegt hier einer der wichtigsten Gründe für jenen schnelleren oder langsameren, aber jedenfalls bis zum späteren Mittelalter hin allgemeinen Verfall öffentlicher Grundherrschaft, voran des Reichsgutes, der gewöhnlich vorwiegend mit den machtpolitischen Verhältnissen des Lehensstaats erklärt wird, der doch aber selbst mächtigen Fürsten, wie den westeuropäischen Nationalkönigen oder den osteuropäischen Kolonialfürsten, immer wieder zu begegnen drohte. Wenn, wie die Urbare der babenbergischen und habsburgischen Herrscher Österreichs zeigen, unter landesfürstlichen Einnahmen des hohen Mittelalters selbst im Koloniallande die grundherrlichen nur etwa ein Sechstel ausmachten, so war es vielleicht die Unergiebigkeit der älteren grundherrlichen Abgaben- und Dienstverfassung überhaupt, die sie in der Schätzung der Landesverwaltungen zurücktreten und diese Verwaltungen zunächst anderen Einnahmequellen, wie den Regalien und den Städtesteuern, sich zuwenden ließ.

Jedenfalls verdient aber die ganz verschiedene Bedeutung der Grundherrschaft nicht nur nach Wirtschaftsgebieten und Wirtschaftsstufen, sondern auch nach der Größe und dem politischen Range der in ihr zusammengefaßten Landgebiete mehr als die übliche Beachtung. Was im deutschen Lehensrecht ein grundherrlicher Hof, im anglo-französischen ein manoir oder manor, im russischen ein poměstje hieß, konnte in der Wirklichkeit einen grundherrschaftlichen Komplex von ungeheuer verschiedenen Ausmaßen und Rechten zwischen der Wirtschaft eines kleinen Ritters, den man mit Recht den „Nachbarn der Bauern" genannt hat, und einem mittelalterlichen Latifundium oder kleinen Territorium bedeuten. Daraus folgt aber nicht, daß nicht in der Tat die Annäherung einer Grundherrschaft mehr an das örtliche oder mehr an das territoriale Ende dieser Stufenleiter von der größten sozialen und wirtschaftlichen Bedeutung gewesen sei. Schon im frühen Mittelalter bleibt der Begriff des im Vorzugssinn sogenannten „reichen" Landbesitzers, des „landrica", wie die angelsächsischen Quellen, des „rico hombre", wie die spanischen sagen, streng auf die Schicht jener wirklich großen Grundherren beschränkt, die dann als Barone oder Pairs, als unmittelbare Lehensträger unter dem Landesherrn dessen höchste Beamte oder auch Nebenbuhler werden.

4. Stadt und Fernhandel.

Gerade diese größten Grundherren, in deren Herrschaft sich am augenfälligsten das privatwirtschaftliche und das staatliche Element mischen, scheinen nun auch eine entscheidende Rolle bei dem wirtschaftlich-sozialen Prozesse gespielt zu haben, durch den auf der Höhe des Mittelalters seit etwa dem 11. Jahrhundert aus der rückgebildeten naturalwirtschaftlichen Agrarkultur der nachantiken Reiche eine städtische Handels- und Gewerbekultur wieder emporzuwachsen begann. Nicht umsonst haben gerade die alten Nationalökonomen und Soziologen der Aufklärung die Anschauung vom Ursprunge des europäischen Städtewesens begründet, die dann unter dem Namen der Hofrechtstheorie mit wechselndem Glück in der neueren Wirtschafts- und Sozialgeschichte umkämpft worden ist. Den Männern der Aufklärung und des Liberalismus um die Epoche der Französischen Revolution wurde es zur ideologischen Bestätigung ihres eigenen Kampfes für die Emanzipation des modernen Bürgertums, daß auch schon das mittelalterliche Bürgertum seine Entstehung einem solchen Befreiungskampfe gegen feudale Mächte verdankt habe. So gaben sie sich viele Mühe, zu beweisen, daß in zahlreichen Fällen die Hauptmerkmale mittelalterlicher Stadtwirtschaft, Stadtrecht und Zunftverfassung, aus grundherrschaftlichem Hofrecht hervorgegangen seien. Folgerichtig mußte dann eine wirtschaftsgeschichtliche Richtung wie die Georg v. Belows, deren Schätzung in der Gegenwart umgekehrt mehr den nichtbürgerlichen Lebensformen zuneigte, auf alle Momente aufmerksam machen, die für einen kampfloseren, stetigeren Entwicklungsgang der städtischen „Freiheit" auf den Grundlagen der älteren autonomen Landgemeinde und der späteren ständischen „Einung" sprachen. Die grundsätzliche Berechtigung dieser zweiten Ansicht kann heute nicht mehr bezweifelt werden. Sie ist unentbehrlich auch als mittelbare Bestätigung der kommunalen und genossenschaftlichen Grundlagen mittelalterlichen Wirtschaftslebens überhaupt. Aber daneben scheint die jüngste Forschung doch zu einer besseren Würdigung der alten liberalen Theorien zurückzukehren, die, wie zuletzt die von Wilhelm Arnold und Karl Wilhelm Nitzsch, auch den engen Zusammenhang von Grundherrschaft und Stadt und die vielfach revolutionäre Natur der großen sozialen Auseinandersetzungen zwischen ihnen betonen

Gerade die letzten Nachprüfungen der Geschichte des Patriziats in deutschen und italienischen Städten haben die Auffassung Nitzschs bekräftigt, daß vielfach eine enge Verbindung der ältesten städtischen Führerschichten mit dem Ministerialenstande wahrzunehmen ist, und was oben über die langsame Auflockerung der ländlichen Grundbesitzverhältnisse unter dem Antrieb der Grundherrschaft gesagt wurde, führt in mehr als einer Beziehung wieder auf die Lehre Arnolds zurück, daß im städtischen Bodenrecht zum ersten Male in entscheidender Weise die grundherrliche Leihe zu einer Anerkennung der vollen persönlichen und wirtschaftlichen Freiheit des Beliehenen gezwungen wurde.

Überall wo wir städtisches Leben aus ländlich-grundherrschaftlicher Umgebung heraus neu entstehen sehen, wie im neuzeitlichen Rußland, oder wo wir selbst in Mittel- und Westeuropa entwickelteres Städtewesen bis auf die Gegenwart einer großgrundherrschaftlichen Umgebung gegenüberstehen sehen, wie etwa bei Prag oder Münster, trägt die Stadt den ausgesprochenen Charakter eines wenigstens winterlichen Wohn- und Sammelplatzes für den grundherrlichen Adel. Und das ist nicht bloß kulturell durch die Annehmlichkeit städtischer Lebensformen begründet, es ist auch von der Seite der wirtschaftlichen Produktion her durch jenen Charakter aller eigentlichen, noch nicht zur Gutsherrschaft gewordenen Grundherrschaft bedingt, der diese prinzipiell zu einem sich selbst erhaltenden, wenig erweiterungsfähigen System von Rechten unter starker bäuerlicher Mitwirkung macht. Das mußte überschüssige Mittel und überschüssigen Unternehmungsgeist grundherrlicher Schichten mit einer gewissen Notwendigkeit schon früh auf die Beteiligung an städtischer Wirtschaft hinweisen, von Zeit zu Zeit immer wieder, wie der italienische Ausdruck lautet, eine „Verhäuslichung" (incasamento) des Landadels in den Städten hervorrufen. Dieser Gedankengang etwa ist der berechtigte Kern dessen, was Werner Sombart von ökonomischer Seite zur Erneuerung der grundherrlichen Theorie des frühen Städtewesens beigetragen hat. Sombarts Zweck dabei war ein viel weiterer. Er glaubte, auf der alten Suche nach dem Ei, woraus die Henne der späteren kapitalistischen Wirtschaft entstanden sei, den Nachweis erbringen zu können, daß Grundrente allenthalben die erste Quelle der Kapitalbildung, der „primitiven Akkumulation", dargestellt habe. Diesem Nachweis sollte auch die Überlegung dienen, daß weder rechtliche und militärische Vorgänge, wie die Verleihung von Marktrechten und der Bau von Mauern, noch die handelspolitische Bedeutung von Schnittpunkten und Mittelpunkten des Verkehrs dazu hinreichen, den Ursprung der typischen mittelalterlichen Stadt mit festansässigem, reich gegliedertem Handelsgewerbe und Handwerk begreiflich zu machen, daß vielmehr dieser Ursprung vor allem die Entstehung einer konzentrierten Konsumbevölkerung nach Art des späteren Residenzstadt-Typus voraussetze, wo bis zum letzten Handwerker herunter alles als „Hoflieferant" einer fürstlichen Hofhaltung lebt.

Nun hat zweifellos die mittelalterliche Stadt Europas nicht von ferne der Residenzstadt des merkantilistischen Zeitalters wirklich geähnelt, und man braucht kaum mit Sombarts Gegnern noch ausdrücklich zu bemerken, daß der fürstliche Haushalt des Mittelalters seinen Verbrauch entweder im Umherziehen zwischen verschiedenen Höfen und Pfalzen oder doch auch an festen Standorten großenteils aus naturalen Hebungen zu bestreiten pflegte. Aber ganz wie die ländliche Grundherrschaft lebte die frühmittelalterliche Stadtwirtschaft in einer bunt ausgestreuten Vielheit herrschaftlicher Verhältnisse, und was kaum ein einzelner großer Grundherr für sie zu tun vermochte, das kann doch eine große Zahl kleinerer grundherrlicher Existenzen für sie getan haben. Jeder kulturelle Aufstieg war ja für sie unzertrennlich von der Umsetzung ihrer Natural- und Geldrenten in Gegenstände höheren Lebensbedarfs, wie sie teils von einem immer dichteren Fernhandel herangeschafft, teils aber auch eben von einem neu entstehenden städtischen Handwerk in der herrlichen Fülle des mittelalterlichen Kunstgewerbes hergestellt wurden.

Je höher indessen auf der einen Seite die starke wirtschaftliche und soziale Beimischung grundherrlicher Elemente in der frühmittelalterlichen Stadt zu veranschlagen ist, desto sorgfältiger muß auf der Spur von Arnold den Ursachen nachgegangen werden, die die mittelalterliche Stadt anderseits zum typischen Gegenbilde der feudalen und landwirtschaftlichen Sphäre machten. Arnold selbst hat namentlich die Entstehung neuer, freierer Privatrechte am Boden in der Stadt hervorgehoben. Sie war die natürliche Fortsetzung dessen, was die Grundherrschaft auf dem Lande in der Ausbildung freierer Leih- und Pachtverhältnisse begonnen hatte. In der Stadt war einmal die immer entwickeltere Geldwirtschaft der Antrieb dieser neuen Rechtsbildungen. Der im Eigentum eines städtischen Grundherrn, Stadtherrn stehende städtische Grund und Boden wurde immer mehr zum öffentlich-rechtlichen Obereigentum an der städtischen Gemarkung, der Leihbesitz der Bürger an ihren Häusern und anderen Grundstücken immer mehr zum vollen, obendrein durch ein neues Grundbuchrecht gesicherten Privateigentum, das nun von einem immer beweglicheren Schuldrechte zur Grundlage eines regen Geldverkehrs, namentlich in der Form des Rentenkaufes, der vornehmsten mittelalterlichen Kapitalanlage, gemacht wurde. Sehr viel wichtiger noch als diese städtische Entwicklung der Bodenrechte ist aber die Wendung, die die städtische Grundherrschaft weithin durch eine typische Neuordnung des stadtherrlichen Finanzrechtes, der Erhebungsform der städtischen Grundrente, nahm.

Es ist die sogenannte Kommunalbewegung des hohen Mittelalters, die namentlich in Frankreich und England erforscht ist, aber auch in Deutschland und überall anders verfolgt werden kann. Städte zu gründen oder sich doch wenigstens bei dieser Gründung zu beteiligen, gehörte auf der Stufe der eigentlichen Grundherrschaft zu den vornehmsten Mitteln der Herrenstände, ihre Einkünfte zu steigern und damit ihren politischen Spielraum zu erweitern. Dabei trat sehr bald eine ähnliche Erscheinung hervor wie bei dem ländlichen Leibeigenen oder Hörigen, den man ein Handwerk lernen und alsdann davon zinsen ließ. Auch städtische Bürgergemeinden im Ganzen, so zeigte sich, waren bei einigermaßen aufsteigender Konjunktur des allgemeinen Wirtschaftslebens am ausbeutungsfähigsten, wenn der Stadtherr die Regelung ihrer wirtschaftlichen und auch rechtlichen Angelegenheiten möglichst ihnen selbst überließ und sich nur an den Erträgen beteiligte. Die ganze Stadtgemeinde wurde so zu einer Art von großem Pächter des Stadtherrn, indem sie nicht nur alle Bodennutzungen der Stadt, sondern auch die viel beträchtlicheren Wirtschaftsrechte aus der Markt- und Gewerbeverfassung, Zölle, Gebühren und Steuern jeder Art, in eigene Verwaltung nahm und dem Stadtherrn dagegen, wie einst die spätantike Stadt dem Kaiser, für eine bequeme, feste Einkommenssumme haftete, die „firma burgi", wie man im Westeuropa sagte. Naturgemäß waren es in erster Reihe die eigentlich landesfürstlichen Schichten der geistlichen und weltlichen Oberstände, deren Verwaltungspolitik großzügig genug sein konnte, um eine solche, in politischer Beziehung ja nicht unbedenkliche Befreiung der städtischen Gemeinden zu finanzwirtschaftlichen Zwecken durchzuführen.

Es war der gleiche Vorgang, wie wenn etwa der moderne kapitalistische Staat nach oft gemachten Vorschlägen auf die unmittelbare Erhebung von Einkommen- und anderen Steuern aus der großindustriellen Wirtschaft verzichten und diese Steuern als Pauschalsummen auf industrielle „Steuergemeinschaften" umlegen würde. So etwas kann sich eine Staatsgewalt nur dann leisten, wenn sie entweder sehr stark ist oder noch andere Ziele damit zu erreichen sucht. Solche andere Ziele boten sich den mittelalterlichen fürstlichen Stadtherren in der Tat auch häufig dar, nämlich in dem politischen Nebenerfolge, daß die „befreiten" Stadtgemeinden nicht bloß bessere Steuerträger, sondern auch treuere und mächtigere Stützen der Landesherrschaft gegen die auflösenden Strömungen des mittelalterlichen Lehensstaates, d. h. vor allem gegen die Bildung territorialer Unterstaaten der mittleren und kleinen Lehens- und Grundherren, waren. Im Bunde mit den Städten haben sich bekanntlich sowohl das französische und spanische wie besonders das englische Königtum über die drohende Nebenbuhlerschaft ihrer Barone zu nationalen Landesherrschaften emporgeschwungen. In diesem Zusammenwirken von Landesherrschaft und Städten liegt auch die Berechtigung dafür, die Städtebefreiung nicht so sehr als einen privatrechtlich-grundherrschaftlichen wie als einen öffentlich-landesherrschaftlichen Vorgang anzusehen. Aber es ist nicht zu vergessen, daß grundsätzlich die Kommunalbewegung in der Form grundherrlicher Städtegründung und Städteprivilegierung zum Zwecke gesteigerter wirtschaftlicher und finanzieller Ausbeutung etwas war, was auch die kleineren Grundherren mitzumachen versuchen konnten und in der Tat weithin mitgemacht haben. Auch hier läuft eine stetige Kette von den freien Reichsstädten unter dem Römischen Kaiser und den unmittelbar landesherrlichen Städten, die in den späteren Nationalstaaten Standschaft, d. h. korporative Vertretung, im Rate des Landesherrn neben Adel und Kirche genossen, bis herunter zu den winzigen Marktflecken, die sogar von den ostdeutschen Junkern gegründet wurden, oder selbst bis zu den Gründungsdörfern, die im Osten Generalunternehmer (locatores) für Grund- und Landesherren „aus wilder Wurzel" schufen.

Indem sich die Grundherrschaft aller Ränge und Größen so aus wirtschafts- und finanzpolitischen Gründen der Städtebildung zuwandte, rächte sich gleichsam der Lauf der sozialen Entwicklung an ihr für das, was sie einst der autonomen Bauerngemeinde getan hatte. Um aus höheren, gesteigerten Formen des wirtschaftlichen Lebens Ertrag ziehen zu können, mußte sie die Grundzüge der Selbstverwaltung, die sie auf dem Lande in der Regel zu zerstören und zu zersetzen strebte, in der Stadt wieder herzustellen suchen. Freilich kann man sich den Übergang von der ländlichen zur städtischen Lebensform nicht stetig genug vorstellen. Wenn in der Tat eine Ähnlichkeit der frühesten Städtebildung aus dem Zusammenströmen von Landbewohnern mit späteren Erscheinungen von „Landflucht" besteht, die auch hier in der zunehmenden Engigkeit und Verschlechterung der ländlichen Lebensbedingungen gründete, so brauchte es doch nicht immer die Vollform der Stadt, um bäuerliche und andere Arbeitskräfte von Punkten höheren zu Punkten geringeren Druckes zu locken. Das bekannte deutsche Rechtssprichwort, wonach Stadtluft frei macht, ist nur die Besonderung eines allgemeineren Satzes, daß „Luft" überhaupt, d. h. das Verlassen eines alten Rechtskreises und das Hineintreten in einen neuen, je nach dem „frei" oder „eigen" mache. So strömten in den Zeiten, bevor die strenger werdenden Leibeigenschaftsrechte dieser Bewegung einen Riegel vorschoben, die Bauern der russischen Grundherrschaft nach der polnischen, die der polnischen nach der deutschen hin, um dann aus Bauern zu Städtern zu werden. Aber das ist zugleich der Grund, weshalb besonders in Westeuropa, dem Gebiete durchschnittlich schärfster feudaler Abhängigkeit der Bauernschaft, nichts anderes als die Gründung neuer städtischer Selbstverwaltungen, unzähliger, auch kleinerer und kleinster Freistädte (villes franches, bastides) genügen konnte, um im Wettbewerb der Grund- und Gerichtsherrschaften um die Arbeitskraft entscheidendere Erfolge herbeizuführen.

Nun hätte aber allerdings diese Kommunalbewegung ihre typischen Formen nicht annehmen und erhalten können, wenn es sich nur um den ganz äußerlichen, allein durch den grundherrschaftlichen Willen bestimmten Zusammenschluß bunt zusammengewürfelter Bevölkerungskreise gehandelt hätte. Mit dem Streben oder der Bereitwilligkeit der Stadtherren zur Duldung kommunaler Selbstverwaltung verband sich vielmehr überall eine vom Lande aus gemeinde- und hofrechtlichen Verhältnissen noch mitgebrachte Gewöhnung an genossenschaftlichen Unternehmungsgeist in rechtlichen und wirtschaftlichen Dingen. Überall ist es die Eigenorganisation der städtischen Bevölkerung in Schwurgenossenschaften (coniurationes), wie sie schon früher die Sippe zum Nachbarschaftsverband, aber auch z. B. zur Seefahrer- und Kaufmannsgenossenschaft erweitert hatten, was den Grund- und Landesherren neue Städte gründen hilft und in den alten die Selbstverwaltung abtrotzt, sofern sie nicht freiwillig eingeräumt wird. Durch Untersuchung der Grundbesitzverhältnisse im ältesten Teile Lübecks ist für eine der vornehmsten Städte des bäuerlich-kaufmännischen Kolonisationsgebietes im deutschen Osten wahrscheinlich gemacht worden, daß der Stadtherr, Heinrich der Löwe, bei der Stadtgründung von einer mindestens wirtschaftlich geschlossenen Genossenschaft von Unternehmern unterstützt wurde, die als Leihbesitzer des wertvollsten, um den Markt gelegenen und daher gewerblich nutzbaren Grundes und Bodens sowie aller mit Markt und Gewerbe zusammenhängenden stadtherrlichen Nutzungen noch auf lange hinaus das Patriziat der Stadt bildeten.

Das ergibt dann den Zusammenhang mit einer anderen Reihe wirtschaftsgeschichtlicher Beobachtungen. Die älteste und vornehmste Bürgerschicht aller bedeutenderen abendländischen Städte besteht aus einer oder mehreren Genossenschaften von Groß- und Fernhändlern, der Kaufgilde, wie sie in Deutschland oft heißen, oder der Hanse, wie ein gemeingermanisches, schon im Beowulf das angelsächsische Herrengefolge bezeichnendes Wort diesen Zusammenschluß nannte. Die große Deutsche Hanse der den Nord- und Ostseehandel von Flandern und England über Norwegen und Gotland nach Rußland hin beherrschenden Kaufmannsstädte ist nur die bedeutendste und bekannteste, weil von der Einzelstadt auf eine Vielheit von (zuletzt über 200) Städten übertragene Bildung unter vielen sachlich gleichen und auch oft gleich genannten, die nach echt mittelalterlicher Weise die Träger der damaligen Handelswirtschaft waren. Das Comune oder Konsulat der romanischen Mittelmeerstädte, das auch in diesen überall ein frühes Patriziat bildet, war nichts anderes als eine solche Kaufgilde.

Hier aber wiederholt sich nun auf städtisch-geldwirtschaftlicher Ebene das, was für die ländlich-agrarische Nachbar- und Nutzungsgenossenschaft gilt. Auch hier

4*

verwebt sich die genossenschaftliche Form fast unzertrennlich mit herrschaftlichen Einschlägen. Da der älteste Handel grundsätzlich ein Fern- und Fremdhandel ist, so hat genossenschaftliche Organisation bei ihm allemal die Bedeutung zugleich der völkerrechtlichen Vertretung und Sicherung. Wie noch im Orienthandel der Neuzeit verkehren die miteinander über weite Räume und noch weitere Kulturunterschiede hinweg handelnden Länder von Genossenschaft zu Genossenschaft, d. h. das Empfangsland duldet den fremden Händler wie auch den mit diesem Geschäfte treibenden eigenen nur in der Form von Korporationen, die gemeinsame Haftung für den einzelnen und dafür freilich auch wieder korporativen Schutz für alle verbürgen. So müssen wir uns schon die ältesten Händlergemeinschaften vor allen Dingen auf den von der Antike überlieferten Handelswegen zwischen Orient und Abendland denken, gemeinsam unter Staatsschutz, Königsschutz, wenn nicht geradezu als Angestellte von Königen und Herren, reisend, gemeinsam auch draußen auf den verschieden häufigen Märkten und Messen und endlich in festen genossenschaftlichen Auslandssiedlungen, Kolonien oder Faktoreien auftretend. Daher auf der einen Seite die im Vergleich zu aller Folgezeit erstaunliche außenpolitische Kraft, die eine zwischenstadtliche Kaufmannsgenossenschaft wie die Deutsche Hanse in ihren Auslandsniederlassungen, dem Stalhof in London, der Deutschen Brücke in Bergen, dem Stapel in Brügge, dem Petershof in Novgorod entfaltete. Daher aber auch wieder anderseits zugleich der staatlich-militärische Charakter dieses ganzen frühen Handels, der besondere Schutz, die Monopolstellung dieser Genossenschaften im Zoll- und Marktrecht. Auch außerhalb des hansischen Handelsbereichs saßen die oberdeutschen Kaufleute im Fondaco dei Tedeschi in Venedig, militärisch geschützt und künstlich von der Stadt abgeschlossen, genau wie etwa heute die europäischen Kaufmannsviertel in den chinesischen Vertragshäfen.

Deshalb nimmt es nicht wunder, in England vor wie nach der Normannischen Eroberung Kaufgilden aus adligen Ministerialen (cnihten) bestehen zu sehen, wie noch in späthansischer Zeit die Patriziate der großen Ostseestädte sich als „Junker" (domicelli) bezeichneten. Die Bedeutung des Groß- und Fernhandels für die mittelalterliche Stadt wirkte in der gleichen Richtung wie ihre Beziehungen zur Grundherrschaft, in der Richtung einer engen sozialen Verbindung zwischen städtischem Patriziat und der feudalen Herrenklasse, die sich bis in die frühe Neuzeit etwa in Konubium und gemeinsamer Geselligkeit äußerte. Und wie Landgemeinden und Grundherrschaften als Kirchengemeinden und Patrone, so waren die Kaufgilden als geistliche Bruderschaften zu gemeinsamem Gottesdienst und gemeinsamer Sozialfürsorge auch in die Herrschafts- und Genossenschaftsordnung der Kirche eingegliedert. Die gewöhnlich einander äußerlich an die Seite gestellten Theorien vom Ursprung der mittelalterlichen Stadt greifen in Wahrheit alle zusammen. Die Stadt war Gemeinde mit eigenem, in engeren und weiteren Kreisen durch Vorbild und Rechtsweg in „Familien" zusammengehaltenem öffentlichen und privaten Rechte, das namentlich Bodenbesitz, Schuldverhältnisse, Familien- und Erbrecht in die beweglicheren Formen der Geldwirtschaft überführte. Die Stadt war weiter durch das Marktrecht Anknüpfungspunkt für den bisher noch weitgehend im Umherziehen ausgeübten Fernhandel der großen Kaufmannsgenossenschaften. Die Stadt war endlich, ebenso wie schon in der Antike und wie anderseits die Burg der primitiven Stammeskultur, Zufluchtsort und Herrschaftsmittelpunkt kleinerer oder größerer ländlicher Umkreise, der mit seinen hözernen Palisadenwällen oder steinernen Mauern immer auch militärisch bedeutsam blieb, ob nun diese militärische Gewalt in der Hand eines Stadtherrn oder einer bürgerlichen Selbstverwaltung lag.

Vielleicht ist es demnach doch nicht ganz ein Zufall der Überlieferung, daß die letzte noch übrige Funktion städtischer Wirtschaft, das Heraustreten eines bürgerlichen Handwerks neben dem Handel und neben dem bäuerlichen Hausgewerbe in seiner typischen Genossenschaftsform, der Zunft oder Innung, auch zeitlich am spätesten bezeugt ist. Vielleicht hat sich doch weitgehend erst auf der Grundlage einer früheren, großenteils aus ministerialischem Patriziat und befreiten Bauern bestehenden Stadtwirtschaft die reiche Arbeitsteilung entwickeln können, die in den mittelalterlichen Handwerken vorliegt und nun, auf das Land zurückwirkend, den typischen „stadtwirtschaftlichen" Austausch städtischer Gewerbeerzeugnisse untereinander und gegen ländliche Bodenerzeugnisse begründete. Jedenfalls ist es wichtig, sich zunächst einmal die ungeheuere Veränderung klarzumachen, die schon das frühere Mittelalter seit dem Zerfall des fränkischen Großreiches in dem Welthandelssystem der Spätantike hervorbrachte. Der Raubhandel der Wikinger war in der Tat eine erste, sehr wichtige Vorbereitung zu diesen Veränderungen. Seine geldwirtschaftliche Bedeutung erhellt aus der Leichtigkeit, mit der er bei allen von ihm berührten Völkern die gleiche Form der Finanzwirtschaft zur Ausrüstung und Erhaltung der Handels- und Kriegsschiffe schuf, die Grundsteuer, die in Norwegen leding (Kriegssteuer), in Holland riemtaal (Ruderzahl) hieß und durch deren Wiederbelebung als „Schiffsgeld" noch Karl I. Stuart die englische Revolution entfesselte. Aber der Wikingerhandel war ein spezifisch vor-städtischer Fernhandel wie der seiner Gegner, der Araber und Juden. Das Blatt wandte sich, als in Wechselwirkung mit der Entstehung abendländischen Städtewesens Mittel- und Westeuropa aufhörte, sozusagen eine Handelskolonie des Südens und Ostens zu sein, und anfing, von der festen und autonomen Stadtsiedlung aus seinerseits aktiv Handel und Handelskolonisation zu treiben. Das ist der wesentliche Inhalt der hansischen Periode deutscher Wirtschaftsgeschichte im Norden, ebenso wie des Vordringens der italienischen Handelsrepubliken im Bunde mit dem französischen Lehnsrittertum gegen den Orient in den Kreuzzügen, und aus der Berührung des nördlichen und des südlichen Systems an der nordfranzösisch-flandrischen Nordwestecke des Kontinents, zwischen den Messen der Champagne und dem ersten Weltmarkt von Brügge, ist dann die erste überstädtische, landesherrschaftliche Kultur der Renaissance, die burgundische, entstanden. Das ganze Kulturgewicht zwischen Westen und Osten, das durch die Spätantike, je länger je mehr, zugunsten des Ostens verschoben worden war, wurde so abermals gegen Westen zurückgeschoben, und man sieht an einzelnen Stellen, z. B. in dem Anschwellen der englischen Wollausfuhr nach dem Festlande, deutlich, wie ein mächtiger internationaler Handel, gestützt auf einen stark vermehrten und differenzierten Großbedarf und Luxusbedarf, erste große Arbeitsteilungen zwischen agrarischen Ausfuhr- und gewerblichen Einfuhrländern hervorrief.

Jene ländliche Hausweberei, die schon im spätrömischen Gallien erkennbar ist und dann in der Karolingerzeit den Hauptgegenstand eines weitverbreiteten

Handels friesischer Kaufleute bildete, konnte sich jetzt erst vermöge der geldwirtschaftlichen Macht und des Großverbrauchs städtisch-grundherrschaftlicher Klassen zu ihrer späteren klassischen Verstadtlichung, dem nordfranzösisch-niederländisch-niederrheinischen Textilindustriegebiet, umbilden. In übereinstimmender Weise verdichtete und verbesserte sich die Erzeugung der Lebensmittelgewerbe aus dem rein ländlichen Durchschnitt und aus einigen Sonderarten, wie sie sich bis zur Gegenwart selbst mit dem rein ländlichen Wirtschaftsleben vertragen, durch die Steigerung von Art und Menge des Verbrauchs sowohl wie der Technik in städtischen Zentren. Der Weinhandel der alten deutsch-französischen Weingebiete, der schon in den Händen der kirchlichen, besonders klösterlichen Grundherrschaften zum ausgedehnten Export geworden war, wurde mit allen an ihm hängenden handwerklichen und kaufmännischen Nebengewerben erst durch die Städte zu jenem Pfeiler gesteigerter Geldwirtschaft, der er durch alle neueren Zeiten geblieben ist. Besonders die Winzerei von Südwestfrankreich um Bordeaux wuchs auf ihrer großen Seeausfuhrlinie rund um das Festland bis in die Ostsee fast zu dem, was man bei kolonialer Landwirtschaft eine Monokultur, d. h. die Ausrichtung der ganzen Bodenwirtschaft auf einen Hauptzweig zu nennen pflegt. Und bis zum Beginn der Neuzeit hat dieser südfranzösische Weinhandel so einschneidende politische und rechtliche Folgen gehabt wie die Herrschaft der Engländer in der Gascogne oder den Vorrang von Oléron in der Entwicklung der mittelalterlichen und neueren Seerechte (neben dem von Wisby für die nördliche und hansische Schiffahrt). Was im Süden und Westen der Qualitätswein, wurden dann in dem Handel namentlich der norddeutschen Städte ihre verschiedenen berühmten Biere (angefangen mit dem ministerialischen „Hofbräu" der Herren von Brügge, dem Grutbier), deren Bedeutung auch in ihrem Fernhandel nur etwa mit den Maßstäben des heutigen Bayern zu messen ist. Aus einem ländlich-städtischen Lokalgewerbe zu einem Fernhandelsgewerbe dehnte sich auch der hansische Handel mit den Fettwaren der Viehzucht, Molkerei und Fischerei (vor allem des Schonenschen Herings und des norwegischen Kabeljaus oder „Stockfischs") an den Nord- und Ostseeküsten; seine Bedeutung für die Ernährung und Materialbelieferung städtischer Gewerbe erinnert geradezu an die Art, wie in jüngster Zeit aus dem nordeuropäischen Handel mit Veredlungsprodukten der Viehzucht die moderne Margarineindustrie entstand.

Wie so auf der einen Seite neben den alten, großen Handelszügen der fremden, namentlich orientalischen Fernwaren ein einheitlicher Produktengroßhandel sich ausbreitete, drang Hand in Hand damit der Handel der neuen Städte aktiv gegen den Nordosten und gegen den Südosten vor. Während zur Karolinger- und Ottonenzeit der arabische und jüdische Handel nicht nur die Slawen-, sondern auch die Germanenländer erfüllt hatte, wanderte jetzt der „Wagehandel" der deutschen Hansen und der Italiener selbst ostwärts, um auf der Grundlage der heimischen wirtschaftlichen und militärischen Kraft den Osten in ganz neuer Art der abendländischen Wirtschaft dienstbar zu machen. Neben den ungebundeneren einheimischen Produktenhandel der sogenannten Ventewaren trat im Hanserecht der an die Monopolmärkte der großen Häfen gebundene Handel der „Stapelgüter". Die großen Waldgebiete des germanischen und slawischen Nordens und Ostens lieferten der Hanse alle sogenannten Waldwaren, d. h. Bau- und Nutzholz („Wagenschoß", englisch wainscot), Pech, Teer und Pottasche (die Vorgängerin des Kali) für Schiffbau und Färberei, daneben namentlich als zwei typische Gruppen des volkstümlichen mittelalterlichen Massenbedarfs die Produkte der Imkerei, die in den Slawenländern bis auf die Neuzeit aus dem Anhalt an der wilden Waldbiene einen Vorsprung ableitete: das Wachs des kirchlichen Kultus und den Honig als einzigen Süßstoff vor dem Eindringen des kolonialen Rohrzuckers. Schon am Ende des Mittelalters endlich schuf vornehmlich hansischer Handel die große ostwestliche Arbeitsteilung, in der einmal die ostdeutschen und slawischen Gebiete beginnender größerer Gutsherrschaft, in bedeutenderem Maßstabe zuerst der preußische Deutschorden, unternehmerhaft Getreide für die immer größeren Bedarfslücken des westlichen und südlichen Europa bauten, und in der sich zweitens die ursprünglich verachtete, aus bäuerlichem Hausgewerbe neben der Wollweberei nur kümmerlich entwickelte Leinenindustrie auf der Grundlage des östlichen Flachsbaues zu den berühmten Spezialindustrien Flanderns, Westfalens und Schlesiens ausbildete. Ganz ebenso aber suchten die italienischen Stadtrepubliken, die die Kreuzzüge des französisch-deutschen Rittertums finanzierten, voran Venedig und Genua, nicht nur den alten arabischen Orienthandel einfach fortzuführen und sich anzueignen, sondern gleichfalls der europäischen Wirtschaft neue Rohstoffe zuzuführen. Neben der Kunst und Pracht des Orients, die in der Kreuzzugskultur namentlich auf Westeuropa einströmte, ist nicht zu vergessen, daß die christlichen Lehens- und Ordensreiche im Morgenlande den italienischen kaufmännischen Unternehmern vor allem auch einen kolonialen Plantagenbau zur Verfügung stellten, der neben Wein, Gewürzen und Chemikalien die Baumwolle lange vor dem Überseezeitalter im mittelalterlichen Textilgewerbe, besonders Schwabens, einbürgerte.

Obwohl im allgemeinen im vorkapitalistischen Wirtschaftsleben die Textilindustrie sich früher und stärker entwickelt hat als die Metallindustrie (das Mittelalter ist noch keine Eisenzeit wie unsere, sondern eine Zeit der Holzbauten und Holzwerkzeuge), wäre das wirtschaftsgeschichtliche Bild des Mittelalters doch sehr unvollständig ohne die Einzeichnung des großen Netzes von Handelsbeziehungen und Gewerbestandorten, die die Wirtschaft mit Gebrauchsmetallen versorgten. Einer der ältesten dieser Standorte waren die englischen Zinnbergwerke von Cornwall, die schon im Altertum der Insel ihren Namen Albion gegeben hatten und unter der energischen Finanzwirtschaft der normannischen Könige zu einem technisch und wirtschaftlich gleich hervorragenden genossenschaftlichen Monopolbetriebe des englischen Lehensstaates wurden. Auf dem Festlande erreichten ihn an Bedeutung nur die eifelländischen Zink- und Bleilager von Altenberg-Stolberg bei Aachen und die Kupferlager des Rammelsberges bei Goslar. Beide wirkten zusammen zur Schaffung der niederrheinisch-französischen Metallgewerbe, die von Aachen über Dinant (danach hießen die kunstvollen Feinmetallarbeiten Dinanterien) bis zu dem berühmten Schmelzkunstgewerbe von Limoges reichten. Denn überall verband sich die Verhüttung und Weiterverarbeitung der Metalle mit jenen Kenntnissen einer primitiven Chemie, die das Bergmannsgewerbe zum geistig höchststehenden und geheimnisvollsten in der mittelalterlichen Gewerbeverfassung machten und insbesondere gerade dem deutschen Bergmannsstande bis weit in die Neuzeit hinein geradezu eine weltwirtschaftliche Monopolqualifikation verschafften. Von Goslar, wo die alte salische Kaiserpfalz dem

Bergregal des Landesherrn noch erhöhten Nachdruck verlieh, ist im späteren Mittelalter nicht nur der neue Mansfeldische Kupferbergbau ausgegangen, sondern hat auch Schweden die Bergleute geholt, die das Revier von Falun in Betrieb setzten. Und auch für die Förderung des schwedischen Eisenerzes, das als Osmund eine berühmte Ware des hansischen Handels wurde (die Frühzeit und der Osten halfen sich mit dem Raseneisenstein und Damaszener Einfuhr), werden die deutschen bergmännischen Anregungen bestimmend geworden sein, bis der eigene deutsche Erzbergbau in Steiermark und der Oberpfalz auch hier den Schwerpunkt nach dem Süden und Osten, Nürnberg und Leipzig, verlegte. Sogar den Schritt von der Holzkohle, die in Öfen und Rennfeuern das Eisen erschmelzen half und bis in die Neuzeit als Hauptbrennstoff aller Industrieprozesse den Anlaß zu verheerenden Entwaldungen gab, zu der Steinkohle des Bodens hat das Mittelalter bereits getan. Sowohl in England, dem am frühesten entwaldeten Lande, als im Ruhrgebiet begegnet der Abbau und die Verwendung der Steinkohle, die von dem Seetransport aus den nordenglischen Revieren schon damals den Namen der Seekohle erhielt. Bezeichnenderweise aber waren es dann wieder deutsche Bergleute und Metallarbeiter, die unter Elisabeth das englische Metallgewerbe verbesserten und mit den Welsern das neuentdeckte amerikanische Dorado in Angriff nahmen.

Auch als Grundlage des Münzwesens spielte natürlich der „Bergsegen" der europäischen Mineralien seine Rolle, und zwar ist die auffälligste Erscheinung des mittelalterlichen Edelmetallbergbaus die zunehmende Ausbeutung der Silbergruben. Nachdem zuerst neben dem Münzvorrat der Antike und des Orients besonders die Silberbergwerke des Schwarzwaldes und der Vogesen hatten herhalten müssen, scheint seit den Kreuzzügen der vermehrte Zustrom orientalischen Goldes das Preisverhältnis dieser beiden vornehmsten Edelmetalle so sehr zugunsten des Silbers verschoben zu haben, daß überall im europäischen Mittelgebirge von Landes- und Grundherren darauf geschürft und ein immer reicherer Abbau begonnen wurde. So begründeten im Spätmittelalter die Silberadern des sächsischen und böhmischen Erzgebirges eine ganz neue wirtschaftliche Bedeutung dieser beiden Kurfürstentümer, und gegen die frühe Neuzeit hin wurde dann der Tiroler Silberbergbau zusammen mit dem ungarischen Kupfer- und Goldbergbau zum Sprungbrett der wirtschaftlichen Macht, der neuen Landesverwaltungstechnik und Weltmachtpolitik der Habsburger.

Wie das mittelalterliche Städtewesen im öffentlichen Recht die Genossenschaft der Bauerngemeinde erneuerte und fortsetzte, so schuf sich der die Stadt tragende Großhandel auch privatwirtschaftlich neue Rechtsformen als ersten Anfang dessen, was nachher das „Handelsrecht" der kapitalistischen Neuzeit neben den deutschen und römischen bürgerlichen Rechten der Volksgesamtheit werden sollte. Gleich dem öffentlichen Stadtrecht waren diese Formen ganz durchtränkt mit dem neuen Geiste einer auf die beiden Hauptziele der Befriedung und der Verstandesmäßigkeit gerichteten, Keime des Fortschritts wie der Entartung in sich bergenden Zeit. Wie wir etwa in den rheinischen Bischofsstädten Kirche und städtisches Patriziat gemeinsam für den Pazifizismus der Gottesfrieden und Landfrieden arbeiten sehen, so konnte auch die städtische Handelsrechtsbildung weite Strecken mit kirchlichen Zivilisationsbestrebungen zusammengehen, wo es galt, aus dem Gerichtsverfahren volksrechtlich-irrationale Bestandteile, wie Zweikampf und Gottesurteil, zurückzudrängen, aus den alten Hoheitsrechten von Gemeinden und Grundherren verkehrsfeindliche Ansprüche, etwa auf zu Schiff oder zu Wagen verunglücktes Kaufmannsgut, das Strandrecht der Küsten und die Grundruhr (Recht auf die den Boden berührende Ware) der Straßenanlieger, zu beseitigen oder endlich ganz allgemein die Schwerfälligkeit und Unzweckmäßigkeit der alten Volksrechtsverfassung durch neue Formen zu ersetzen, z. B. statt der alten periodischen Gerichtstage „tägliches Gericht" in den Städten zu halten oder neben den ordentlichen Gerichtshöfen besondere Kaufmannsgerichte (courts of piepowder, wie sie das anglonormannische Recht nach den staubigen Füßen der zwanglos Eintretenden nennt) Handelsrecht sprechen zu lassen. Und auch hier stand unter und neben der Stadtgemeinde als Träger des neuen Wirtschaftsrechts, vielfach durch Personalunion gleichbedeutend mit ihr, das kaufmännische Genossenschaftswesen, gleichsam die Stadt auf Reisen, wie das alte Volksheer Sippe und Nachbarschaft auf Reisen (die fara des Langobardenrechts) gewesen war. Wenn oft behauptet wird, die mittelalterliche Kaufmannsgilde habe bei starkem politischem Zusammenhalt nach außen dem einzelnen wirtschaftlich desto größere Freiheit gelassen, so ist das doch nur eine sehr einseitige Ansicht. Wie in der gesamten Kultur des Mittelalters ist auch in der Handelswirtschaft Persönliches und Genossenschaftliches aufs engste verschmolzen. Auch das kaufmännische Gesellschaftsrecht, den Vorläufer der kapitalistischen Vermögenskonzentrationen, sieht man allenthalben aus den beiden so persönlichen wie genossenschaftlichen Wurzeln des Familienzusammenhanges und der von der Genossenschaft getragenen Geschäftsfreundschaft hervortreiben.

In seinen Genossenschaften stand der mittelalterliche Kaufmann noch nicht als der friedliche Kontorist späterer Zeiten, sondern vor allem als der reisige Abenteurer, der zu Schiff oder zu Roß seine Ware möglichst selbst nach dem Bestimmungsort begleitete. Eben das konnte auch eine Trennung zwischen Großhandel und Kleinhandel im Sinne von Einzelhandel nur ganz selten aufkommen lassen. Gerade einer der häufigsten und mächtigsten Typen der patrizischen Kaufgilde, die sogenannten Gewandschneider, führten ihre Bezeichnung von dem zäh festgehaltenen Recht, neben der im großen betriebenen Herstellung, Ein- und Ausfuhr von Wolltuchen auch das Ausschneiden solcher Tuche im Kleingeschäft und offenen Laden betreiben zu dürfen. Bei diesem patriarchalisch-umfassenden Charakter des Kaufmannsstandes, der genau wie der bäuerliche Beruf unzählige gesellschaftliche Tätigkeiten in einer Person vereinigte, ist es kein Wunder, daß der Durchschnittsumfang seiner Betriebsmittel und der von ihm bewegten Waren lange recht unbedeutend war. Für den allerdings unter besonderen Verkehrsschwierigkeiten leidenden Alpenhandel zwischen Oberdeutschland und Italien hat Alois Schulte berechnet, daß die Jahresmengen, die über den Gotthard gingen, nicht mehr betragen haben können als die Ladung von eins bis zwei heutigen Güterzügen. Und auf der Seite der Betriebsmittel entsprach der bunten Verteilung der landwirtschaftlichen Nutzungen in der Bauerngemeinde die Absichtlichkeit, mit der die hohen Gefahren des mittelalterlichen Handels, z. B. im anteiligen Schiffsbesitz der sogenannten Partenreederei, durch Verteilung von Mitteln auf möglichst viele kleinere Unternehmungen statt auf wenige große verringert wurden. Auch so entstanden aus der bürgerlichen Familienwirtschaft und ihrer Erweiterung durch Angestellte,

Handlungsgehilfen, Geschäftsführer und Vertreter mehr und mehr Verhältnisse, die abhängige Arbeit ganz wie bei der landwirtschaftlichen Pacht in Zusammenarbeit auflösten und endlich auch selbständige Kaufleute unter den verschiedensten Vergesellschaftungsformen zusammenführten. Namentlich die weiten Handelswege unterstützten die Neigung zu einem solchen arbeitsteiligen Zusammenarbeiten des Kaufmanns mit seinem Filialangestellten, dem Lieger oder Faktor, auf der einen Seite, mit dem selbständigen auswärtigen Kommissionär anderseits. Je nachdem nun, an welchem Ende der Schwerpunkt einer Handelsunternehmung lag, gewöhnte sich das Handelsrecht, die unbeschränkte Haftung des Hauptunternehmers von der beschränkten des Nebenunternehmers zu unterscheiden, etwa wie im Völkerrecht der mittelalterlichen Länder und Städte an die Stelle des unbegrenzten Einstehens eines Genossen oder Landsmannes für den andern gegenüber ausländischen Gläubigern allmählich billigere, dem Privatgeschäft besser Rechnung tragende Haftungsverhältnisse traten. Diese Haftungsbeschränkung aber ist dann bis auf den heutigen Tag eines der vornehmsten Werkzeuge zur Anlockung des Sparkapitals in die Handels- und Gewerbeunternehmung geblieben. Im Mittelalter ermöglichte sie zu allererst dem kaufmännischen Angestellten oder Rentner eine gefahrenfreiere Anlage seiner Ersparnisse, die, als Schutzverhältnis (Accommendatio) nach dem Muster der aufgetragenen Bauern- und Ritterlehen konstruiert, der späteren Kommandite Namen und Ursprung gab, dem selbständigen Kaufmann, der seinem Geschäftsfreund kommissionsweise Ware zum Verkauf mitgab oder zusandte (das hansische Sendeve, auch gegenseitig in der sogenannten Wederlegginge), die wahlweise Überführung dieser Beziehung in eine Beteiligung am Geschäfte des andern, endlich aber einem immer wachsenden Kreise auch nichtkaufmännischer Personen eine Anlage selbst kleinster Spargelder.

Wie auf dem ganzen Gebiete kaufmännischer Technik, z. B. bei der Einführung der arabischen Dezimalzahlen statt des umständlichen Kopfrechnens mit den römischen auf den frühmittelalterlichen Rechenbrettern, oder bei der späteren Ausbildung der doppelten Buchführung, behielt der italienische Handel als Nachbar und Schüler des Orients die Führung auch im Handelsrecht, und die Gesellschaften der großen Handels- und Bankhäuser der italienischen Stadtrepubliken, die wie die Casa di San Giorgio in Genua oder die venezianischen „Maonen" ihre Mittel nach antikem Vorbild hauptsächlich in Staatsanleihen und Staatsabgabenpacht verwendeten, waren mit dem anteilsmäßigen Aufbau und der beschränkten Haftung ihrer Kapitalien die Vorläufer der Aktiengesellschaft, die erst der überseeische Kolonialhandel in Holland und England ins Leben rufen konnte. Demgegenüber hat es vielleicht doch etwas mit dem Verfall der deutschen Hanse schon bald nach dem Ende des Mittelalters zu tun, daß nicht nur die politische Macht ihrer Städte, von den Landesherrschaften zurückgedrängt und vom Reich im Stiche gelassen, hinter den wachsenden Aufgaben und Schwierigkeiten des Hansehandels zurückblieb, sondern auch ihre Kapitalbildung und ihr Gesellschaftsrecht in den alten Formen der Familiengesellschaft mit schwerfälliger Gesamthandunternehmung und unbeschränkter Haftung stecken geblieben zu sein scheint. Im deutschen Handel wurde die erste wirkliche Kapitalvergesellschaftung im Ausmaß und im Sinne des modernen Handelsrechtes nicht früher als zu Beginn der Neuzeit durch das Geschäft der großen oberdeutschen Kaufmannshäuser in Augsburg und Nürnberg erreicht, die einmal kulturell dem italienischen Süden näherstanden und sodann ihre Unternehmung über den bloßen Handel auf Bergwerk und anderes Gewerbe ausdehnten. Sie wurden deshalb auch gerade von dem hansischen Handel als schädliche Neuerer besonders heftig bekämpft. Sehr bezeichnend ist aber, daß unter den geschäftlichen Methoden, die den Zeitgenossen, vor allem der sozialpolitischen Reformationsliteratur, die „Fuggerei" verdächtig machten, immer wieder auch die Aufbringung von Kapital aus der Öffentlichkeit eine Rolle spielt. Im Gegensatze nämlich zu den italienischen Kapitalgesellschaften, die das Patriziat der Stadtrepubliken wesentlich als ihm vorbehaltene Kapitalanlagen zu erhalten wußte, vergesellschaftete sich die Unternehmung der oberdeutschen Häuser in demokratischerer Weise auch mit den kleinen und kleinsten Sparern aller Stände, von Knechten und Mägden aufwärts, von denen sie Einlagen annahmen. Behält man im Auge, daß diese Zeit und gerade diese oberdeutsche Großunternehmung mit ihren Wagnissen im europäischen Osten und überseeischen Westen auch die Wiege des modernen Zeitungswesens war, so begreift man: Die Rechtsformen der Handelsgesellschaft grenzen hier bedenklich an die des Glücksspieles, das sich in allen bewegten Übergängen der Wirtschaftsgeschichte (wie schon bei den von der Antike erfaßten Germanen) mächtig auszubreiten pflegt und im Übergang vom Mittelalter zur Neuzeit, besonders in Italien, die berüchtigten Formen der Staatslotterien, Losanleihen, Losversicherungen (Tontinen) und endlich auch des Ablaßhandels annahm. Gefährlich wurde die Übertragung dieser spielerischen Geldanlage auf die Kapitalassoziation außer durch die Armut und Unwissenheit der Einleger vor allem durch den völligen Mangel derjenigen technischen und juristischen Schranken, mit denen modernes Bank- und Börsenwesen und modernes Handelsrecht den Kapitalverkehr umgibt.

5. Das Handwerk.

Erst auf dem Hintergrunde dieses bunten Bildes einer Handelswirtschaft, wie sie Stadt und Land des mittelalterlichen Europas gleichmäßig umfaßte und entwickelte, kann die soziale und wirtschaftliche Bedeutung des mittelalterlichen Handwerks in seiner klassischen Verbandsform, der Zunft, verstanden werden. Auch dabei ist viel Verwirrung durch das Mißverständnis gestiftet worden, als wolle die nationalökonomische Unterscheidung von Formen und Stufen des Handwerks vor allem nach seiner sozialen Abhängigkeit von Rohstoffquellen und Absatzbeziehungen etwas wie eine unverbrüchliche Reihe aufeinanderfolgender Bildungen aufstellen. Gewiß ist das mittelalterliche Handwerk in seiner Blüte grundsätzlich, wie noch heute, die selbständige Stoffbearbeitung mittlerer und kleiner Eigenunternehmer für den Markt gewesen. Aber das schließt nicht aus, daß dieser „Idealtypus" jederzeit in den mannigfachsten Mischungen und Brechungen durch abwandelnde Umstände anzutreffen ist. Nicht das ist die Hauptfrage, ob vor der freien Handwerksarbeit für den Besteller oder den freien Laden- und Marktkunden allemal als Vorform abhängige Arbeit im Dienste eines Herrn zu denken ist. Es gilt vielmehr auch hier, die fließenden Übergänge zwischen der Selbständigkeit des Handwerkers als Kleinunternehmer und den vielfachen Möglichkeiten dauernder oder vorübergehender rechtlicher, wirtschaftlicher oder sozialer Abhängigkeit in Anschlag zu bringen. Das „Lohnwerk", das in der Bearbeitung eines vom Besteller gelieferten Rohstoffes besteht, ist vom „Preiswerk“, das dem Kunden fertige Ware liefert, wohl begrifflich, nicht aber immer in der Wirklichkeit und vor allen Dingen als dauernde handwerkliche Geschäftstätigkeit zu unterscheiden. Und dieses Lohnwerk ist darüber hinaus selber wieder eine ganz verschiedene Sache, je nachdem es vom Inhaber einer selbständigen Werkstatt an den ihm vom Besteller gebrachten Bekleidungs- oder Nahrungsstoffen, Wolle und Leder, Mehl oder Teig und (wie im Orient und Südeuropa durchweg in den dortigen Garküchen) auch Fleisch, ausgeübt wird oder ob der Produzent als „Störer“, wie noch heute unsere Hausschneiderei, im Grenzfalle ohne jede eigene Betriebsstätte, im Haushalt des Bestellers arbeiten muß. Neben diese Abhängigkeiten und Abhängigkeitskeime aber, von denen der hörige Gutshandwerker nur eine äußerste Gestaltung ist, ist auf der andern Seite die Reihe der Abhängigkeiten zu setzen, die schon früh und eigenständig, nicht erst aus dem Verfall eines freien Stadthandwerks heraus, gewerbliche Arbeit in den Dienst kaufmännischer Unternehmer setzen. Das sogenannte Verlagsgewerbe (englisch commission- oder merchanting-system) ist ursprünglich nur ganz allgemein das rechtliche und wirtschaftliche Verhältnis, worin ein kaufmännischer Unternehmer als Kommittent (Verleger) nicht Handelsgeschäfte, sondern Handwerksarbeit für seine Rechnung von einem fremden Unternehmer ausführen läßt, und es ist nur eine geschichtliche Regelhaftigkeit, keine innere Notwendigkeit, daß der Verleger dabei der sozial und wirtschaftlich Mächtigere und daher der von ihm „verlegte“ Produzent der Schwächere und Abhängige ist. Die gewöhnliche Ursache jedoch dieser Schwäche und Abhängigkeit — das sehen wir jetzt immer deutlicher — war in aller Frühzeit dadurch gegeben, daß der oben geschilderte Typus des mittelalterlichen Kaufmanns mit seiner ganzen sozialen Macht und seiner ganzen, wenn auch noch unvollkommenen, städtisch-rationalen Kultur zum Verleger von Hausgewerben in traditional-bäuerlichen und meist durch die Grundherrschaft noch mehr herabgedrückten Kreisen wurde. Auch das stadtbürgerliche verselbständigte Handwerk endlich war bekanntermaßen bis in die Neuzeit von der Landwirtschaft nur selten völlig abgelöst, weil der Ackerbürger mit Viehhaltung, Feld- und Gartenarbeit und Stadtallmendenutzung vor den Toren agrarischer Selbstversorger blieb.

Selbst wenn man also den Ursprung des städtischen Handwerks aus der Obrok-Arbeit der Grundherrschaften als Ausnahmefall nicht mitzählt, muß man sich doch bewußt bleiben, wie sehr es auf allen Seiten in ländliches Hausgewerbe und Handwerk eingebettet war. Ja ein so zum innersten Gefüge der echten Handwerkskultur gehöriger Zug wie das Wandern der Gesellen zwischen Lehr- und Meisterjahren, das grundsätzlich keine Schranken der Landesherrschaft oder auch nur des Volkstums kannte und am meisten dazu beitrug, die alten Gesellenverbände in die moderne internationale Arbeiterbewegung hinüberzuführen, wäre gar nicht denkbar, wenn man sich nicht erinnerte, daß es außer in den bäuerlichen Hausgewerben auch noch in vielen anderen Berufen, vor allen Dingen in dem internationalen Bergwerk und Bauhandwerk, handwerkliche Arbeit vor und außerhalb der Stadtverfassung gegeben hat. Um so schärfer wird man dann freilich von da aus den wirtschaftlichen und sozialen Sinn der städtischen Zunftbildung erkennen. Die Zunft sollte, als Genossenschaft die Handwerker gleichen Berufs vereinend und ihnen im Rahmen der Stadtverfassung öffentliche Rechte und Pflichten verleihend, alle die angedeuteten Gefahren der Abhängigkeit für den gewerblichen Einzelunternehmer dadurch verhüten und beseitigen, daß nun auch wirtschaftlich etwas wie ein gewerbliches Nachbild der bäuerlichen Flur- und Allmendgenossenschaft geschaffen wurde, gleichwie sozial die Stadt selbst ein Nachbild der Bauerngemeinde war.

Die ländliche Genossenschaftssiedlung war darauf angelegt, dem einzelnen Landwirt sowie der Gesamtheit der einzelnen in der Verbundenheit gegenseitiger Berechtigungen und Verpflichtungen das Endziel einer wesentlich gleichbleibend gedachten „Nahrung" zu gewährleisten. In genau derselben Weise war die Zunft oder Innung (d. h. Einung, mittellateinisch ars, ministerium und daneben durch das verderbte mysterium und das französische métier auch magisterium, sowie mit einer ursprünglich keltischen Bezeichnung in Nordfrankreich, den Niederlanden und am Niederrhein auch ambacht, officium, das nachher so unabsehlich erweiterte „Amt") ein wirtschaftsrechtlicher Verband, der nun nicht mehr zusammenfallend mit einer Siedlung, sondern nur als ein Teil der städtischen Gemeinde und Verwaltung seinen Mitgliedern durch einen fein ausgeglichenen Bau von Monopolrechten und Pflichten ihre „Nahrung" verbürgte.

Zu dem Inbegriff dieser Monopolrechte gehörte vor allen Dingen das ausschließliche Recht der organisierten „Meister" eines Handwerks auf den Betrieb eines Gewerbes. D. h. erstens das Verbot und die Verfolgung jeder gleichgerichteten unzünftigen Gewerbetätigkeit innerhalb der Stadtgemeinde. Die Unerbittlichkeit, mit der dieser Ausschluß gehandhabt wurde, scheint dazu beigetragen zu haben, der ursprünglich aus ganz andern Zusammenhängen geschöpften Bezeichnung des unzünftigen Gewerbetreibenden, des „Bönhasen", einen Anklang an die Jagd auf den Böden der Häuser zu geben, wo diese Gewerbebetriebe versteckt gedacht wurden. Zweitens aber wurde dieses innerstädtische Gewerbemonopol außerhalb der Stadt durch das sogenannte Bannmeilenrecht ergänzt. Das verbot außerhalb der Stadtmauern in einem je nach der politischen Macht der Stadt oder der Landesherrschaft verschieden weiten Umkreis des platten Landes, äußerstenfalls auf dem Lande überhaupt, die von den Zünften ausgeübten Gewerbebetriebe ganz und gar: Um leben und sich voll entfalten zu können, mußte das städtische Handwerk seine eigene Wiege, das ländliche Handwerk, rings um sich vernichten und so die ohnehin zur agrarisch-gewerblichen Arbeitsteilung drängenden ökonomischen Kräfte auch noch politisch steigern und sichern. Dies erst war die Vollendung der von den Wirtschaftsstufentheorien sogenannten Stadtwirtschaft, d. h. des Wirtschaftssystems, das einen periodischen, meist wöchentlichen Markt gewerblicher Erzeugnisse im Austausch gegen die Nahrungs- und Rohstoffe eines politisch, d. h. durch Monopolrechte abgegrenzten landwirtschaftlichen Umkreises bedeutete.

Allein auch mit dem innerstädtischen Betriebsmonopol und der Bannmeile war das Zunftprivileg nicht erschöpft. Alles unterschiedlichere Gewerbeleben brauchte einen weiteren Kreis von Abnehmern und Rohstofferzeugern als nur ein noch so großes Stadtterritorium. Und jede bedeutendere mittelalterliche Stadt stand ja, wie wir gesehen haben, durch vielfache Fernhandelsverbindungen in bezug zu solchen nicht mehr territorial zusammengefaßten wirtschaftlichen Gegenspielern. Hier lag neben der territorialpolitischen Rolle der Stadt die verkehrspolitische. Was sie als Ruhepunkt, Umschlagsplatz oder Markt dem Verkehre an Möglichkeiten bot, hatte durchweg die Neigung, zu einem Anspruch gegenüber allem Handel, auch dem Durchfuhrhandel, zu werden, gleichwie sich mit einem grund- und landesherrlichen Schutz des Handels im sogenannten Geleitsrecht am leichtesten der Gedanke der allenthalben zupackenden Zollabgabe vom Handel verband. Auch der Anspruch der Stadtwirtschaft gegen den fremden Handel forderte Tun und Unterlassen. Er forderte in den sogenannten Stapelrechten eine Vorkaufsmöglichkeit des eigenen städtischen Handels und Gewerbes an den wichtigsten Durchfuhrwaren und er untersagte in den sehr verschieden entwickelten Gästerechten dem fremden Ein-, Aus- und Durchfuhrhandel in der Regel das unmittelbare Geschäft mit dem einheimischen Verbraucher, wenn nicht sogar das Geschäft mit andern Fremden.

Der Gewaltcharakter dieses ganzen Systems stadtwirtschaftlicher Monopolrechte liegt auf der Hand, ebenso sein Zusammenhang mit den Einungen und Bünden der Städte untereinander, die schon vor der Ausbildung landesherrlicher Gewalten die Machtgrundlage dafür schufen. Kein Zweifel, hier offenbarte sich eine wirtschaftliche Eigensucht, deren Kraft, Rücksichtslosigkeit und Neigung zum Abgleiten in die reine politisch-militärische Gewalthandlung der Politik der ritterlichen Landes- und Grundherren wenig nachgaben. Das muß beachtet werden, wenn man das Rechtsgefühl verstehen will, das im späten Mittelalter weithin den Kampf der „Raubritter" gegen die „Pfeffersäcke" der Städte subjektiv belebte. Auch hier ebenso wie im Handel der früheren und späteren Kolonialpolitik waren eben „Krieg, Handel und Piraterie dreieinig, nicht zu trennen". Wie die städtischen Märkte zugleich militärische Burgen oder mit solchen verbunden waren, so hatte auch das friedliche Leben der mittelalterlichen Handwerksorganisation eine Seite heftig sich Bahn brechenden innen- wie außenpolitischen Machtdranges. War auch der grundherrlich-ministerialische Beisatz in den Handwerkszünften verschwindend gegenüber den Kaufmannsgilden, so war doch der Handwerksmeister mit seinem Haushalt von Gesellen und Lehrlingen waffenfähig und streitlustig wie nur ein Ritter oder Bauer. Und noch in der englischen Revolution des 17. Jahrhunderts waren die „Rundköpfe" der Parlamentspartei die bewaffneten Zunftmilizen Londons und der anderen größeren Städte, deren kurzes Haar und infanteristische Beweglichkeit den langgelockten „Kavalieren" des Königs mit Recht verhaßt war und die eine der Grundlagen der späteren Cromwellischen Heeresverfassung bildeten. Aber Jahrhunderte vorher haben die Zünfte in den großen inneren Kämpfen besonders der deutschen und italienischen Städte ihren politischen Einfluß auf das ständische Stadtregiment verteidigt und gemehrt, und wenn aus diesen Zunftkämpfen im ganzen das norddeutsch-hansische Städtewesen mehr als eine Stätte älterer Kaufmannsaristokratien, Süddeutschland und Italien mehr als das Gebiet der Zunftherrschaft und des „popolo" hervorgingen, so besagt das nicht bloß ein verschiedenes Gewicht von Handel und Handwerk dort und hier, sondern vor allem die frühere und stärkere Entwicklung des südlichen Handwerks zu starken kapitalistischen Gewerben, wie sie die süddeutschen Handelshäuser und auch die italienischen Zunfthäupter, z. B. die Medici aus dem durch die Textilindustrie beschwingten Zunftleben von Florenz, zu ganz neuen Machtstellungen emportrug.

Aber das sozialgeschichtlich Bemerkenswerte ist nun, daß ganz wie bei der Entstehung und Erhaltung grundherrschaftlicher Bildungen die bloße Gewalt auch hier in erstaunlichstem Maße mit dem Inhalt wirtschaftlicher und sozialer Leistung angefüllt war, das Monopolrecht durch entsprechende Pflichten im Gleichgewichte erhalten wurde. Erst in der Daseinssicherheit und inneren Ruhe, die das zünftlerische Monopolrecht rings um den einzelnen Gewerbetreibenden und alle seine Genossen schuf, konnte jener Geist völliger Hingabe an das Sachziel der Stoffumformung gedeihen, der unser mittelalterliches Handwerk kennzeichnet und noch heute zu einem Idealbegriff künstlerischer und sozialer Reformbestrebungen macht. Gewiß, diese Sachhingabe eignete bereits und eignet noch heute der Volkskunst des bäuerlichen Hausfleißes in allen primitiven Gesellschaften. Aber die Maßstäbe und Formen dieses Hausfleißes beruhten und beruhen ganz auf der unbewußten, ebenso leicht versteinernden wie verfallenden Überlieferung. Im städtischen Handwerk trat zum ersten Male seit den höheren orientalischen und antiken Kunstindustrien wieder ein Geist persönlicher Erfindung, Versenkung und Vervollkommnung auf, der etwas wie ein wirtschaftliches Gegenbild der ja gerade in städtisch-handwerklichen Genossenschaften und Bruderschaften blühenden christlichen Mystik ist. Auf der ganzen Linie stand bis in die Neuzeit hinein das Handwerk in offener Verbindung mit der Kunst. Metallgießer, Zimmermeister, Steinmetzen waren die Schöpfer der großen mittelalterlichen Bildnerei und Architektur, deren Führer wohl nicht bloß hinter dem Schleier der Überlieferung, sondern auch in Wirklichkeit nur die höchsten Erhebungen in einer Bergkette oder einem Tafellande gewerblicher Qualitätsarbeit waren.

Indessen wäre es doch auch wieder ideologische Übertreibung, den Zunftgeist der Qualitätsarbeit und der Sachlichkeit, den der moderne Sozialismus in so scharfen Gegensatz zu dem kapitalistischen „Warenfetischismus" gestellt hat, sich rein innerlich aus dem Schutze des monopolistischen Zunftrechts herausgewachsen vorzustellen. So wenig je kapitalistische Wirtschaft das Ideal des unbeschränkten Wettbewerbes ohne Rest verwirklicht hat, so wenig konnte es sich natürlich im Mittelalter um uneingeschränkte und ewige Monopolstellungen des Gewerbes handeln. Auch dort enthielt vielmehr das Wirtschaftsleben unendlich wechselnde Mischungen von Konkurrenz und Monopolen, die zu jeder Zeit auch von der stärksten stadtwirtschaftlichen Gewalt sorgfältigste Überwachung und Anpassung erheischten. Vor allem galt es, gerade das im Mittelpunkt der Zunftwirtschaft stehende Produktionsideal der sich selbst genügenden Meisterschaft durch zweckmäßige Einrichtungen der Städte und der Zünfte selbst vor der Schädigung durch die Eigensucht des einzelnen zu schützen. Dahin gehören alle die Maßnahmen städtischer und zünftlerischer Gewerbeaufsicht, die später von dem Wirtschaftsrecht des absolutistischen Merkantilismus und endlich sogar des modernen freiwirtschaftlichen Kapitalismus übernommen und fortgebildet wurden, vor allem die genossenschaftliche oder behördliche „Schau" der fertigen Waren vor dem Verkaufe, die je nach der nationalen oder gar internationalen Wichtigkeit der einzelnen Gewerbezweige den Ruf und die Wettbewerbsmöglichkeit der städtischen Produktion auf den Märkten aufrecht zu erhalten bestimmt war. Wie sie später in so verschiedene wirtschaftsrechtliche Gebiete, wie etwa Nahrungsmittelpolizei oder Muster- und Zeichenschutz, ausmünden sollte, so scheint sie nach rückwärts mit ältesten Einrichtungen der genossenschaftlichen Agrarproduktion zusammenzuhängen. Die „Brake (Wrake)", wie die Gewerbeschau der norddeutsch-hansischen Städte heißt, ist nichts anderes als die „Rüge (Wruge)" des Dorfgerichtes an den verschiedenen Verstößen gegen Flurzwang und

Dorfordnung, und die städtische Preispolitik, die ja nur eine andere Seite der qualitativen städtischen Gewerbeaufsicht war, ist auf ihrem Hauptgebiete, der Versorgung der Siedlung mit Lebensmitteln, schon auf dem Lande durch ein ganz ähnliches Taxwesen für marktgängige Nahrungsmittel, die mittelalterliche englische „assisa panis et vini“, vorgebildet.

Für alle diese Beschränkungen wurde dem einzelnen Unternehmer, den sie betrafen, aus der so geregelten Wirtschaft dann eben ein ausreichendes Einkommen als seine „Nahrung“ gewährleistet. Dazu gehörte aber mehr als ein bestimmter regelmäßiger Zuschnitt der betrieblichen Berechtigungen und Verpflichtungen. Dazu gehörte vor allem die Sicherheit gegen Störungen dieses Zuschnittes durch die wirtschaftliche Entwicklung. Wie die bäuerliche Familienwirtschaft mußte auch die handwerkliche Familienwirtschaft, deren eigenartiger Aufbau über dem der Zunft oft vergessen wird, dafür sorgen, daß für einen gegebenen Kreislauf von Erzeugungs-, Bedarfsdeckungs- und Absatzverhältnissen weder zu viel noch zu wenig Arbeitskräfte der erforderlichen Beschaffenheit vorhanden waren. Dieses Ziel suchte die handwerkliche Familienwirtschaft dadurch zu erreichen, daß die Werkstätte des kleinen selbständigen Unternehmers gleichzeitig zur Ausbildungsstätte des gewerblichen Nachwuchses, der Lehrlinge und der gelernten, grundsätzlich den Meistern gleichstehenden und am Ende in ihre Reihen aufsteigenden „Gesellen“, wurde. Sie alle bildeten zwar einerseits einen Produktionszusammenhang, aber auch anderseits einen gemeinsamen Haushalt, d. h. Konsumtionszusammenhang, wie er sich dann, übrigens auch im Kaufmannsgewerbe, bis in die letzten Reste der patriarchalischen Neuzeit und selbst bis in die Entartungsformen hausgemeinschaftlicher Arbeit, z. B. in der modernen englischen Konfektion, erhalten hat. Daß der Meisterschaftsanwärter, der Geselle, in der Regel Sohn oder Schwiegersohn von Meistern war, ist also nicht etwa späterer Mißbrauch, sondern in dem Aufbau der handwerklichen Familienwirtschaft von altersher tief begründet.

In einem wesentlichen Stück ragte allerdings diese Wirtschaft über ihre Vorform, die bäuerliche, bereits weit hinaus. Die alte Bauerngemeinde war grundsätzlich gegen den Fremden abgeschlossen, die Arbeitsverfassung der Zunft war ebenso grundsätzlich auf das Wandern der Gesellen bis zur Meisterschaft eingerichtet. Das bedeutet: Wo im Dorfe die Bewegung des wirtschaftlichen Zustandes sozusagen noch gar nicht anerkannt war, war sie in der auf Fernhandel und Arbeitsteilung ruhenden städtischen Wirtschaft schon zur Voraussetzung geworden. Die Normalisierung des Nahrungsspielraumes, die sich auf dem Lande durch das Zusammenwirken von Bodenverbesserung, Bodenteilung und Neusiedlung mehr als natürlich-unbewußte Wachstumserscheinung vollzog, nahm in der Zunftwirtschaft durch das wirtschaftspolitische Bewußtsein ganz neue Formen an, die hauptsächlich in Gestalt eines zwischenörtlichen Arbeitsmarktes und Arbeitsausgleichs von der Bewegung anstatt von dem Ruhezustand der Wirtschaft ausgingen. Dadurch kam dann allerdings bereits in die Grundlagen der mittelalterlichen Gewerbewirtschaft etwas wie ein innerer Widerspruch. Während der Nahrungsbegriff noch den alten, aus der Landwirtschaft übernommenen Gedanken des wirtschaftlichen Kreislaufs ausdrückte, mußte der neuartige Beweggrund der städtischen Gewerbewirtschaft, Arbeitsteilung und Erfindung, über diesen Nahrungsbegriff hinaus immer wieder eine fortschreitende Aufspaltung der Betriebsverfassung in den beiden Richtungen zunehmender Spezialisierung und unterschiedlicher Stärke der Gewerbetätigkeiten zur Folge haben. So zäh sich daher einesteils mit der städtischen und später auch der landesherrlichen Wirtschaftspolitik die zünftlerische Nahrungswirtschaft behauptet, so früh und so verbreitet sind anderenteils gerade hier die Vorgänge, die durch die Entstehung übernormal großer Betriebe und das Herabsinken anderer bis zur Grenze des kapitallosen Arbeiters den Übergang zur kapitalistischen Lohnarbeit vorbereiten. In der Landwirtschaft war an Stelle der alten Bauerngemeinde die Grundherrschaft als weithin konservatives Prinzip getreten, im Handel wirkte die Genossenschaft während des eigentlichen Mittelalters gewöhnlich ebenso. Nur das Zunfthandwerk enthielt neben dem konservativen bereits grundsätzlich ein dynamisches, revolutionäres Prinzip.

So wenig wie die bäuerliche kann freilich die handwerkliche Wirtschaft, auch von den schützenden Monopolrechten abgesehen, als selbstgenügsame Einheit, abgelöst von ihrem genossenschaftlichen Hintergrunde verstanden werden. Dieser Hintergrund leistete für den Handwerker viel mehr als bloß Gewerbeberechtigung und Gewerbeaufsicht. Man kann allgemein sagen, er wurde selbst überall da wirtschaftlich tätig, wo die Aufgaben der Zunftwirtschaft die Arbeitskräfte und Mittel des Einzelbetriebes überstiegen. In der Weise der modernen Genossenschaftsbewegung, die daher ebenso wie die Gewerkschaftsbewegung ein unmittelbarer Abkömmling des Zunftwesens ist, war in unzähligen Fällen nicht bloß die Regelung des Rohstoffeinkaufs und des Warenverkaufs, sondern dieser Einkauf und Verkauf selber Sache der Zunft. Noch wichtiger aber, weil oft in Gefahr, aus falschen Vorstellungen mittelalterlicher Gewerbeorganisation heraus übersehen zu werden, sind die Aufgaben, die die Zunft und allgemein die mittelalterliche Verbandsbildung erfüllte, indem sie der Produktion alle Arten von Anstalten, Werkzeugen, Maschinen und Apparaten mit größerem als dem (damaligen) einzelbetrieblichen Kapital- und Arbeitsanspruch zur Verfügung stellte. Schon die alte Bauerngemeinde hat trotz aller Bedenken der Grundherrschaftstheoretiker nachweislich eine Fülle solcher kommunaler und genossenschaftlicher Veranstaltungen besessen. Das Landhandwerk, soweit es dem städtischen Monopol Trotz zu bieten vermochte, stützte sich allenthalben auf sie, wie noch heute die großen Bauernländer des Orients ihre Dorfschmiede und sogar ihre Dorftänzerinnen als Gemeindeangestellte unterhalten. Aber sehr merkwürdig ist es nun, wie unmittelbar aus diesen genossenschaftlichen Gewerbeeinrichtungen der Bauerngemeinde und der ihr auch hier auf dem Fuße folgenden Grundherrschaft eine ganze Reihe auch für die Zukunft bedeutsamer Genossenschaftshilfen hervorgeht. Namentlich die Mühle, die als hervorragendste Umformung der Wasserkraft in der Getreidewirtschaft das vornehmste Monopolgewerbe der Grundherren ergeben hatte und neben dem Backofen und dem Taubenschlage das hervorragendste Symbol ihrer Herrenrechte geworden war, ist, wie noch der gegenwärtige englische Sprachgebrauch bezeugt, geradezu zur Urform der modernen Maschine und maschinellen Fabrik überhaupt geworden. Aber zwischen den Getreidemühlen (die freilich schon früh, z. B. in den Niederlanden mit ihrem schwachen Wassergefälle, Wind- oder Bockmühlen wurden und so ein neues Turbinenprinzip einführen halfen) und den wassergetriebenen Eisenhämmern spätmittelalterlicher Grundherren oder den Spinnereien neuzeitlicher Fabrikanten liegt die Mühle, die als Eigentum von Handwerkszünften deren Mitgliedern als gemeinsames großes Betriebsmittel diente, sei es die Walkmühle der verschiedenen Weberzünfte, die Ölmühle, die aus dem Ölbaum des Südens und den Ölsaaten des Nordens Nahrungsmittel- und andere Gewerbe speiste, die Hadermühle und Drahtmühle der Papierer- und Nadlerzünfte oder die Sägemühle, Lohmühle und Kalkmühle der Holzhändler, Gerber und Bauarbeiter. Je nach der örtlichen oder zeitlichen Mannigfaltigkeit gewerblicher Entwicklung ist so das Problem der maschinellen Technik im Mittelalter unendlich mannigfach, aber immer wieder in der Richtung der gegenseitigen Ergänzung verschiedener Betriebe gelöst worden. Der Drehstein des herumziehenden Scherenschleifers (oft der letzte Rest des Wandergewerbes der Dengler oder Kaltschmiede), das Gemeindewaschhaus, die Gemeindekelter, die noch heute in Südeuropa etwas ganz Gewöhnliches sind, sind nur ein paar Beispiele solcher Lösungen. Das zunftgeschichtlich Beachtenswerte daran ist allemal, daß die mittelalterliche Handwerkskorporation der gegebene Großunternehmer war, der die für den einzelnen Genossen nicht tragbaren Anstrengungen und Gefahren größerer Kapitalanlage im Markt und in der Produktionsorganisation auf sich nehmen konnte.

Freilich lag nun auch hier wiederum die Gefahr sehr nahe, daß solche Einrichtungen aus dem Genossenschaftlichen und Gemeindlichen ins Oligarchische, Unternehmerhafte umgebogen wurden. Wie die patrizischen Kaufgilden in Stadtanleihen und Stadtsteuerpachten die Finanzwirtschaft der Städte an sich rissen, so konnten auch in kleineren Verhältnissen die führenden größeren Handwerksmeister und Zunftvorstände die gewerbliche Genossenschaftswirtschaft zu ihrem Einzelvorteil wenden, indem sie ihre unternehmerischen Kräfte in Lieferungsgeschäften für Gemeinde und Innung und in der Erstellung oder Pacht genossenschaftlich-gemeindlicher Gewerbeanlagen betätigten. Die neuere stadtgeschichtliche Forschung zeigt uns überall eine mehr oder weniger fest geschlossene städtische Herrscherschicht von kaufmännischen und gewerbetreibenden Familien, die eben auf diese Weise die nutzbaren Wirtschaftsbetriebe der Gemeinden und Korporationen für sich mit Beschlag belegt hatten und deren „ehrenamtliche" Dienstleistung in den Kollegien der Stadtverwaltung dementsprechend hauptsächlich auch den Sinn hatte, sich gegenseitig den Besitz dieser Nutzungen zu erhalten. In dieser „vetternwirtschaftlichen" Verfassung konnten auch bedeutende Gewerbestädte des Mittelalters, wenn sich gegen die Neuzeit hin der lebendige Strom des alten Handels und Verkehrs von ihnen zurückzog, um so eher zu den stillen Landstädtchen heruntersinken, als welche z. B. manche der berühmtesten Textilstädte Nordfrankreichs oder Oberschwabens (man denke an Wielands Biberach) sich heute darstellen — der modernen Welt fremd, doch nicht bloß im absoluten Sinne der Einschrumpfung, sondern auch in dem relativen, daß wir da einmal die kleinen Ausmaße des vergangenen Wirtschaftslebens mit Verwunderung den größeren einer späteren Zeit gegenübergestellt finden.

Noch eine große Möglichkeit der Anpassung an die neuere Wirtschaftsentwicklung hat aber die Zunftform gehabt, als mit dem Aufkommen geschlossener territorialer Landesgewalten deren Herren die Nachfolger der städtischen Wirtschaftspolitik in der Fürsorge für ein Gleichgewicht zwischen ländlicher und städtischer, agrarischer und gewerblicher Produktion wurden. Da dürfen wir uns durch die Strenge nicht beirren lassen, mit der die neuen Territorialstaaten zuerst gegen die Zünfte, Gilden und anderen Korporationen städtischer Wirtschaft und Politik vorgingen. Sie mußten zunächst deren selbständige Macht brechen, ihre Mißbräuche und ihre Entartung ans Licht ziehen und bekämpfen und zu diesen Zwecken die zünftlerische Monopolwirtschaft hier und da reformieren, größere oder kleinere, vorübergehende oder dauernde Breschen in ihren Gewerbeschutz zugunsten einer neuen, freieren Unternehmung legen. Und diese Strömung gewann überall da und dann noch größeren Nachdruck, wo der Territorialstaat sich, wie in England, Skandinavien und Rußland, gegen die Privilegierung landfremder Korporationen, wie der Deutschen Hanse, wenden konnte. Allein es ist sehr auffällig, daß die erste große Epoche landesherrlicher Wirtschaftspolitik die mittelalterlichen Formen der genossenschaftlich geregelten Nahrungswirtschaft innerlich nicht überwunden hat und wahrscheinlich weder überwinden konnte noch wollte. Wie diese Politik auf dem platten Lande in allerdings schon vielfach zurückweichendem Kampfe gegen den modernen Großgutsbetrieb um der staatlichen Steuer- und Wehrpflicht willen den Bauernschutz der alten Gemeindeverfassung aufrecht zu erhalten bemüht war, so dachte sie auch in den Städten keineswegs an eine Abschaffung, sondern eben nur an eine Reform der Zunftwirtschaft, und diese Reform kam zunächst im Interesse der werdenden Territorial- und Nationalstaatswirtschaft gleichfalls mehr der Erhaltung des Alten als der Durchsetzung neuer Kräfte zustatten. Die berühmte Lehrlingsgesetzgebung der Königin Elisabeth von England ist nur das hervorragendste Beispiel einer Gewerbepolitik, die der landesväterliche Staat der Reformationszeit auch auf dem Festland überall trieb. Sie suchte auf der einen Seite durch staatliche Neuordnung und Befestigung der alten örtlichen Preis- und Lohnpolitik den Uhrzeiger der Wirtschaftsentwicklung in einer Weise festzuhalten, die natürlich ebensooft gegen wie für die arbeitenden Klassen ausfallen konnte, besonders wo sie, wie bei den englischen Friedensrichtern, in der Hand ständischer Organe, d. h. der herrschenden Klassen selber lag. Aber sie hat auf der andern Seite mit offenbarem Erfolg den Gang des wirtschaftlichen Uhrwerks selbst wohltätig verlangsamt, indem sie namentlich die zünftlerische Beschränkung der Betriebsgröße und Betriebszahl durch die bekannten Vorschriften kleiner Lehrlingszahlen und langer Lehrzeiten fortsetzte und so den ländlichen Bauernschutz durch den städtischen Handwerkerschutz ergänzte. Wenn schließlich die Stadtwirtschaft als Nachfolgerin von Kirche und Landgemeinde eine immer großzügigere öffentliche Armenpflege ausgebildet hatte, so schuf jetzt der Staat, voran wieder die „Poor Laws" der englischen Tudordynastie, daraus ein Landesarmenrecht, das mit der strengen Bindung der Armenunterstützung an die Heimatsgemeinde seinerseits allzu heftige Bevölkerungsverschiebungen zu hemmen trachtete. Überhaupt ist der ganze Inbegriff der neuzeitlichen inneren Staatsverwaltung, der „Polizei", ja schon dem Namen nach aus der Stadt- und damit vielfach auch der Zunftverwaltung hervorgegangen. Wie einst das Bürgertum großenteils aus dem Ritteradel entsprungen war, so stützte sich die staatliche Behördenorganisation von Anfang an, noch vor der Verbreitung „gelehrter" Bildung, auf den „Rat" bürgerlicher neben dem geistlicher und adliger Personen. Und wenn die gefährliche Selbständigkeit der städtischen Korporationen einmal gebrochen war, wurden sie mit ihrer Erfahrung in der Regelung des Arbeitsmarkts, z. B. in der Unterdrückung der revolutionären örtlichen und zwischenörtlichen Gesellenverbände, die besten Helfer des Staates.

Mit aus diesem Grunde ihrer Bestätigung und Umformung durch die staatliche Wirtschaftspolitik hat sich der Gedanke und die Form des Zunftwesens so hartnäckig bis an und über die Epoche der Gewerbefreiheit nach der Französischen Revolution erhalten können. Die Korporationen, die auf allen Seiten schon vor der Gewerbefreiheit durch das kapitalistische Einzelunternehmertum von innen und außen durchlöchert waren, behaupteten sich doch als halb privat-, halb öffentlich-rechtliche Vermögensverwaltungen und Standesgesellschaften nach Art der kirchlichen und gelehrten Kollegien der katholischen und protestantischen Länder. So war es bei den großen Zünften (Livery Companies) Londons und der anderen altenglischen Städte, die durch die ganze Neuzeit bis auf die Gegenwart den vornehmsten Anteil an der Verwaltung dieser Städte zu haben pflegten und noch heute ihre Ehrenmitgliedschaft verleihen wie irgendeine Stadt oder Universität. So war es aber auch Regel in den alten Festlandsstädten, wo Kaufmanns- und Handwerkskorporationen von den Amsterdamer Stalmeesters Rembrandts bis zu den Rigaer Schwarzhäuptern ständische Klubs, und zwar sehr reiche, mehr als etwas anderes waren. Das Zunftwesen war so gleichsam auf dem Umweg über die Zeiten seiner größten wirtschaftlichen Bedeutung wieder zu seinen Anfängen zurückgekehrt, wo es ja ebenfalls weit über das Wirtschaftliche hinaus das alte Stammes- und Genossenschaftsleben ergänzt und ersetzt hatte. Aber nur selten und unter besonderen Voraussetzungen hatte sich der aristokratische Charakter dieser Körperschaften bewahrt, der sie in der ältesten Zeit mit den ländlichen Adelsschichten verbunden hatte. Diese Gilden und Zünfte der frühen Neuzeit sind vielmehr, unterstützt durch das Gemeindeleben besonders der protestantischen Kirchen, die eine, wenn auch nicht die einzige Quelle des neuen Genossenschaftsgeistes geworden, der dann besonders vom kalvinistischen Protestantismus der Holländer und Engländer aus bestimmt war, den absolutistischen Staat in die bürgerlichen Formen der modernen Demokratie zu überführen.

IV. Der Frühkapitalismus.

1. Die erste Kapitalbildung: Die „Kinderfibel". Die Religionswanderungen. 2. Ritterguts- und Pachtwirtschaft: Grundrente und Fron. Ablösung und Zeitpacht. Kommerzialisierung. 3. Bergwerks- und Kolonialgesellschaften: Der Verlag. Das neue Währungs- und Geldwesen. Das Zeitalter der Fugger und der Elisabeth. Die Entstehung der Kapitalgesellschaft. Der Wucherstreit. Die Erbfolge der Kolonialmächte.

1. Die erste Kapitalbildung.

Damit stehen wir schon dicht vor dem Knäuel von wirtschaftsgeschichtlichen Fragen nach dem Ursprung des modernen Kapitalismus, d. h. nach den Ursachen und Wechselwirkungen der Vorgänge, die das abendländische Mittelalter vor dem Schicksal der Antike bewahrt haben, aus den lebendigen Anfängen von Marktwirtschaft, Geldwirtschaft und Stadtwirtschaft wieder in eine primitive bäuerliche Naturalwirtschaft zurückgebildet zu werden, und die es auf der anderen Seite über den drohenden Gegenstoß des Nachfolgers von Ostrom, des Islam, je länger je siegreicher emporhoben. Die früheste Auffassung von diesen Vorgängen war überall die unbefangene Ideologie der jungen kapitalistischen Unternehmerklasse, daß ihre freiere und größere Wirtschaft aus den kleineren und gebundeneren Verhältnissen der alten Zeit durch die einfachen Mittel herausgewachsen sei, die schon lange der Kaufmann in seinen Haus- und Familienbüchern seinen Nachkommen empfohlen hatte: Sparen und Arbeiten. Beides, wie ersichtlich ist, nicht bloß als Mittel zu diesseitigen und materiellen Zwecken, sondern mit der religiösen Gefühlsbetonung kirchlicher und selbst älterer Sittlichkeit. Die wirtschaftsgeschichtliche Forschung der letzten anderthalb Jahrhunderte hat unter dem heilsamen Ansporn der sozialistischen Kritik diese fromme Ursprungslegende nach allen Seiten gewogen und, wenn nicht ganz zerstört, doch ein gut Teil zu leicht befunden. Die Richtungen, in denen wir heute über die naive Ableitung unserer heutigen Wirtschaftsordnung aus dem einfachen Aufstieg der Tüchtigen, d. h. vor allem Klugen und Enthaltsamen, hinaus sehen, lassen sich vielleicht am besten in zwei Gruppen gliedern. Wir haben einmal gelernt, neben der geradlinigen Genealogie, die nur immer von größeren Betrieben zu kleineren zurückgeht, die Einflüsse zu untersuchen, die diese Genealogie von anderer Seite her, hauptsächlich aus der Landwirtschaft, empfangen hat. Und wir haben weiter gelernt, den kapitalistischen Wachstumsvorgang, den seine Träger als grundsätzlich friedlich und harmonisch früheren Gesellschaftsordnungen und namentlich der unmittelbar voraufgehenden Feudalzeit entgegenzustellen pflegen, darauf zu prüfen, welche Rolle gerade auch hier nichtwirtschaftliche Kräfte, vor allem Politik und militärische Gewalt, gespielt haben mögen.

Zwar ist, soviel wir jetzt erkennen, das bleibend Wahre an der alten „Kinderfibel" von der primären Akkumulation durch Sparsamkeit und Enthaltsamkeit, daß vor allem auch vom Verbrauch aus die kapitalistische Wirtschaftsweise eine von der mittelalterlichen Bedarfsdeckungswirtschaft grundsätzlich verschiedene Einstellung des Menschen voraussetzte und selbst wieder förderte. Erst mußte der Gedanke der „Nahrung" und das damit zusammenhängende Denken in festen, ständischen Gesellschaftsordnungen verdrängt und überwunden werden durch den Gedanken des Erwerbes und das Erlebnis des Stellenwechsels, des Begehrens nach Aufstieg und der Furcht vor dem Untersinken in der Gesellschaft. Freilich ist das nicht so zu verstehen, als ob allein die Differenzierung der durchschnittlichen bäuerlichen oder Handwerkswirtschaft in groß und klein genügt hätte. Schon die feudale Gesellschaft beruhte ja auf einer ersten derartigen Differenzierung. Vielmehr war gerade für den Großbesitz, für die feudale Oberschicht und die ihr angeglichenen geistlichen und bürgerlichen Stände das Heraustreten aus dem Kreislauf der sich selbst auf gegebenem Maßstab erhaltenden mittelalterlichen Wirtschaft besonders erschwert. Wie später die Geldform des Einkommens gegenüber der Naturalform schon an sich den Erwerbstrieb wecken und verstärken hilft, so war zuerst umgekehrt auch da, wo Naturaleinkommen bereits weithin in die Geldform verwandelt worden waren, der innere Antrieb meist so gering wie die äußere Möglichkeit, Überschüsse in Betriebserweiterungen statt im Verbrauch selbst anzulegen. Der verschwenderische Zug aller Naturalwirtschaft mußte gerade in den Übergangszeiten seine Höhe erreichen, wo steigende Produktivität auf allen Wirtschaftsgebieten die Einkünfte der herrschaftlichen Kreise steigerte und eben deshalb in besonders grellen Gegensatz zu den alten Gewohnheiten der Bedarfsdeckungswirtschaft stellte. Hierher gehören die Riesenzahlen der Dienstboten und Hausangehörigen, der „Mitesser" aller Art, die nicht bloß fürstliche, sondern auch bürgerliche Haushalte, in Rußland bis in die neueste Zeit, aufwiesen, die feudale Einkommensverwendung auf „menial servants", über die sich die klassischen Nationalökonomen der Smith'schen Zeit entrüsteten. Hierher die widerlichen Ausschreitungen der Völlerei und des Lebensgenusses aller Art, das Wettrinken und Wettessen an den Fürstenhöfen, aber auch in den Bürgerhäusern, das gerade in der Renaissance mit ihrem Gemenge geistiger und materieller Orgien große Teile der mittelalterlichen Herrenklasse der Entartung preisgab, z. B. den europäischen Adel durch die vom Süden her eingeschleppte Syphilis geradezu dezimierte.

Diese Zustände waren der dunkle Hintergrund, auf dem sich nun eine neue, religiös und ethisch begründete Wirtschaftsgesinnung gerade der Ausgeschlossenen und Geringen, eine neue „Sklavenmoral", entwickeln konnte, die auch hier ihre Ideale aus der Umkehrung der ehemals gepriesenen, jetzt verhaßten Herrentugend der „Milde (largesse)" bildete. Die Armen und Stillen, die von den mittelalterlichen Ketzern und Mystikergemeinden (z. B. den niederländischen Beginen) bis zu den puritanischen und pietistischen Protestanten den Geist einer neuen Zeit vorbereiteten und zur Herrschaft führten, waren nicht zufällig allemal eng verknüpft mit wirtschaftlichen Tätigkeiten, die aus der feudalen Konsumwirtschaft hinaus durch Einschränkung des Konsums und neue Ausdehnung und Bewertung der Arbeit den Weg zu den großen „Fortschritten" der modernen Wirtschaft und Kultur fanden. Die berühmte These Max Webers, daß Protestantismus und vor allem Puritanismus die Väter des Kapitalismus seien, behält, selbst wenn sie über diese einfache Form hinaus auf alle übrigen hundertfältigen Quellen des modernen

Geistes, z. B. auch in der katholischen Kirche, ausgedehnt wird, ihre dauernde Geltung vor allem darin, daß auch hier der geistige Ursprung der Wirtschaft und nicht immer nur der wirtschaftliche Ursprung des Geistes allenthalben sichtbar wird.

Aber eben um nun die neue Wirtschaftsweise als doppelpoligen Vorgang zwischen Gesinnung und Wirtschaft zu begreifen, muß man desto sorgsamer das Augenmerk auf die konkrete Beschaffenheit der Wirtschaftstätigkeiten und Umgebungen richten, in denen beides miteinander wirksam wurde. Da fällt zunächst, wie es der kulturgeschichtlichen Beobachtung im Renaissancezeitalter entspricht, die Bedeutung des aus der Genossenschaft herausgetretenen Einzelmenschen auf, nicht allein in dem Sinne der bekannten neuzeitlichen Ideologie von dem gesetzmäßigen Durchdringen des Überlegenen im Wettbewerbe (der ja großenteils noch gar nicht da war), sondern namentlich in dem Sinne, daß vorerst das Heraustreten aus genossenschaftlichen Kreisen auch wider Willen, als Deklassierung nicht weniger denn als Aufstieg, entscheidet. Bis ins 19. Jahrhundert geben vielfach die Zustände des am frühesten vom Kapitalismus ergriffenen Westeuropa Kunde davon, daß im Anfang Arbeiter und Unternehmer der neuen kapitalistischen Betriebe einander geistig und äußerlich viel näher standen, als der große Zweiklassengegensatz der hochkapitalistischen Gesellschaft vermuten lassen würde. Es ist nicht immer Heuchelei, wenn z. B. die französische Nationalökonomie Unternehmer und Arbeiter als „producteurs“ zusammenfaßt oder von „histoire du travail“ spricht, wo sie allgemeine Gewerbegeschichte meint. Lange und häufig waren sie beide, wenn nicht in ungefähr gleichen gesellschaftlichen Umgebungen, so doch wenigstens negativ in dem gleichen Gegensatze gegen die vorkapitalistische Land- und Stadtwirtschaft daheim.

Aber bekanntlich ist niemand ein schärferer Herr als der einstige Diener. Die neue Arbeits- und Abstinenzgesinnung der Kreise, die sich in Stadt und Land der Genossenschaftswirtschaft entzogen, wandte sich sogleich guten Glaubens und auch hier wieder weithin ohne die heuchlerische Verkehrung späterer Entwicklungen von der eigenen Person hinüber an den Nächsten. Wie heute noch der Industrielle, der an den Hungerlöhnen ländlicher Heimarbeiter verdient, mit subjektiver Ehrlichkeit behaupten darf, daß er die Leute durch diese Zuschußarbeit vor dem Untergang als Landwirte rette, wie noch heute die protestantischen Länder auf die Faulenzerei der katholischen Feiertage herabzusehen pflegen, so stand mit einem Male am Beginn der Neuzeit die neue Wirtschaftsgesinnung, daß nicht nur in den verschwenderischen Haushalten der Herren, daß auch in der Hütte der Ärmsten zu wenig gearbeitet und zu unwirtschaftlich gelebt werde. Und schon in dieser Frühzeit, nicht erst etwa in den bekannten Zuständen des 19. Jahrhunderts setzt jener Angriff des Kapitalismus auf die Familie ein, der mit der Einstellung der Frauen und Kinder in „nützliche“ Tätigkeiten anfängt und mit der Auflösung der familienhaften Bedarfsdeckungswirtschaft in lauter Markt- und Tauschvorgänge endet. Selbst wo wir diese Vorgänge bei der Verwandlung des Mittelalters in die Neuzeit nicht unmittelbar beobachten, können wir sie doch aus der Art und Weise erschließen, in der auch weiterhin die kapitalistische Wirtschaft vorkapitalistische Länder und Völker, vor allem die außereuropäischen, z. B. des Islam, ergriffen hat und ergreift. Alte und neue Wirtschaftsmoral, alte und neue Begriffe von Faulheit und Fleiß, Pflicht und Liebe, Ehrlichkeit und Unehrlichkeit stehen einander dabei in der Regel so gegenüber, daß der Wirtschafts- und Sozialhistoriker, statt voreilig die eine oder die andere Reihe sich zu eigen zu machen, nur immer wieder bewundernd gewahrt, mit welcher strengen Folgerichtigkeit und Stetigkeit ein älterer Wirtschafts- und Gesellschaftszustand sich langsam in einen neuen verwandelt, so daß am Ende für jede alte Funktion eine neue, wenn auch entgegengesetzt gerichtete, dasteht.

Zu den einzeln oder doch nur in kleinen Gruppen „deklassierten" Menschen, die in Land und Stadt gleichsam die vorbestimmten Träger einer neuen Wirtschaftsordnung und Wirtschaftsgesinnung waren, kamen freilich überall noch große Menschenbewegungen in der Form politisch oder religiös bedingter Auswanderungen von Stadt zu Stadt und von Land zu Land. In den Parteienkämpfen der italienischen Städte, aus denen sich das Fürstentum der Renaissance als eine moderne Tyrannis entwickelte, mußten jeweils Führer und selbst ganze Scharen von Mitgliedern der unterlegenen Parteien die Heimat verlassen, wie Dante und noch Machiavelli. Und wie diese den italienischen Geist, so haben nachweislich die Scharen der Verbannten (fuorusciti) auch die italienische Wirtschaft in der Fremde am meisten vorwärtsgetrieben. Selbst wenn nämlich der Verbannte dort nicht unter Leuten von absolut niedrigerer Kulturhöhe lebte, war er ihnen doch relativ allemal schon dadurch überlegen, daß er als Fremder außerhalb des Rahmens der einheimischen Verbände und Gewohnheiten stand, also „Individualist" im eigentlichen Sinne sein konnte, wozu für ganze Fremdenkolonien noch der Vorteil des engeren Zusammenschlusses unter sich kam.

Die erstere größere und von weitertragenden Folgen begleitete Wanderungserscheinung der frühen Neuzeit war die Vertreibung der nichtgetauften Juden aus der spanischen Monarchie, die bei ihrem Kampfe gegen den Islam auf ihrem eigenen Boden und in Nordafrika das Symbol der Glaubenseinheit ebenso notwendig brauchte wie den Despotismus zu ihrem Versuche geschlossener Staatswirtschaft auf der Grundlage der neuen überseeischen Kolonien. Die überragende Bedeutung dieser vertriebenen spanischen Juden, der Sephardim, für den Aufschwung der kapitalistischen Führerländer Westeuropas, zuerst der Niederlande, dann Frankreichs und Englands, ist bekannt. In England sind ja die Juden nach ihrer Ausweisung im 13. Jahrhundert damals, unter dem Puritaner Cromwell, zum ersten Male wieder angesiedelt und zum Gewerbebetrieb berechtigt worden. Aber es ist doch eine starke Übertreibung, den westeuropäischen Kapitalismus deshalb mit Werner Sombart geradezu als eine Schöpfung der spanischen Juden anzusehen. Denn einmal waren sie ja nicht die einzigen Juden, die das neuzeitliche Europa überfluteten. Ihnen entgegen kam der Strom der primitiveren Ostjuden (Askenazim, d. h. ursprünglich Sachsen, mit einer an die „Sachsengängerei" in der ostdeutschen Landarbeit erinnernden Wendung), die teils durch die Slawenländer hindurch noch mit dem Orient selbst zusammenhingen, teils aber auch, wie ihre „jiddische" Sprache noch heute zeigt, den Judenverfolgungen der Kreuzzugszeit am Rhein und in Oberdeutschland entstammten und so durch ihre Rückwanderung beweisen, daß auch der Charakter der Juden durch die Wirtschaftsgeschichte eher als diese durch ihn bestimmt worden ist.

Sodann aber und vor allem waren die Judenvertreibungen nicht die einzige große Bevölkerungsbewegung der frühen Neuzeit. In der Stellung des Juden zu seiner Umgebung, nämlich als Deklassierte, standen weithin in den katholischen Ländern auch die Bevölkerungsschichten, die sich dem neuen protestantischen Glauben ergaben, ohne, wie in England, Skandinavien und Teilen von Deutschland, die Staatsgewalt in ihrem Sinne beeinflussen oder erobern zu können. Und überall haben diese protestantischen „Refugianten", besonders die der streitbarsten, der kalvinischen Richtung, sich teils freiwillig, teils gezwungen auf die Wanderschaft meist nach Ländern unentwickelterer Wirtschaftsverfassung begeben und hier neue technische und organisatorische Methoden der Landwirtschaft, der Industrie und des Handels eingeführt. So verpflanzten, nachdem bereits die spätmittelalterliche Weberei Englands durch flandrische Zuwanderer aufgefrischt worden war, unter den englischen Reformationsherrschern nochmals niederländische Wollenweber ihren Sitz besonders nach dem ostenglischen Industrierevier nördlich von London und halfen so wie die deutschen Bergleute dabei, England von der Stufe überwiegender Ausfuhr von Metall- und Textilrohstoffen zur Stufe ihrer selbständigen Verarbeitung zu erheben. So wurden im Zeitalter Ludwigs XIV. französische Hugenotten die besten Bundesgenossen des Merkantilismus in den protestantischen deutschen Territorialstaaten von der Pfalz bis nach Brandenburg-Preußen und schon früher sogar Angehörige der stets dem Kommunismus nahestehenden Wiedertäufersekte, aus der Schweiz vertriebene Mennoniten, zu Hauptförderern der Landwirtschaft in Elsaß, Baden und Pfalz. So baute noch Preußens „größter innerer König", Friedrich Wilhelm I., die Landwirtschaft in den verödeten litauischen Bezirken Ostpreußens mit Hilfe der flüchtigen Salzburger Bauern wieder auf. Und mehr noch als selbst bei den Juden handelte es sich bei diesen protestantischen Wanderungen in der Regel um Menschenmassen, die durch die gemeinsame religiöse und politische Überzeugung auch äußerlich fest zusammengehalten waren. In den kalvinischen Gemeinden und Gemeindeverbänden (Classes) Hollands und Rheinlands, Ostfrieslands und Englands wurde der Geist moralischer und wirtschaftlicher Entgegensetzung gegen das Mittelalter auch zu einem politischen Programm, das, gestützt auf ein Netz zwischenörtlicher Verbindungen, den Eroberungskriegen der Feudalzeit und des neuen Absolutismus einen neuen, bürgerlichen Parlamentarismus und Pazifismus, gipfelnd in den Lehren des Althusius und Grotius, entgegen oder an die Seite stellte. Die Vereinigten Staaten von Amerika wären nicht bis auf den heutigen Tag von puritanischem Geiste beherrscht, wenn nicht in der „Väter"-Zeit der ersten Besiedlung die Auswanderung der Opposition gegen die englische Staatskirche im Zusammenhang mit dem befreiten, republikanischen Holland hätte erfolgen können.

2. Ritterguts- und Pachtwirtschaft.

Wenden wir uns von dem Menschenmaterial der neu entstehenden Wirtschaftsordnung wieder zurück zu ihrer sachlichen Grundlage, der Bildung des „Kapitals" selber, so können wir jetzt unbefangener nach den materiellen Vorbedingungen fragen, ohne die auch die weitgehendste geistige Zersetzung und Beflügelung des mittelalterlichen Europa ihr Werk der äußeren Umwälzung nicht hätte ausführen können. Da begegnen wir zunächst der Behauptung Werner Sombarts, daß die Grundrente, und der Franz Oppenheimers, daß die Bodensperre die erste Ursache der Kapitalbildung gewesen sei. Aus beiden Gesichtspunkten hat die

Wirtschaftsgeschichte sehr viel gelernt. Grundrente nicht nur in der Bedeutung des Teileinkommens, das der Verpächter des Bodens aus diesem nackten Eigentumsverhältnis daran bezieht, sondern des Gesamteinkommens, das dem selbstwirtschaftenden Grundherrn wie dem Verpächter als Verbesserer seines Bodens durch Bauten, Inventar und andere Kapitalverwendungen zufließt, also das, was Rodbertus die Herrenrente des vorkapitalistischen Grundbesitzes genannt hat, ist sicher mit der fortschreitenden Verschlechterung der bäuerlichen Rechtsverhältnisse und mit der Umbildung der rentnerischen Grundherrschaften zu unternehmerischen Gutswirtschaften eine hervorragende Quelle von Mitteln gewesen, die zu neuartiger Verwendung drängten. Um so mehr, da ja der Charakter der mittelalterlichen Stadt als nicht nur gewerblicher, sondern auch landwirtschaftlicher Gemeinde dafür sorgte, daß immer wieder gewerblicher Reichtum, wie wohl am längsten in England, im Grundbesitz angelegt wurde und dadurch auch die Bewirtschaftung von Grundrente in neue, bürgerliche Hände kam. Die großen oberdeutschen Kaufherren der frühen Neuzeit sind nicht etwa erst von späteren Landesherrschaften titelmäßig zu Grafen und Fürsten erhoben worden, sie waren schon als Bürger, wie vor allem die Fugger, auch militärisch starke Herren ausgedehnter Territorien, die sie natürlich mit der Schulung und Erfahrung ihres Geschäftes ganz anders verwalten konnten als der durchschnittliche größere Grundherr oder kleinere Landesherr. Ebenso ist klar, daß der Großbauer der nördlichen Küsten- oder südlichen Alpenländer geistig und materiell der kapitalistischen Wirtschaftsform stark zuneigte. Im Großbauerntum hält immer wieder den antikapitalistischen, überlieferungsmäßigen Kräften der Besitzinstinkt die Wage, der sich am Wachsen und an der Abrundung des Grundbesitzes, d. h. vor allem auch an der Abstreifung der genossenschaftlichen Fesseln, entzündet, durch Erbrecht und Heiratspolitik weiter ausgebildet wird und sich endlich (das zeigen die Inventarverzeichnisse aller frühen Großbauernländer) sowohl der Schatzbildung wie allen Arten von außeragrarischer Unternehmung, z. B. der Schiffahrt, gerne zuwendet. Jedenfalls kann keineswegs eine einseitige Entstehung des Kapitalismus aus der Akkumulation von Grundrenten in Frage kommen, sondern höchstens eine Wechselwirkung zwischen der Grundrentenbildung und der kapitalistischen Unternehmung, in der ebenso diese von jener wie jene von dieser her angeregt wird.

Die zweite bodenwirtschaftliche Theorie von der Entstehung des Kapitalismus ist die, daß er durch die Sperrung des Bodens für die bäuerliche Arbeitskraft seitens der grundherrlichen Schichten begründet und in seinem Hauptmoment, dem Bestehen einer besitzlosen Arbeiterklasse, auch heute noch durch eine solche Sperre aufrechterhalten sei. Nun sahen wir schon bei der Betrachtung der alten Bauerngemeinde in Freiheit und Grundherrschaft, daß ihr hoher Rechtszustand wahrscheinlich in der Tat durch die Möglichkeit eines Abflusses bäuerlicher Arbeitskräfte auf freien Boden, insbesondere Kolonialboden, mitbedingt war. Aber die überall, namentlich in Ostdeutschland und Osteuropa, für die frühe Neuzeit bezeichnende Neigung der Staatsgewalten und der sie beeinflussenden Grundherren, die Arbeitskraft des Bauern in Gutswirtschaften entweder schollengebunden oder sogar leibeigen zu machen, ergibt doch für die gleichzeitige Entstehung kapitalistischer Gewerbe in den Städten und im Westen nur eine Voraussetzung, nämlich die Verstopfung jener früheren Abflußwege der Arbeitskraft durch die Großgüter und die schlechteren

Arbeitsverhältnisse des Ostens, während die andere Voraussetzung, das Zuströmen neuer großer Menschenmassen in Städte und Gewerbe (wie es später durch die Bauernbefreiungen ausgelöst wurde), gerade bei der zunehmenden Festhaltung der Arbeiter auf dem Lande fortfallen würde. Auch hier darf eben die Entwicklung nicht zu einseitig „erste Ursachen" unterscheiden wollen. Schon die Neigung zu Boden- und Arbeitssperre im Osten war ja ihrerseits wieder durch die Entstehung der frühkapitalistischen Gewerbe bedingt, die in der westeuropäischen Wirtschaft das typische Hinauswachsen namentlich der städtischen Bevölkerungen über ihren unmittelbaren Nahrungsspielraum und damit die Nachfrage nach dem Getreide des Ostens zur Folge hatte.

Noch in anderer Weise hat man wohl die adligen Gutswirtschaften des Ostens, die ostdeutschen und slawischen „Rittergüter", dem Ursprunge des Kapitalismus zuordnen wollen, indem man sie selbst geradezu für die ältesten kapitalistischen Betriebe erklärte. Dabei hatte man zutreffend die Ausrichtung von Produktionen großen und wachsenden Maßstabes auf einen weltwirtschaftlichen Fernmarkt im Auge. Aber man übersah, daß gerade die Produktionsverfassung dieser Betriebe, die von dem Bauern vorzugsweise nicht die Rente, sondern die Produktionshilfe des Frondienstes, seine eigene Arbeitskraft und die Leistung seiner Gespanne und Werkzeuge, d. h. seines Kapitals, in Anspruch nahm, trotz schärfster Steigerung dieses Anspruches ein Rückschritt auf der Stufenleiter von Naturalwirtschaft zu Geldwirtschaft war und insofern auch trotz aller Marktmäßigkeit der kapitalistischen Umwandlung der Gesamtwirtschaft und ihres Geistes keineswegs förderlich. Zwar wissen wir heute, daß eine eindeutige Grenze zeitlicher oder begrifflicher Art zwischen dem alten Fronbetriebe der Rittergüter vor und dem neuen Lohnarbeitsbetriebe nach der Bauernbefreiung nicht zu ziehen ist, daß vielmehr von der frühen Neuzeit an der Kampf um die Festhaltung des Bauern in der Grundherrschaft gerade im Osten die Anfänge eines wandernden, sehr gedrückten Landarbeiterproletariats geschaffen hat, aus denen die Rittergüter ihre Fronarbeitsverfassungen beliebig ergänzen konnten. Aber das machte das Rittergut noch nicht zum kapitalistischen Lohnarbeitsbetrieb. Ganz unkapitalistisch daran war vor allem die regelmäßige Verkopplung der privaten Grundherrschaft mit der öffentlichen Gerichts- und Polizeigewalt, die (anders als im Westen) den Bauern jede unmittelbare Staatshilfe verlegte und sie erst wirklich zu „Untertanen" des Gutsherrn machte. Aber auch die bekannte Unterscheidung zwischen dem patriarchalischen Gutsbetrieb bis zur Bauernbefreiung und dem modernen gewerblichen der Folgezeit ist insofern mehr als eine romantische Legende, als in jenem älteren Betrieb einerseits der Bauer trotz aller Rechtsminderung bis zum Schluß den ganzen Schutz der grundherrlichen „familia" genoß, anderseits der Gutsherr selbst als Unternehmer nur mit großen Einschränkungen erwerbswirtschaftlich eingestellt war und in vielen Beziehungen (man denke etwa an Nebennutzungen wie Obsterträge oder die rationelle Forstbewirtschaftung) ganz in der Gesinnung der alten Bedarfswirtschaft verharrte.

Wollte man von *landwirtschaftlichen Vorläufern* des kapitalistischen Gewerbes reden, so hätte man sie anderswo als im Bereich des Rittergutsbetriebes zu suchen. Während dieser zum Weltverkehr des neueren Europa eine überwiegend koloniale Stellung einnahm, sehen wir in den aktiven Brennpunkten dieses Weltverkehrs selbst. d. h. namentlich auf der ganzen europäischen *Handelsachse* von England durch das Rheingebiet bis nach Oberitalien, zum Teil an der Hand großer Bodenmeliorationen wie den holländischen Entwässerungen und lombardisch-piemontesischen Bewässerungen, die Landwirtschaft in Wirklichkeit am stärksten und in immer steigendem Maße von geldwirtschaftlichem und kapitalistischem Geist und Verfahren ergriffen. An Stelle des groben Gewaltmittels der Schollenbindung ist es hier die feinere Zusammenstimmung alter grundherrlicher Lastensysteme mit den neueren und freieren Besitz- und Betriebsverhältnissen der Zeitpacht, die den Boden früh zu „Kapital", ganz entsprechend irgendeinem städtisch-gewerblichen Komplex von Besitz- und Betriebsrechten, macht. Diesen Zwecken diente zunächst seit dem späteren Mittelalter die Vergeldwirtschaftlichung der Naturalleistungen, die als ihre Verwandlung in Geldabgaben („Kommutation") oder ihre Ablösung durch geldliche Abfindung des Berechtigten („Dienstverkauf", bei niederrheinischer Hörigkeit „utlose") hier im Westen die Bauernbefreiung sozusagen als privatrechtliche Auseinandersetzung zu einem Entwicklungsvorgang von Jahrhunderten machte, während sie sich später im Osten als mehr oder weniger plötzlicher Eingriff der Staatsgewalten vollziehen mußte. Das Eindringen von Zeitpachtrechten in die Landwirtschaft aber hatte neben der allgemeinen Anpassung der Bodenwirtschaft an wechselnde Wirtschaftslagen insbesondere noch die Bedeutung, daß in der Form des gleichen Rechtsverhältnisses kapitalistischer Erwerb auf zwei verschiedenen Wegen ermöglicht wurde: Einmal war der Pächter der Unternehmer, der von außen her Schulung und Betriebskapital in die Grundherrschaft hineinbrachte, der „gentleman farmer" der späteren englischen Landwirtschaft und Nationalökonomie; ebensogut jedoch konnte der Zeitpächter der kapitallose kleine Mann sein, dessen Arbeitskraft von dem grundherrlichen Verpächter unter der Drohung der Nichterneuerung oder gar vorzeitigen Beendigung seiner Pacht nicht minder ausgebeutet wurde als die Arbeitskraft des schollengebundenen Leibeigenen von dem Rittergutsbesitzer. Schon im Altertum war unter den bäuerlichen Besitzrechten, wie sie durch Gewohnheit, Gesetz oder Vertrag geregelt waren, eines der besten die Pacht der sogenannten Emphyteuse (Anpflanzung), bei der der Pächter den von ihm gepachteten Boden überhaupt erst urbar zu machen oder einen bestimmten neuen Anbau darauf zu begründen hatte und dafür besondere Erleichterungen in der Pacht und besonderen Rechtsschutz genoß. Übereinstimmend damit finden wir bezeugt und haben wir uns ganz allgemein vorzustellen, daß freiere Pachtverhältnisse auch im Mittelalter die Systeme traditionaler und kollektiver Landwirtschaft nicht bloß in der Richtung auf freiere Rechtsgestaltung durchbrachen, sondern auch wirtschaftlich durch die individuelle Initiative und Verantwortung des Pächters als Unternehmer ergänzten. Nicht zufällig ist im Mittelalter wie im Altertum der Weinbau eine der typischen Bodenkulturen, wo trotz ursprünglichen Vorherrschens kollektiver Ordnungen, z. B. einer dem Flurzwange entsprechenden Regelung der Bestellung und der Lese, immer wieder die freie Zeitpacht, besonders Pflanzungspacht, den übrigen Unternehmungen vorauseilt.

Die geschilderten Verhältnisse der Lastenablösung und der Zeitpachtrechte standen überall in Wechselwirkung mit dem Durchdringen einer neuen Auffassung vom Boden nicht mehr als herkömmlicher Grundlage herkömmlicher Produktionen, sondern als beliebigen Produktionsmittels, eben als „Kapitals", zu Erwerbszwecken, die vom Markte her bestimmt wurden. Gewiß war z. B. im spätmittelalterlichen und frühneuzeitlichen England die Wollschafzucht der hauptsächlichste unter diesen erwerbswirtschaftlichen Zwecken, aber neben ihn konnte je nach der örtlichen Gestaltung und der zeitlichen Entwicklung der Märkte jeder denkbare andere Bodenwirtschaftszweck treten, wie denn, im 17. Jahrhundert langsam vorbereitet und im 18. zur Höhe ausgebildet, eine aus der alten „Hausväterliteratur", den books of husbandry, herausgewachsene rationelle Agrarbetriebslehre den englischen Grundherrn und Großpächter bei der Auswahl und Zusammenordnung der verschiedenen Produktionsziele unterstützte. Das Beherrschende ist allemal die Verwandlung des Bodens aus einem familienrechtlich, nachbarschaftlich oder auch grundherrschaftlich geschlossenen Gegenstand der „Nahrung" in eine beliebig austauschbare, nur nach den mengenmäßigen Gesichtspunkten der Güte, Lage und Ausstattung zu bewirtschaftende Produktionsstütze. Die politische und soziale Geschichte Englands macht sehr einleuchtend, warum gerade hier diese Kommerzialisierung des Bodens besonders früh und umfassend sich vollzog. Die Große Rebellion des Parlamentes gegen die Stuarts war die erste jener großen europäischen Staats- und Sozialumwälzungen, die bis hin zu der russischen und deutschen Novemberrevolution allesamt auch und vornehmlich den Sinn von Revolutionen des Bodenrechts und Bodenbesitzes gehabt haben. Allerdings läßt sich diese Reihe noch weiter in die Vergangenheit zurückverfolgen bis zu den Säkularisationen der Reformationszeit, deren jede große Massen geistlichen Grundbesitzes in die Hand nicht sowohl der Staatsgewalten selbst als der sie beherrschenden adligen und großbürgerlichen Klassen überführte. Und gewiß haben schon diese Säkularisationen nachweislich, besonders in England und Westdeutschland, der Landwirtschaft der neueren Besitzer, an die der säkularisierte Boden kam (z. B. in England des Literatenadels der Warwick, Spencer und Sidney), einen kräftigen Anstoß aus den überlieferten Wirtschaftsbahnen heraus gegeben. Aber „kapitalistisch" in dem vorher beschriebenen Sinne völliger Kommerzialisierung ist die Landwirtschaft doch erst durch die englische Revolution geworden, die nun auch enteignete Krondomänen und Adelsgüter in Menge auf den bürgerlichen Kauf- und Pachtmarkt warf und mithin zur Einführung einer von allen patriarchalischen Elementen freien, rein rechnerischen oder gar spekulativen Unternehmerwirtschaft auf der Basis eines neuen, feldmesserisch-kaufmännischen Taxwesens (surveying) geradezu herausforderte. Daß dieser Vorgang sich in England so besonders früh abspielte, hat dann freilich auch dafür gesorgt, daß der Boden Zeit gewann, in den Händen seiner neuen Besitzer alt zu werden, daß aus den alten bürgerlichen Usurpatoren ein neuer Adel hervorging, der im 18. Jahrhundert die englische Landwirtschaft zum Vorbild für ganz Europa erheben konnte.

Wenn es nun auf dem Festlande an einer ebenso national geschlossenen Modernisierung der Landwirtschaft gefehlt hat, so ist doch auch da zu allen Zeiten und auf allen Gebieten, die politische oder wirtschaftliche Bewegung zeigten, die Landwirtschaft in ganz ähnlicher Weise kommerzialisiert worden. Und auch in der niederrheinischen Landwirtschaft z. B., von der das in ganz besonderem Maße gilt, hat der frühe Eintritt dieser Entwicklung insofern ähnlich wie in England gewirkt, als der bäuerliche Bodenbau hier trotz hochgradiger Mobilisierung und Parzellierung unter günstigen Absatzbedingungen seine Gesundheit und wirtschaftliche Bedeutung bis auf die Gegenwart erhalten hat. Im allgemeinen aber werden gerade in Gebieten langsamerer Entwicklung die Gefahren, die der Landwirtschaft von einer Einbeziehung auch ihres Bodens in den Markt drohten, besonders deutlich, wenn man sich vergegenwärtigt, unter welchen Formen in der Stadtwirtschaft der Boden die Natur des beweglichen Kapitals annahm. Die Ausbildung eines städtischen Bodenkredits konnte bei dem der alten Landwirtschaft nachgebildeten Kauf und Verkauf der ewigen Renten nicht stehen bleiben. Jede stärkere Bewegung der Wirtschaft drängte zu einer Gestaltung des Bodenpfandrechts, die im Unterschiede vom bloßen Nutzungsgenuß des landwirtschaftlichen Gläubigers eine Befriedigung des Kreditgebers aus der Sache selbst, d. h. aber aus dem Eigentumswechsel des belasteten Grundstücks ermöglichte. Dieses neue städtische Kreditrecht mußte dann allmählich auf das ländliche überall da einwirken, wo dieses nicht durch genossenschaftliche oder herrschaftliche Bindungen gehemmt war. Es ist wie das Übergehen fester Körper in eine Lösung: zunächst an den städtischen Mittelpunkten und in den dort maßgeblichen kleinen Teilmengen kommt der Boden in Bewegung, bis diese Bewegung sich dann auch den landwirtschaftlichen Umkreisen und ihren größeren Teilmengen mitteilte. Übrigens erfuhr auch die uralte Verpfändung der Person unter dem Drucke der neueren Geldwirtschaft eine auffallende, heute kaum mehr vorstellbare Verschärfung. An der Entstehung der östlichen Leibeigenschaft haben mindestens in Rußland Geldschuldverträge mit Personenhaftung (bezeichnenderweise mit dem ursprünglich hebräischen Ausdruck Kabala benannt) starken Anteil gehabt, und am anderen Pol der europäischen Entwicklung waren bis ins 19. Jahrhundert die englischen Schuldgefängnisse voll von jenen unglücklichen Existenzen, die Dickens' Little Dorritt schildert.

Mit den geschilderten Wegen der großen politischen Umwälzung und der allmählichen Beeinflussung von der Stadtwirtschaft her sind indessen die Möglichkeiten frühkapitalistischer Landwirtschaft nicht erschöpft. In stetigem Übergange ließen sich selbst die ältesten Methoden kollektivistisch gebundener Bodennutzung zu neuen, erwerbswirtschaftlichen Zwecken umbiegen. Eines der ältesten Beispiele dafür ist wohl die Weise, auf die der den Kreuzzügen parallele Gang der ostdeutschen Kolonisation die großen kirchlichen Orden (und noch dazu in der Gestalt ernstlichster Gesinnungsreform) verwirtschaftlichte, die internationalen Klöster der Zisterzienser und Prämonstratenser zu großen rationalisierten Gutsbetrieben mit Laienbrüdern (conversi) und die ebenso internationalen Bruderschaften der Kreuzzugsritter, voran Deutschorden in Preußen und Schwertorden in Livland, zu ungeheuren, in dieser Form nie wieder erreichten Unternehmungen des kombinierten Getreidebaus und Getreideexports machte. Ein anderes auffälliges Beispiel ist etwa, wie in den Mittelmeerländern durch spekulative Häufung alter herrschaftlicher und kommunaler Weiderechte große viehzüchterische Wandergewerbe entstanden, eine Art von fliegenden Großgutsbetrieben, die sich über den Boden ganzer Volkswirtschaften ausdehnten. Von dieser Art waren namentlich die riesigen Schafherden, die in Spanien unter dem berüchtigten Namen der Mesta, aber auch in Italien und Griechenland als Mandra, Dogana und Transhumanz das Land von einem Ende bis zum andern durchzogen und unter der Leitung fremder Großunternehmer oder Pächter mit äußerster Rücksichtslosigkeit (zum Teil unter eigener Sondergerichtsbarkeit!) Wege- und Weiderechte zum Schaden der Kulturen ausübten. Diese Einrichtungen haben bis ins 18. Jahrhundert gedauert und immer wieder den Zorn der fortschrittlichen ökonomischen Schriftsteller erregt. Sie waren eine groteske, ganze Volkswirtschaften belastende Übersteigerung der in den romanischen Ländern schon ohnehin die Entwicklung hemmenden Herrenrechte.

3. Bergwerks- und Kolonialgesellschaften.

Nach diesem Überblick über die frühkapitalistischen Veränderungen der Landwirtschaft wird man um so besser ermessen können, welche Bedeutung doch das Aufkommen kapitalistischen Geistes und Verfahrens innerhalb der gewerblichen Sphäre selbst hatte. Immer wieder zeigte sich ja, daß jeder Schritt der Landwirtschaft heraus aus den alten Verbrauchs- und Bedarfssystemen zu erheblicherer Ansammlung, geschweige denn zu künstlicherer Verwendung von Produktionsmitteln wechselseitig mit einer entsprechenden Entfaltung der städtischen und gewerblichen Wirtschaft zusammenhing. Es bleibt nur noch auseinanderzusetzen, an welchen besonderen Punkten und auf welche besonderen Weisen Unternehmung und Lohnarbeit auf den städtisch-gewerblichen Märkten zu „kapitalistischen" Ausmaßen heranwuchsen. Da ist es zunächst die alte Machtstellung des Groß- und Fernhandels, die, soweit sie den Verkehrsverschiebungen der frühen Neuzeit standhielt oder sogar von ihnen begünstigt wurde, d. h. namentlich in England und Holland, die Führung auch im kapitalistischen Gewerbe übernehmen konnte. Der größte Kapitalist in dem England der Rosenkriege war der Kaufmann und Großreeder William Canynges von Bristol, also damals schon an der Atlantischen Westküste, die gegenüber den alten Handels- und Industrieplätzen der Nordseeküste die größere Zukunft hatte — von Bristol sind ja dann in der frühen Tudorzeit die westlichen Entdeckungsfahrten der Caboto im Wetteifer mit Spaniern und Portugiesen ausgegangen. Wie es die bis zur Gegenwart dauernde Machtstellung des englischen Adels erklärt, daß er sich früh einer neuen Landwirtschaft zuwandte, so hat auch der englische Großhandel bis heute in seiner beherrschenden Stellung zur Industrie die Früchte davon geerntet, daß er seit dem späten Mittelalter zum Anführer einer neuen Gewerbewirtschaft wurde.

Aber auch in England zeigt die bekannte Volksmärchengestalt des Richard Whittington, der es aus größter Armut bis zum Lordmayor von London brachte, daß die neue Zeit vor allem auch von neuen Unternehmerpersönlichkeiten und neuen Unternehmerständen gemacht wurde. Und der größte unter den Verlegern der frühen englischen Großtucherei, John Winchcombe oder, wie der Volksmund ihn nannte, Jack von Newbury, ist im Vergleich mit den zeitgenössischen Fuggern und Welsern eine sehr viel bürgerlichere und handwerklichere Erscheinung. Zu den allgemeinen Gründen, die den Verlag zur typischen Organisation wachsender Produktionen machten, kam in dem Webstoffgewerbe überall noch der besondere, daß die Technik ihrer ersten Hauptstufe, der Spinnerei, gegenüber der zweiten, der Weberei, in den Händen des Hausfleißes außerordentlich zurückgeblieben war. Wie kunstlos war gegenüber den uralten Modellen der stehenden oder liegenden Webstühle das Spinnrad, das sich doch erst im Spätmittelalter gegen die alte Wockenspinnerei durchsetzte und verbreitete. Kaum ein Merkmal ist deshalb für den Einzug des Kapitalismus in die Gewerbe kennzeichnender als der Ruf nach Mitarbeit der ganzen Bevölkerung an der Herstellung von Gespinst für die Textilindustrie. Nicht umsonst heißt ja in England noch heute die unverheiratete Frau eine „Spinnerin" (spinster), weil diese Tätigkeit ihr seit der frühen Neuzeit sozusagen zur sozialen Ehrenpflicht gemacht wurde. War also unter solchen Umständen der Textilverleger ein Mann, der in neuartiger Weise vorhandene Möglichkeiten der Beschaffung und Verarbeitung von Material zusammenzufügen, neue zu erwecken und auszubilden vermochte, so leuchtet ein, daß diese steigernde und organisierende Tätigkeit von jeder beliebigen Stufe des Gewerbes her in Angriff genommen werden konnte. Charakteristischerweise ist dabei der Verlag ebensooft wie von der kaufmännischen Marktkenntnis und Marktbeherrschung von der Technik jener verwickelten und kostspieligen Verfahren ausgegangen, die in früheren, einfacheren Zeiten Gemeinde und Zunft dem Handwerk zur Verfügung gestellt hatten. So ist in der Textilindustrie besonders die Endstufe der vielfach gegliederten, oft von exotischen Rohstoffen und von der ganzen Verfeinerung der frühen Chemie abhängigen Färberei der Ansatzpunkt kapitalistischen Unternehmertums gewesen. Lange Zeit hindurch hat die nationale englische Textilindustrie es nicht fertig gebracht, sich aus der Abhängigkeit von der festländischen Färberei zu befreien, und deshalb ihre Tuche ungefärbt dorthin ausführen müssen. Hervorragende Typen der neueren Kapitalassoziation im Übergang von der späten Familien- und Personengesellschaft zur jungen Aktiengesellschaft, wie z. B. die Zeughandelskompanie der aufblühenden württembergischen Industriestadt Calw, haben aus demselben Grunde gerade an die Färberei angeknüpft.

Von sehr verschiedenen Seiten aus gewinnt man immer wieder denselben Blick auf diesen großen Vorgang der Entstehung großer, rechenhafter, marktmäßiger Lohnarbeitsgewerbe. Mehr noch als irgendwelcher andere Besitz von Produktionsmitteln mußte z. B. die Beherrschung des Rohstoffs durch den Verleger die soziale Lage seiner Arbeiter im gleichen Maße drücken, wie sie seine eigene hob. Veruntreuung des Rohstoffs erscheint immer erneut als der Grund, weshalb bestimmte Gewerbe des Spätmittelalters und der frühen Neuzeit als unehrlich galten. Die ältere Zeit hatte diesen rechtlichen Makel im wesentlichen nur Berufen aufgedrückt, die wie die der Gaukler und Spielleute mehr aus geistig-sittlichen Motiven oder wie Scharfrichter, Schinder und Wasenmeister mehr aus materiellen von dem freien Manne umgangen wurden. Jetzt bekommt die Vorstellung der Unehrlichkeit jenen spezifisch wirtschaftlichen Einschlag, mit dem sie noch heute nicht bloß von dem bäuerlichen und handwerklichen Mittelstand gerne dem Kaufmann zugeschoben wird und der doch gerade eine Erhöhung der durchschnittlichen Ehrlichkeit auf den geregelteren Märkten schon aus rein geschäftlichem Zwange mit sich brachte. Jetzt sind unehrlich z. B. der Leineweber, dem als typisch ländlichem Hauswerker gegenüber dem städtischen Woll- und Baumwollweber vom Verleger ganz besonders aufgepaßt wurde, oder etwa das langsam von der Grundherrschaft abgelöste Mühlengewerbe, weil der Landmann niemals weiß, wie Mahllohn und Ausbeute sich zueinander verhalten, oder endlich das seltsam von aller übrigen Viehhaltung geschiedene, mit Volksweisheit und Volksmedizin verbundene Schäfergewerbe, weil es namentlich in dieser Zeit sehr oft statt im Angestelltenverhältnis als Pacht und auf der Grundlage eigenen Herdenbesitzes ausgeübt wurde.

Aus dieser unendlichen Mannigfaltigkeit von Betätigungsmöglichkeiten für den frühkapitalistischen Unternehmer ragen jedoch zwei Gebiete besonders hervor, schon weil auf ihnen die Größe der zu lösenden Aufgaben über die zerstreute Einzelunternehmung hinweg wieder zurück zu den Wirtschaftsprinzipien des Verbandes und des Staates führte, die die Einzelunternehmung in ihren mittelalterlichen Formen auflöste. Es sind einmal das Gebiet der Erschließung der Bodenschätze in der modernen Montanindustrie, sodann das Gebiet der Machtausbreitung des modernen Staates durch Eroberung zu Lande und Handels- und Kolonialkriege zur See. Über ihre wirtschaftliche Bedeutung haben uns namentlich die Forschungen unterrichtet, deren Gegenstand der Ursprung der eigentlich modernen Form von Kapitalassoziation, der Aktiengesellschaft, ist.

Ein neuer Aufschwung in der Ausbeutung der mineralischen Bodenschätze knüpfte sich zunächst an die Entstehung eines neuen Münz- und Währungswesens. Die Geldverfassung des früheren Mittelalters folgte insofern der allgemeinen sozial- und wirtschaftsgeschichtlichen Entwicklungslinie dieser Zeit, als an Stelle des ganz auf den Schultern der Antike stehenden zentralen Reichsgedankens eine bunte Vielheit von landesherrlichen, grundherrlichen und städtischen Münzhoheiten getreten war, die ganz wie der übrigen Wirtschaftspolitik auch dem Geldwesen nicht bloß als Zersplitterung schadete, sondern vor allem durch das zunehmende Überwiegen der privatwirtschaftlichen Ausbeutung über die gemeinwirtschaftliche Verpflichtung des Hoheitsrechts. Der „Wechsel" (cambium), der alle echt mittelalterliche Währung lahmlegte, bestand nicht nur in dem Umtausch einer dieser unzähligen Währungen in eine andere, der neben amtlichen Organen vor allem den berufsmäßigen Geldhandel besonders der norditalienischen (lombardischen) und südfranzösischen („Kawerschen" von Cahors) Bankiers beschäftigte (ihre „Banken" waren ganz wie die Wechslertische des Altertums handwerkliche Betriebsstätten auf offenem Markte wie jede andere), obwohl diese ältesten Bankhäuser bereits stark genug waren, um etwa die Wollausfuhr Englands und im Zusammenhang damit den Staatsbedarf seiner Könige zu finanzieren. Der Wechsel bedeutete auch einen ständigen zeitlichen Währungsumtausch, der dadurch bedingt war, daß die Münzhoheitsträger in kürzeren oder längeren Zeiträumen jeweils die bisherige Währung durch „Verruf" einzuziehen und statt ihrer eine neue, in der Regel geringwertigere, auszugeben pflegten. Überall ist nun die Entstehung einer neuen Wirtschaftsordnung besonders da beschleunigt worden, wo sich einzelne dieser Hoheitsträger, seien es Städte oder Landesherren, auf der Grundlage eines regeren Markt- und Verkehrslebens dazu entschließen mußten und auch konnten, mit dieser mittelalterlichen Inflationspolitik zu brechen und dem Verkehr eine höherwertige und vor allem wertbeständige Münze zur Verfügung zu stellen. Beide Zielsetzungen gingen meist Hand in Hand, indem die Ausprägung größerer Einheiten unter Anwendung besonderer münztechnischer Sorgfalt einesteils den größeren Umsätzen der führenden Märkte entsprach, andernteils ihren Ruf in immer größeren wirtschaftlichen Kreisen befestigte. Das ist der Sinn aller der Währungsreformen, die seit dem späteren Mittelalter von den Münzstätten der mächtigsten Städte und Landesherren ausgingen und zunächst größere Silbermünzen, wie die französischen Groschen (grossi) oder Turnosen (von Tours) und die „Böhmen" oder späteren (Joachims-)Taler, in zweiter Reihe seit der Antike zuerst wieder Goldmünzen, wie die Florentiner Gulden (Florine), die venezianischen Dogenmünzen (Dukaten) oder die italienisch-französischen Schildmünzen (scudi, écus), über die Masse der entwerteten mittelalterlichen Silberpfennige (Heller von Tirolisch Hall,

Rappen in Oberdeutschland) emporhoben. Im gleichen Schritt mit der Verbreitung dieser Edelmünzen (englisch: Nobles) gewann der Wechsel der Geldhändler die ganz neue Bedeutung, daß er nun statt eines stark wucherischen Platz- und Sortengeschäfts mit der Gefahr als hauptsächlicher Gewinnquelle zu einem geregelten Handel mit Zahlungsanweisungen (Wechselbriefen) von Zeitpunkt zu Zeitpunkt oder von Ort zu Ort wurde, also bei grundsätzlich beständigen Währungen nur die zeitlichen und örtlichen Schwankungen des Zahlungsausgleichs zwischen den Märkten benützte und überwinden half. Und wenn damit der Gebrauch von barem Geld zugunsten von „Kreditzahlungsmitteln" eingeschränkt zu werden anfing, so wurden gleichzeitig und im selben Zusammenhang die gewerbsmäßigen Geldhandelsbetriebe der Wechsler und vielfach der Goldschmiede zu den ersten „Girobanken", deren Kunden gegen einmalige Bareinlagen in der Folge laufend durch Anweisungen (die späteren Schecks) die Banken für sich zahlen lassen oder Zahlungen und Darlehen in Form von Verpflichtungsscheinen auf den Inhaber (den späteren Banknoten) von ihnen erhalten konnten.

An das neue Währungs- und Wechselwesen schloß sich aber weithin eine neuartige, intensive Hebung und Verarbeitung der Bodenschätze auch außerhalb des Edelmetallhandels, wie sie ja bis auf die Neuzeit für den Eintritt des Kapitalismus in unentwickeltere Volkswirtschaften charakteristisch geblieben ist. Das mittelalterliche Münzwesen hatte gleich allen anderen ländlichen und städtischen Produktionen auf dem Zusammenwirken einer genossenschaftlichen und einer herrschaftlichen Instanz beruht: Die „Hausgenossenschaft" der Münzer, wie sie offenbar nach der singulären Natur der Münzhäuser hieß, hatte wie Markgenossenschaft, Kaufgilde und Handwerkszunft jahrhundertelang ihre Technik auch für die herrschaftlichen Gewalten ausgeübt, bis sie wie jene unter dem eigensüchtigen Druck dieser Gewalten zerfiel und auch durch alle Versuche, bereits damals verschiedene Münzhoheiten in Münzunionen zusammenzuschließen, nicht wieder zu beleben war. Ebenso war der mittelalterliche Bergbau Sache der Betriebsgenossenschaft der Bergleute oder Knappen, deren Name „Gewerkschaft" bis in das heutige Bergrecht hinein den gewöhnlichen Bergwerksbetrieb kennzeichnet. Auch ihr standen von Anfang an mit dem Anspruch der Aufsicht und Beteiligung herrschaftliche Gewalten gegenüber, über deren öffentlichen, „regalen" oder privaten, grundherrlichen Charakter zu streiten müßig ist, weil hier genau wie in der übrigen Land- und Stadtwirtschaft alte volksrechtliche Herrschergewalt in unzählige Teilbefugnisse zersplittert oder mit ihnen gemischt erscheint; trägt doch im heutigen englischen Bergrecht gerade die Bergwerksrente, die der private Grundherr von Betrieben auf seinem Boden zu fordern hat, den alten Namen des Regals (royalty). Ebenso und noch klarer nun, wie wir im Münzwesen den neuen Staat und den neuen Unternehmer den entarteten Münzherren und Hausgenossenschaften nachfolgen sehen, beobachten wir im Bergwesen ein ganz regelhaftes Zusammenwirken der neuen Staatsgewalten mit neuen Unternehmern und Gemeinschaftsunternehmungen. Weder die Leistungsfähigkeit der alten, im Sinne der bäuerlichen und handwerklichen Produktion selbstarbeitenden Gewerkschaft noch die der verschiedenen „Bergherren" reichte entfernt mehr hin, um die geistigen und materiellen Aufgaben zu bewältigen, die aus einem mit immer größeren Schwierigkeiten und Kosten unter Tage vorgetriebenen Bergbau und aus einer durch die Zwecke der modernen Industrie, namentlich auch der Rüstungsindustrie des Feuerwaffenzeitalters, immer komplizierteren Verhüttung der Mineralien erwuchsen.

Hier trat, wie namentlich die Arbeiten Jakob Strieders gezeigt haben, die frühkapitalistische Kaufmannschaft besonders der schwäbischen und fränkischen Reichsstädte, in ihrem Gefolge auch die der sächsischen Landeshaupt- und Messestadt Leipzig, mit jener ganz neuen Durchschlagskraft helfend ein, die bis auf die Gegenwart dem kapitalistischen Unternehmer als dem Beherrscher von Technik, Markt und gesellschaftlichem Kapital eignet. Vor allem die letzte Funktion ist wichtig. Durch diese Unternehmungen wurde nicht nur das Kapital ihrer Führer, sondern wie in anderem Zusammenhange schon früher berührt worden ist, daneben auch das zerstreute Kapital der allerverschiedensten Gesellschaftsschichten der Ausbeutung und dem Absatz der Bodenschätze in großen Strömen zugeleitet, und Strieder hat ganz Recht, zu behaupten, daß diese Organisationen bereits wesentliche Eigenschaften der späteren Aktienform des Kapitals vorausgenommen hätten. Wenn für diese Form in erster Reihe das dauernde „Arbeiten" einer rechnerischen Kapitalgröße in einem Komplex von Betriebsmitteln oder Betrieben als maßgebend zu gelten hat, standen diese oberdeutschen Kapitalgesellschaften ihr sogar näher als diejenigen, die wenig später in Holland und England den großen Außen- und Kolonialhandel in immer wechselnden Kombinationen entfalteten. Dafür steckten sie dann allerdings ihrerseits insofern tiefer im Mittelalter, als bei ihnen die rechtliche Seite der Kapitalbeteiligung noch ganz unentwickelt war und den Unternehmungsleitern eine überragende Machtstellung nach Art der Einzelfirma einräumte. Gerade das machte denn auch diese deutschen Unternehmungen gegenüber den neuzeitlich-nationalen der Holländer und Engländer zu mittelalterlich-internationalen. Finanzierten die Fugger die europäische Politik Karls V. auf der Grundlage der tirolischen und ungarischen Bergwerke, so arbeiteten die Welser bereits mit der habsburgischen Kolonialpolitik in Amerika, und ein anderes großes Augsburger Kaufmannshaus, die Höchstetter, half sogar zur selben Zeit durch Übernahme der königlichen Bergwerksgesellschaft (Mines Royal) Englands den Brüdern Gresham die englische Börse und die neuzeitliche englische Währung begründen.

Trotz aller Verschiedenheiten in Sache und Form besteht aber doch wieder ein einleuchtender Zusammenhang zwischen den Antrieben, die der Frühkapitalismus aus der Erschließung der Bodenschätze Europas und aus der überseeischen Kolonisation empfing. Psychologisch allgemein gesprochen, stand hinter der einen wie hinter der andern Ausweitung der mittelalterlichen Wirtschaft die Begierde nach Aneignung bisher unzugänglicher Schätze. Wie das Bergwerkswesen seit der Renaissance besonders auch mit der starken Ausbreitung der wirtschaftlich bestimmten Pseudowissenschaften Alchemie und Astrologie an den Fürstenhöfen verbunden war und die Ausdehnung der frühkapitalistischen Montanindustrie als eine Art von veredelter Goldmacherei erscheint, so ist das Kolonialzeitalter nicht denkbar ohne die Anstachelung der Einbildungskraft aller Bevölkerungsschichten durch die Sagen von den Goldländern und andern Fabelschätzen in Indien und China (Cathay = türkisch und slawisch Kitaj), nach denen seit dem Vordringen des Islam zu Lande die neuen „Durchfahrten" zur See im Norden oder Süden gesucht wurden. Sehr folgerichtig setzte der bekannte Elisabethanische Sammler von Reiseberichten der großen Entdeckerfahrten, Richard Hakluyt, wie ein Symbol an die Spitze seines Werkes den spätmittelalterlichen Traktat des „Libelle of Englyshe Polycye“, worin die Zeit Heinrichs V. zum ersten Male die später sogenannte merkantilistische Gedankenverbindung zwischen Seefahrt und Ausbau der nationalen Gewerbe niedergelegt hatte. So naiv die Ausrichtung dieser Gedankenverbindung auf den Zustrom (oder die Verhinderung des Abstroms) der Edelmetalle kommenden Zeiten immer wieder erschienen ist, war doch damit die Einheitlichkeit des neuen Machtwillens der Völker in der Renaissance zutreffend bezeichnet, wenn dieser Wille auch nicht überall so frühe und einheitliche Erfolge zeitigte wie in England.

Gerade das abenteuernde, zwar in hohem Grade spekulative, aber dafür auch den ganzen Menschen aufs Spiel setzende Element des Frühkapitalismus verkörpert sich in der Schatzsuche unter dem Boden und außer dem Boden der mittelalterlichen Wirtschaft. Im Gegensatz zu der Vorsicht des mittelalterlichen Handels, die seine Mittel auf möglichst viele verschiedene Unternehmungen verteilte, sind die oberdeutschen Welthandelshäuser der Renaissance dadurch groß geworden (und freilich auch ebensooft untergegangen), daß sie ihr und der Ihrigen ganzes Vermögen auf die eine Karte der damals beliebten monopolistischen Montanunternehmungen setzten. Noch viel mehr aber wurde in der jungen Kolonialunternehmung um alles oder nichts gespielt. Schon äußerlich war ja die portugiesische Entdeckung des Seeweges um Afrika eine unmittelbare Fortsetzung der Glaubenskämpfe gegen den Islam, und ebenso eng verknüpfte sich dann die englische und holländische Fahrt nach „Westindien“ mit dem kriegerischen Religions- und Kulturgegensatz gegen die spanisch-katholische Welt. Es ist, als wenn im gleichen Augenblick, da in Europa selbst der alte Handel der Wikinger-, Hanse- und Kreuzzugszeiten friedlich und bürgerlich wurde, die Abenteurerinstinkte des Kaufmanns außerhalb Europas ein neues Feld zugewiesen erhielten. Denn obgleich von den Dorado-Träumen der Renaissance immerhin so viel in Erfüllung ging, daß die Silberbergwerke Mittel- und Südamerikas das spanische Mutterland und ganz Europa einer ersten allgemeinen Inflationsepoche aussetzten, so bot darüber hinaus der Kolonialhandel noch andere und sogar wichtigere Gewinnmöglichkeiten, die aus dem engen Kreise der mittelalterlichen Wirtschaft heraus auf verschiedenste Weise die Sehnsucht befriedigten, „über Nacht“ reich zu werden. Der Kolonialhandel, der Europa zum ersten Male seit der Antike wieder auf breiterer Fläche nicht nur mit „heidnischen“, sondern auch (selbst im Falle so alter Kulturen wie der mexikanischen und peruanischen) an Machtmitteln unterlegenen Gesellschaften in Berührung brachte, stellte gleichsam die Urstufe der „okkupatorischen“ Wirtschaft wieder her, indem er großenteils als einfacher Raubhandel oder Zwangshandel fremde Menschen und fremde Güter zu Gegenständen der kaufmännischen Verwertung und nicht bloß, wie früher gewöhnlich, der politischen Beherrschung machte. Das spanische Kolonialsystem, in dem noch der Staat als Hauptträger oder doch wenigstens Lenker der wirtschaftlichen Tätigkeiten auftrat, blieb eben deshalb bald hinter den modernen Systemen der Holländer und Engländer zurück, deren ständische Verfassungen dem Privatbetriebe freiere Hand ließen. Und doch hat bekanntlich gerade die koloniale Staatswirtschaft Spaniens zum Schutze der amerikanischen Eingeborenenvölker die Einfuhr von Negersklaven und damit den ungeheueren Menschenhandel begonnen, der dann rein als solcher, noch ganz abgesehen von der Arbeit der Sklaven, zu einem der vornehmsten Monopole des englischen Kapitalismus bis in den Anfang des 19. Jahrhunderts werden sollte. Aber auch alle anderen Waren des Kolonialhandels von den hinterindischen Gewürzen, die schon Antike und Mittelalter, nur auf anderem Wege, bezogen hatten, bis zu den neuen Reizmitteln Tabak, Zucker, Kaffee und Tee, die der neuzeitlichen europäischen Gesellschaft ein so eigenartiges Gepräge zu geben bestimmt waren, traten in die europäische Wirtschaft mit einer Kostenrechnung ein, die bei verschiedenartigster Gestaltung und gelegentlich recht scharfem Wettbewerb der einzelnen Nationen doch sehr oft statt auf Markt und Tausch auf dem Diktat der kolonialen Eroberer, wenn nicht schlechthin auf Raub beruhte. In den Kolonien erneuerte sich so die Handelsform der mittelalterlichen Faktorei, die in den Randländern des europäischen Nordens und Ostens politisch unmöglich geworden war. Die Rolle, die die englische Ostindien-Kompanie jahrhundertelang als Staat im Staate des Großmoguls gespielt hat, war nur das äußerste Ende der Bahn, auf der sich auch alle übrige Handelsunternehmung in den Kolonien bewegte.

Neben der offenbaren Abenteurer- und Gewaltnatur des Frühkapitalismus gilt es nun aber auch, die versteckteren Triebfedern zu würdigen, die ihm in und außerhalb Europa aus feinen, oft unmerklichen Änderungen der wirtschaftlichen und wirtschaftsrechtlichen Technik erwuchsen. Unter dem „technischen Fortschritt", den sogar die Wirtschaftstheorie wie einen deus ex machina von Zeit zu Zeit herbeiruft, um den Übergang von einer Wirtschaftsgestaltung in die andere zu erklären, ist ja nicht bloß im engeren Sinne die Anwendung der naturwissenschaftlichen Welterkenntnis auf den Sachapparat der Wirtschaft zu verstehen, sondern die ganze Fülle auch der geistigen, kulturellen und politischen Umbildungsvorgänge, die jener naturwissenschaftlichen Technik auf allen anderen Gebieten der Gesellschaft entsprechen. Die neue Bedeutung der Geldwirtschaft und ihres nächsten Darstellungsmittels, des Edelmetalles, gehört ebenso zur technischen Entwicklung des Frühkapitalismus wie die Entstehung der neuzeitlichen Staatsverwaltung und die Entstehung neuer handelsrechtlicher und betriebswirtschaftlicher Formen. Die Kritik, die die Kirchen und aus ihnen hervorgehend dann der Sozialismus an der neuen Wirtschaftsordnung geübt haben, hat oft einseitig die Vergröberung betont, die darin liegen mußte, daß der Mensch und seine Bedeutung in der mittelalterlichen Weltordnung jetzt zunehmend hinter äußeren Dingen und Werten zurücktritt und verschwindet. Aber diese Anklage gegen den „Warenfetischismus" der modernen Gesellschaft vereinfacht die Entwicklung zu sehr. Erst ein Blick auf die verwickelte Neuordnung der Verhältnisse, unter denen der Fetisch Ware entstand, zeigt die Größe der geistig-menschlichen Leistung, die zum Aufbau der neuen Wirtschaftswelt erforderlich war.

Mit groben materialistischen Motiven, wie sie sich in der Jagd nach dem Golde ausdrücken, verflicht sich dabei allemal eine Technik wirtschaftlicher Beziehungen, die auf dem gegenseitigen Vertrauen der neuen, arbeitsteilig geschulten Unternehmerschichten beruht. Wie das moderne Bankwesen neben der Konzentration greifbarer Metallschätze doch auch den geschäftlichen Kredit weiter und immer weiterer Kundenkreise voraussetzte, so wurde der Markt, auf dem greifbare Ware unter strenger staatlicher Bevormundung den Weg zum laienhaften Verbraucher fand, unter den Händen eines neuen arbeitsteiligen Großhandels zur Messe, wo Forderungen und Gegenforderungen bargeldlos im Scontro, dem

Keim aller späteren „Clearing"-Verfahren, ausgeglichen werden konnten, und zur Börse, wo statt der einzelnen Ware nur noch die Proben massenhaft gleicher Güter und endlich überhaupt nur noch die Berufskaufleute selbst als Käufer und Verkäufer sich versammelten, um statt der mittelalterlichen Vorstellung eines nach Gerechtigkeit geregelten Preises die selbsttätige Ausgleichung von Angebot und Nachfrage in den wechselnden „Kursen" zur Erscheinung kommen zu lassen.

Die vornehmste unter den technischen Neuerungen aber, die die Organisation des frühkapitalistischen Handels und Gewerbes förderten, war der Fortschritt von dem persönlichen zum sachlichen Prinzip des Besitzes und der Verwaltung von Kapital, d. h. Produktionsmitteln auf der einen und Verfügungsrechten über diese Produktionsmittel auf der andern Seite. Gewiß hatte, wie Jakob Strieder mit Recht betont hat, schon die Kapitalansammlung in den großen Firmen der oberdeutschen Renaissance in ganz ähnlicher Weise wie die spätere Aktiengesellschaft die Kapitalausscheidung aller Stände in der Weise an sich gezogen, daß an Stelle des Darlehens, d. h. des Gläubigeranspruchs auf Hauptsumme und Zins, eine Eigentumsbeteiligung mit der Hoffnung auf Gewinn und der Gefahr des Verlustes trat. Aber zur Aktiengesellschaft fehlte diesen Kapitalansammlungen, ganz abgesehen von ihren unentwickelten Rechtsverhältnissen, doch besonders die breitere Grundlage einer Mehrheit sachverständiger Aktionäre, die der Gesellschaft neben oder anstatt der einheitlichen Leitung eine demokratische oder wenigstens aristokratische Verwaltung gegeben hätte. Es kann kein Zufall sein, daß eine solche Verwaltung der Handelsgesellschaft erst in dem niederländischen und dem englischen Ständestaat möglich wurde, wo „Staaten" und Parlament mehr als nur in äußerlicher Entsprechung, nämlich in sachlicher Wechselwirkung mit der Tätigkeit geschlossener Kapitalistenschichten standen.

Daher ist neben der kapitalaufsaugenden großen Einzelfirma des Spätmittelalters eine andere Wurzel des Aktienwesens die frühkapitalistische Kartellbildung, wie Strieder mit Recht die vertraglichen Unternehmungsgemeinschaften namentlich der damaligen Montanwirtschaft genannt hat. Obwohl in ihnen die einzelnen Unternehmungen selbständig blieben, bedeuteten sie doch nach der Weise der mittelalterlichen Kaufgilden und etwa auch der modernen Zwangssyndikate eine starke und dauerhafte Zusammenschweißung von Betriebsmitteln vor allem deshalb, weil der Staat entweder als Kunde oder als Aufsichtsinstanz begünstigend und regelnd ihnen gegenüberstand. Nicht nur die habsburgischen Herrscher, sondern der neuzeitliche Staat überhaupt, auch der ständisch beherrschte in Holland und England, bedurfte dringend des Privatkapitals, und nicht nur zu Staatsanleihen, sondern auch um durch Übertragung wirtschaftlicher Rechte wichtige öffentliche Aufgaben von ihm erfüllen zu lassen. Daher blieb alle Empörung machtlos, die die Politik der frühkapitalistischen Handelsgesellschaften und Kartelle mit ihrer Einschränkung des freien Marktes und ihrer Gefährdung privater Spargelder in der Öffentlichkeit und vornehmlich auch in dem sozialpolitischen Schrifttum der Kirchen erregte. Aber in dieser Ohnmacht lag doch nicht ausschließlich die Vergewaltigung von Recht und Sittlichkeit durch die Zweckmäßigkeit der neuen Wirtschaft. Darin lag ebensowohl eine Fortführung der uralten mittelalterlichen Zunftform von Handel und Gewerbe, die dem Einzelbetrieb und dem Markt doch nur eine sehr beschränkte Selbständigkeit und Freiheit belassen hatte. Die Vorstufe zu den späteren großen Aktiengesellschaften hat überall eine Zwischenform zwischen Kaufmannsgenossenschaft und Handelsgesellschaft gebildet, die in Holland „Direktion" und in England „regulierte Kompanie" hieß, weil ihr wesentlichster Zug die Zusammenfassung aller Einzelbetriebe eines Geschäftszweiges oder Handelsweges zu einer Gemeinschaft mit öffentlichen Rechten und Pflichten war. Der Unterschied dieser frühkapitalistischen Zwangskartelle von den mittelalterlichen Hansen war hauptsächlich der, daß Quelle der Organisation bei diesen vornehmlich die autonome Kraft der Genossenschaft, bei jenen überwiegend die Macht des modernen Staates war. Aber auch die mittelalterliche Kaufmannsgenossenschaft war wie die deutsche Hanse von der politischen Macht der Handelsstädte und darüber hinaus sogar des Reiches getragen gewesen und jedenfalls mit dieser politischen Macht dahingesunken. Auf der anderen Seite war die größte der Regulierten Kompanien, die der englischen „Wagekaufleute" (Merchant Adventurers), trotz völliger Abhängigkeit von der nationalen Wirtschaftspolitik der Tudors doch im Wesen eine völlig mittelalterliche Sonderkorporation mit ständischer Verwaltung und Rechtsprechung durch eigene „Höfe" (Courts).

Dementsprechend begleiteten dann die Merkmale ständischer Verfassung und staatlicher Privilegierung auch den weiteren Weg der Kapitalgesellschaft. Als der Kolonial- und Überseehandel des Entdeckungszeitalters zugleich den Kapitalanspruch und das Kapitalrisiko steigerte, ging man in Holland und England gleichzeitig auf einer Reihe genau paralleler Unternehmungslinien zur rechnerischen Zusammenlegung der bisher getrennten oder nur kartellmäßig verbundenen Einzelvermögen über. Bis auf die Namen übereinstimmend, bildete die englische und die niederländische Großkaufmannschaft, vielfach in Personalunion auf mehreren Gebieten tätig, eine ostindische und westindische, eine ostländische (d. h. baltische) und eine „moskowische", endlich eine levantische (vorderasiatische) Kompanie unter dem System dieser gemeinsamen Kapitalrechnung (englisch jointstock). Nicht einmal das war eine kurze und zielbewußte Entwicklung. Im Anfang wurde sogar scheinbar oft ein Schritt rückwärts getan, indem die neue Vergesellschaftungsform in scharfem Gegensatz zum Dauerbegriff der Genossenschaft jeweils nur für eine einzelne koloniale Expedition angenommen, also die Gesellschaft nur für eine solche gegründet und nach ihrer Beendigung liquidiert wurde. Was aber bald diese unsicheren Anfänge überwinden half, war einmal die Tatsache, daß es sich praktisch immer wieder um den gleichen Kreis von Unternehmern handelte, und zweitens die Einmischung des Staates, der diesen Gesellschaften auch in seinem eigenen Interesse die durch Urkunde (englisch charter, niederländisch octrooi) privilegierte Rechtsstellung öffentlicher Korporationen verlieh. Hatte er sich bereits von den Regulierten Kompanien seinen Rechtsschutz und etwa die militärische Begleitung (convoy) ihrer „in Admiralschaft" segelnden Flotten teuer bezahlen lassen, so erwuchs ihm jetzt aus den großen „inkorporierten" Aktiengesellschaften ein Machtwerkzeug, das ihm eigene wirtschaftliche und militärische Anstrengungen in der Weltpolitik ersparte oder erleichterte.

Indessen wie bei jedem Auftreten neuer Klassenbildungen in der Wirtschaftsgeschichte ging auch hier die Erfüllung öffentlicher Aufgaben mit der Befriedigung des wirtschaftlichen Klasseninteresses Hand in Hand. Die Monopolstellungen, die der Staat mit seinen Gesellschaftsprivilegien verlieh, trugen einen ausgesprochen ständischen Charakter auch insofern, als dadurch gewöhnlich in schärfstem Gegensatze etwa zu den oberdeutschen Handelsgesellschaften die Beteiligung streng auf die eigentliche Großkaufmannschaft beschränkt und die weitere Öffentlichkeit, besonders Handwerk und Landwirtschaft, ausdrücklich davon ausgeschlossen wurde. Damit nicht genug, entsprach auch das ständische Verwaltungssystem der jungen Aktiengesellschaft durchaus diesem monopolistischen Gepräge. Wenngleich nach dem Vorbild des politischen Ständestaats die Teilnahme der gesamten und namentlich der kleineren Aktionäre nicht geradezu verhindert war, lag der Schwerpunkt dieser Verwaltung doch überall bei einem mehr oder weniger engen Kreise von Großaktionären, den Bewindhebbers, wie sie in Holland hießen, die in der von dem modernen angelsächsischen Aktienrecht noch erhaltenen Art die Funktionen eines Vorstandes und eines Aufsichtsrates vereinigten, freilich beide Funktionen auf das eigene Geschäftsinteresse eines erheblichen Aktienbesitzes stützten, ja nicht selten wie die Komplementare einer modernen deutschen Kommanditgesellschaft auf Aktien über ihre Anteile hinaus mit ihrem ganzen Vermögen für die Unternehmung hafteten. Aber dieser oligarchische Zug vertrug sich doch wieder mit einer Rücksichtnahme oder mit einem Angewiesensein auf die breitere Öffentlichkeit, die durchaus in der Richtung der modernen Aktiengesellschaft lagen. In den Niederlanden oder in England waren die großen Kolonialgesellschaften keineswegs etwa ganz in Amsterdam oder London, den Sitzen der neuen Börsen und Banken, zentralisiert, sondern setzten sich aus provinzialen Gruppen zusammen, die in Holland wie die gleichzeitigen Schreibstuben der Fürsten oder Versammlungssäle der Stände „Kammern" hießen und deren Sinn war, auch der Kaufmannschaft der übrigen Landesteile die Kapitalbeteiligung sowie die Beteiligung an den von den Gesellschaften zu vergebenden Schiffbau- und Lieferungsaufträgen zu gewährleisten. Und an diesen paritätischen Aufbau der holländischen Aktiengesellschaft erinnert später noch einmal die Art, wie der fürstliche Merkantilismus eines Gustav Adolf von Schweden oder Christian IV. von Dänemark, des Großen Kurfürsten von Brandenburg oder Leopolds I. von Österreich Kapitalgesellschaften für Seefahrt und Außenhandel durch gleichmäßige Heranziehung aller irgend kapitalkräftigen Bevölkerungsschichten zu bilden versuchte. Nur daß die Beteiligung in diesem Falle nicht so sehr die Beschaffenheit eines eifersüchtig gewahrten Rechtes als einer Besteuerung oder Zwangsanleihe hatte, die von den obersten Hofämtern bis herunter ins Bürgertum reichte. Übereinstimmend mit dieser Kapitalaufbringung hörte die Vorstellung öffentlicher Aufgaben nicht auf, die Aktiengesellschaft zu begleiten. Noch Adam Smith spricht davon, daß sie die typische Form für Unternehmungen „größeren und allgemeineren Nutzens" sei, und seit der Entwicklung des hochkapitalistischen Verkehrs- und Städtewesens mit seinen riesenhaften finanziellen und technischen Aufgaben ist die „Public Utility Company", gestützt durch die angelsächsische Gesellschaftsinkorporation, als „gemeinnötiger Betrieb" auch im Wirtschafts- und Steuerrecht Deutschlands und der übrigen hochkapitalistischen Länder wieder aufgelebt.

Das innerste Triebwerk aller dieser Verfahren, an denen sich die frühkapitalistische Wirtschaft emporrichtete, der Treffpunkt gleichsam aller ihrer geistigen und materiellen Motive, war die neue Kapitalfunktion, die jetzt an der Hand der italienisch-holländischen Doppelbuchführung die Einzelunternehmung wie den Markt zu beherrschen begann und der mit der Ausmerzung alles Persönlichen, mit der Zurückführung jedes wirtschaftlichen Vorgangs auf die Veränderung und das Arbeiten von Wertmassen der mittelalterlichen Ansicht der Wirtschaft als einer Veranstaltung zur Erhaltung bestehender menschlicher Lebenseinrichtungen den Todesstoß versetzte. Es ist der theologische und juristische Streit um den Begriff des Wuchers, in dem der Durchbruch einer neuen Wirtschaftsgesinnung, zusammen mit dem einer neuen wirtschaftlichen Wirklichkeit, am deutlichsten zu verfolgen ist. Gewiß knüpften sich ähnliche theoretische und wirtschaftspolitische Streitigkeiten an die Erscheinungen des Preises und des Marktes schlechthin. Aber dort, bei der „gerechten" Preisbestimmung oder dem Kampf gegen Monopol, Vorkauf und Aufkauf, den jene Zeit noch nicht so sehr wie spätere mit der Waffe der Marktfreiheit, sondern hauptsächlich mit der der Wirtschaftspolitik führte, handelte es sich um Fragen, mit denen sich noch eine späte Zukunft der kapitalistischen Wirtschaft unter immer neuen Voraussetzungen beschäftigen sollte. Anders bei dem Wucherbegriff. Hier galt es zunächst einmal, das Wesen der kapitalistischen Verwertung selbst aus seiner neuen Erscheinung heraus ein- für allemal aufzufassen. Wie sehr es dabei statt auf einen bloßen Wandel der Wirtschaftsethik vielmehr auf den Durchbruch einer neuen Wirtschaftsweise selbst ankam, zeigt einmal die Rolle, die das Wirtschafts- und Rechtsdenken des Mittelalters dabei gespielt haben. Das römische Recht war in seiner klassischen byzantinischen Aufzeichnung, die ja das ganze Mittelalter hindurch in den Mittelmeerländern lebendig geblieben war und bei Beginn der Neuzeit nun auch im Norden in die alten germanischen Land- und Stadtrechte „rezipiert" zu werden anfing, der Ausdruck einer dem mittelalterlichen Durchschnitt weit überlegenen Geldwirtschaft, in der die Gebrauchsvergütung (usura) und der Wertmaßstab des Schadensersatzes (interesse) eine sehr harmlose Bedeutung hatten. Eben diese beiden Grundbegriffe wurden nun aber im theologischen und auch im kirchenrechtlichen Werturteil des Mittelalters zu den bekannten Kampfobjekten der Wuchergesetzgebung, wobei die aristotelische Scholastik ohne weitere philologische Bedenken eine vielgenannte Stelle in der „Politik" des Meisters dahin auslegte, daß die Geldleihe um Zinsen als von Natur unproduktiv auch widernatürlich sei. Und doch hat (was bei der üblichen Schilderung dieser Dinge übergangen zu werden pflegt) auf der andern Seite das Mittelalter auf anderen Gebieten eine entwickelte Kreditwirtschaft geduldet und gepflegt, die für spätere Vorstellungen der Gefahr des Wuchers ebensosehr oder noch mehr ausgesetzt war als die Geldleihe. Unbeanstandet blieben alle Rentenansprüche an den Grund und Boden, selbst wenn sie auf städtischem Baulande eine „natürliche" Produktivität von Bodenernten gar nicht mehr einschlossen und dazu als langfristige oder gar ewige Schulden im Laufe der Zeit das ursprünglich hingegebene Kapital um ein Vielfaches überstiegen. Nicht minder unangefochten war der Teilhabergewinn aus der Handelsgesellschaft, obwohl doch bei ihm das Gläubiger- und das Eigentümerverhältnis in Wirklichkeit fließend ineinander übergingen. Man sieht, es war fast unbegreiflich, daß unter diesen Umständen gerade dasjenige Kreditgeschäft der geistlichen und weltlichen Verdammnis verfiel, das die allgemeinste und deshalb für den Aufbau des neuzeitlichen Kredites wichtigste Form der Kapitalverfügung darstellte, und daß erst in jahrhundertelangem Kampfe auf dem Umwege über Hilfsvorstellungen wie Verzugszinsen und Vergütung für Schaden und entgangenen Gewinn die Verbindung zwischen dem anlagebedürftigen Leihkapital und der kapitalbedürftigen Unternehmung zugelassen wurde. Die Lösung des Rätsels ist jedoch einfach die, daß einerseits das regelmäßig, nicht mehr sprunghaft und abenteuernd rentierende (geschweige denn unproduktiv konsumierende) Unternehmervermögen, anderseits der bescheidene und niedrige, nicht mehr abenteuernde und ausbeuterische Zinsanspruch des Gläubigers erst vor aller Augen stehen mußten, ehe sie vom Wirtschaftsrecht anerkannt werden konnten.

Zu dieser Einsicht, die für die Wechselwirkung von Wirtschaft und Recht, Erlebnis und Denken in der Wirtschaftsgeschichte sehr lehrreich ist, muß freilich die Anmerkung gemacht werden, daß deshalb das Rückzugsgefecht der scholastischen Theologie und Jurisprudenz noch keinen Kampf gegen Windmühlen geführt, sondern vielmehr umgekehrt einen höchst wichtigen Bestandteil der frühkapitalistischen Entwicklung gebildet hat. Gegenüber der Neigung, die Anschauungen Max Webers vom puritanischen Kapitalismus allzu wörtlich zu nehmen, hat neuerdings der religiöse Sozialismus Englands sehr mit Recht hervorgehoben, welchen entscheidenden Wert die strenge Überwachung des Wirtschaftslebens durch die Kirche hatte und auch dann behielt, als diese Kirche sich zu Beginn der Neuzeit mit den neuen Reformationskirchen in die Herrschaft teilen, ja selber von Grund aus reformieren mußte. Damit war neben den Staatsgewalten, die in vielen Beziehungen nur einen zweifelhaften und wandlungsfähigen Durchschnitt der sozialen Machtverhältnisse darstellten, eine Gesellschaftskritik gegeben, die ihre Maßstäbe dem Jenseitigen und Unbedingten entnahm. Der große deutsche Reformator hat, auch nachdem er die soziale Revolution des religiösen Radikalismus abgeschüttelt hatte, niemals aufgehört, die neuen Wirtschaftserscheinungen seiner Zeit mit scharfem Mißtrauen zu verfolgen. Und das ist nicht etwa nur das Ergebnis der Wirtschaftslage in jenen mittleren und kleineren Staatswesen, die in Deutschland und Skandinavien die Träger des Luthertums wurden. Die gleiche Haltung finden wir bei Calvin in Genf, d. h. an einem der größten Meßplätze des damaligen europäischen Handels, und auch im angelsächsischen Puritanismus, der neben der religiösen Bejahung der „innerweltlichen Askese" in England und Amerika die ganze Neuzeit hindurch das Recht der Entscheidung über unerlaubte Wirtschaftspraktiken festhielt. Im tiefsten Grunde aber besteht zwischen der Unterstützung und der Bekämpfung der frühkapitalistischen Wirtschaft durch die christlichen Kirchen gar kein eigentlicher Widerspruch. Indem die Religionen in dauernder Auseinandersetzung mit der neuen Wirtschaftswelt verharrten, bis sie von einem neuen, weltlichen Sozialismus darin abgelöst und ergänzt wurden, haben sie das Schrittmaß der wirtschaftlichen Umwälzungen in heilsamster Weise verlangsamt und darüber hinaus durch Unterdrückung der wilden und unregelmäßigen Formen des Kapitalverhältnisses, durch Herausarbeitung eines neuen, statt auf der Geldform auf der Ausbeutung von Notlagen beruhenden Wucherbegriffs die Strömung des Kapitals in der neuen Gesellschaft stetiger und geordneter machen helfen.

Erst wenn wir die ganze Kompliziertheit der Mittel ins Auge fassen, mit denen der Frühkapitalismus sich durchsetzte, können wir auch die Einzelheiten des wirtschaftsgeographischen Bildes verstehen, das die vom Mittelalter zur Neuzeit sich entwickelnde abendländische Welt darbot. Die Grundzüge sind bekannt: Verlagerung des wirtschaftlichen Schwerpunktes von der Mitte und vom Süden zunächst nach Westen durch die beginnenden Auswirkungen der Entdeckung (oder

Wiederentdeckung, denn schon die Wikinger waren die ersten Entdecker gewesen) Amerikas und des afrikanischen Seeweges nach Ostindien. Aber um nicht diese einfachen Grundzüge in der Weise des Schulbuchs oder der Sensationsliteratur allzu einfach abzuleiten, aus den neuen Naturwissenschaften oder dem Protestantismus oder den Judenwanderungen, müssen wir auch hier versuchen, Politik, Kultur und Wirtschaft als ein einziges Geflecht vielfacher Wechselwirkungen zu sehen. Mit der neuen Belebung Westeuropas hing zunächst notwendig ein gewisses Absterben der bisherigen wirtschaftlichen und kulturellen Hauptschauplätze in Mittel- und Südeuropa zusammen. Das tritt am deutlichsten in der Verödung der alten italienischen und hansischen Handelsbeziehungen mit dem Osten hervor. Nicht nur, wie es gewöhnlich heißt, erlag der Spezereihandel der Italiener über Ägypten dem Wettbewerb der spanischen und portugiesischen Seefahrt um das Kap der Guten Hoffnung, sondern auch umgekehrt war diese Seefahrt ein Ergebnis der Lage, die durch den türkischen Gegenstoß auf die Kreuzzüge, durch die Festsetzung des Islam in Konstantinopel Mitte des 15. Jahrhunderts, in Ägypten anfangs des 16. Jahrhunderts geschaffen wurde. Eine ähnliche Bedeutung wie der Islam im Süden hat für die Wirtschaftsgeschichte die Entstehung nationaler Staaten und Volkswirtschaften im Norden und Osten gehabt. Durch das Mittel der Sundsperren und Sundzölle, das Dänemark gegen die Hanse handhabte, sind im 16. Jahrhundert zuerst die Holländer im Wettbewerb mit diesem Bunde, zu dem einst ihre blühendsten Städte gehört hatten, in die Ostsee eingedrungen. In Rußland hat das erstarkende Moskauer Großfürstentum, das mit der einen Hand das Joch der Tatarenhorde abzuschütteln begann, mit der anderen schon Ende des 15. Jahrhunderts die städtische Selbständigkeit von Novgorod und dann auch die hansische Machtstellung dort zerschlagen.

Sicherlich war das kein völliges Aufhören der mittelalterlichen Wirtschaftsüberlieferungen im Süden und Osten. Die Interessen überschnitten einander vielfach aufs bunteste. Während der oberdeutsche Frühkapitalismus die starke Stütze des Habsburger Reichs gegen den wirtschaftlich immer mehr zurückbleibenden, nach dem Vorgange der Antike in Agrar- und Naturalwirtschaft zurücksinkenden Orient bildete, während Rußland unter Ivan Groznyj die befruchtenden Einflüsse des englischen Überseehandels im Rücken des Baltikums über Archangelsk aufnahm und dadurch in Stand gesetzt wurde, neben Habsburg und Polen die Vorhut gegen den Orient zu bilden, haben sich die deutschen Hansestädte im 16. Jahrhundert für ihre baltischen Verluste zunächst großenteils an der neuen Mittelmeerfahrt schadlos halten können, die ihnen namentlich in den politischen Verwicklungen der spanischen Glaubenskämpfe gegen Türken und Niederländer zu großen Handelsgewinnen in Südeuropa und der Levante verhalf. Ganz mit Recht hat neuerdings Rudolf Häpke Wert auf die Feststellung gelegt, wie lange neben und über den jungen deutschen Territorialstaaten die alte Reichsverfassung unter den Habsburgern auch wirtschaftlich lebendig blieb und sowohl gesetzgeberisch der Binnenwirtschaft wie diplomatisch dem deutschen Außenhandel, etwa in England, ein nationales Gepräge zu geben versuchte. Aber die beherrschende Richtung der frühkapitalistischen Entwicklung vermochten alle diese Kreuzungen nur vorübergehend, nicht auf die Dauer, zu verändern. Der Handel der Niederlande hatte noch vor ihrem Abfall mehr Vorteil von der Zugehörigkeit zu Spanien als die Hanse von den habsburgischen

Kaisern, und überhaupt führt es irre, die damaligen Verhältnisse unter dem Gesichtswinkel späterer nationaler Volkswirtschaft zu betrachten. Die Hanse, die in ihrer ganzen Geschichte ebensosehr ein internationaler als ein deutscher Bund gewesen war, wandte sich auch jetzt, schon durch den Protestantismus ihrer Führerstädte in diesem Sinne bestimmt, von dem katholischen Kaisertum ebenso ab wie dieses von ihr.

Wirtschaftlich noch erheblicher als die Verödung Mitteleuropas, die sich für Deutschland und Italien lange vor dem Dreißigjährigen Krieg entschied, war die Spaltung Westeuropas in den katholischen Süden und den protestantischen Norden, die bereits im Laufe des 16. Jahrhunderts auch die grenzenlos bewunderte und selbstbewußte Macht des ersten kolonialen Weltreiches aus dem Hauptstrom der Entwicklung ausschaltete. Es liegt jetzt vollkommen klar und wurde eigentlich schon von den Zeitgenossen ganz richtig empfunden, worum es sich dabei wirtschaftlich handelte. An Spanien und Portugal rächte sich der mittelalterliche Geist ihrer Handels- und Kolonialwirtschaft, der die Größe ebenso wie die Schwäche ihrer Politik und Kultur ausmachte. Die erste große Währungsinflation, die das amerikanische Silber in ihnen noch viel stärker als im übrigen Europa herbeiführte, vervielfältigte die Armut und Unselbständigkeit ihrer eigenen gewerblichen Entwicklung. Von vornherein arbeitete die spanische Kolonialpolitik mit fremdem Kapital, dem ihrer oberdeutschen „Contratadoren". Sobald sich aber einmal die Unfruchtbarkeit dieser Kolonialpolitik gezeigt hatte, brauchten Engländer und Holländer kaum noch im Kaperkrieg die spanischen Silberflotten abzufangen. Das Silber floß auch ohnehin, wirtschaftlich selbsttätig, aus dem gewerblich unselbständigen Kolonialreich den rührigeren Nordvölkern zu, die es von außen mit dem Bedarf seiner feudal-repräsentativen, den Modestil der ganzen Zeit angebenden Kultur versorgten.

Ein eigentümliches Zwischengebilde zwischen der zurückbleibenden Pyrenäenhalbinsel und dem Ständestaat Hollands und Englands war die französische Monarchie, deren politische und wirtschaftliche Einheit weit hinter diesen beiden Gruppen zurückblieb und in vielem eher mit den Zuständen Deutschlands und Italiens verglichen werden könnte. Solange im Anfang des 16. Jahrhunderts der große Renaissancekönig Franz I. in scharfem militärischen und wirtschaftlichen Kampfe gegen das Habsburgerreich stand, erlebte Frankreich eine denkwürdige Frühblüte seiner See- und Handelsgeltung. Damals, also lange vor Elisabeth und ihren Seehelden Drake und Raleigh, legten die Expeditionen Cartiers und Robervals das Fundament zu dem französischen Nordamerika, das dann während der Handels- und Kolonialkriege der folgenden Jahrhunderte die französische Macht auch in Europa stützen half und noch heute einen wichtigen Einschlag des Britischen Imperialismus bildet. Es folgte die Verdunkelung Frankreichs durch die Hugenottenkriege, die auch wirtschaftsgeschichtlich durchaus mit der Zerreißung Deutschlands durch den Dreißigjährigen Krieg zusammenzustellen ist. Die Kolonisation, die damals die Hugenotten unter Führung Colignys in Florida einleiteten wie später die englischen Puritaner in Neuengland, wurde von Heinrich III. der Vernichtung durch Spanien preisgegeben. Alsbald aber wurde nach der ersten wirtschaftlichen Erholung des Landes unter Heinrich IV. und Sully Richelieu zum Fortsetzer der Handelspolitik Franz' I. Und wie die englische Handelsflotte noch unter Cromwell nicht einmal die deutsche, geschweige denn die der andern Westmächte an Zahl erreichte, ist auch das Mittel der Heranziehung nationaler Flotten durch sogenannte Navigationsakten, d. h. die Begünstigung der nationalen Flagge vor fremden in Hafen- und Zollabgaben, Küstenfahrt und Zwischenhandel zuerst von Richelieu und nicht von Cromwell angewandt worden. Aber auch die spätere Ablenkung Frankreichs von der See durch die Eroberungskriege Ludwigs XIV. war nicht so sehr, wie gleichzeitig und nachher oft behauptet worden ist, falsche imperialistische Willkür in der Wirtschaftspolitik als vielmehr Ausdruck der Notwendigkeit, die französische Macht beim Kampf um das Erbe des spanischen Weltreichs in der ihrer geographischen Lage und ihrem landschaftlich-ständischen Charakter angemessenen Weise einzusetzen: In Anlehnung an die spanische Kolonialmacht in Mexiko begann die französische Kolonisation des Mississippitals die Verbindung mit Französisch-Kanada zu suchen und Britisch-Nordamerika zu umzingeln, auf den Spuren der Spanier und Holländer eine französische Ostindienkompanie und Ostindienflotte mit denen der Engländer zu ringen.

V. Der Merkantilismus.

1. Das Staatsunternehmertum: Internationaler Charakter und nationale Besonderheiten. Der Hof- und Staatsbedarf. Die Bevölkerungs- und Steuerpolitik. 2. Nationalökonomie und Technologie: Handelsbilanztheorie und Metallismus. Erfinder und Konjunkturen. 3. Der Verfall des Ancien Régime: Die Entartung der Spekulation und der Absentismus. Die Bewucherung des Bauern und des Staates.

1. Das Staatsunternehmertum.

Die sorgfältige Berücksichtigung der politischen Geschehnisse ist an der frühkapitalistischen Wendung der Wirtschaftsgeschichte noch wichtiger als sonst. Schon im allgemeinen gibt es keine dringlichere Aufgabe für wirtschaftsgeschichtliches Forschen und Denken, als die beiden Ketten der wirtschaftlichen Tatsachen, die der Sozialökonom als ein in sich zusammenhängendes Ganzes sieht, und der politisch-kulturellen Tatsachen, die dem Historiker vertraut sind, in möglichst enge und durchgehende Beziehung zueinander zu bringen. Beide Forschungsgebiete verführen nur allzu leicht dazu, das andere jeweils als etwas Fremdes, außerhalb des eigentlich Bedeutungsvollen Gelegenes anzusehen. Der Sozialökonom neigt dazu, Kriege, Staatsformen und Revolutionen entweder als gleichgültige Begleiterscheinungen oder als bloße „Störungsursachen" der geschlossenen Wirtschaftsentwicklung zu betrachten, während der Geschichtsschreiber umgekehrt den wirtschaftlichen Sinn der Ereignisse gerne als etwas in sie Hineingedeutetes oder doch nur den Spezialisten Angehendes empfindet. In dieser Richtung bleibt noch immer die echte Nutzanwendung des sozialistischen Lehrbegriffs zu ziehen, den man die materialistische Geschichtsauffassung nennt. Nicht in inhaltlicher Übereinstimmung mit diesen Lehren, als solle das ökonomische Geschehen irgendwie als vorzugsweise wirkliches oder geschichtliches und das politisch-kulturelle nur als einseitig davon abhängiger „Überbau" gewertet werden. Wohl aber so, daß die erstaunliche Vernachlässigung und Verhüllung des Wirtschaftlichen in dem meisten vorsozialistischen Geschichts- und Staatsdenken und der umgekehrt entsprechende Versuch, besonders der englischen Nationalökonomie, Wirtschaft losgelöst von Politik und Kultur zu begreifen, beide einem ständigen Zusammensehen der zwei Gebiete und ihrer gegenseitigen Abhängigkeit weichen sollten.

Wo die geschilderten Anfänge des Frühkapitalismus festere Gestalt gewinnen, als das unbewußte und zerstreute Erwachen ihrer Triebkräfte in der Wirtschaft des Mittelalters ihnen verleihen konnte, wo also die neue wirtschaftliche Wirklichkeit und Möglichkeit beginnt, gesellschaftlich bewußt, begehrt und durchdacht zu werden, sprechen wir von dem Zeitalter des Merkantilismus oder auch, wenn wir (in Deutschland) mehr die diesen begleitende ökonomische Wissenschaft und Literatur im Auge haben, von dem Zeitalter des Kameralismus. Mit dem ersten Ausdruck wird das Bestreben der neuzeitlichen Staaten, besonders der größeren national geschlossenen Staaten, bezeichnet, mit vorzugsweise staatlichen Mitteln über die bisherige, mehr oder weniger rein agrarische oder handwerkliche Wirtschaftskultur hinaus eine kaufmännisch-industrielle Weiterentwicklung zu erzeugen oder zu fördern. Der zweite Ausdruck besagt den Zusammenhang der Gedanken, die man sich in der fürstlichen Rats-, Gerichts- und Rechenkammer oder bei der wissenschaftlichen Vorbereitung auf den dortigen Dienst über diese Wirtschaftsförderung machte. Es ist neuerdings wiederholt in Zweifel gezogen worden, ob den beiden Fachausdrücken in der geschichtlichen Wirklichkeit irgendein geschlossener Komplex von Erscheinungen entspreche, d. h. ob gerade bei dem Zerfall der einheitlichen mittelalterlichen Welt in die modernen Nationalstaaten von einer gemeinsamen oder durchschnittlichen Wirtschaftspolitik oder anderseits bei den ersten tastenden Versuchen, über das ökonomische Denken der Antike und der Scholastik zu einer Erfahrungswissenschaft von der Wirtschaft vorzudringen, von einem Gedankensystem gesprochen werden könne.

Trotz solcher, zum Teil berechtigter Bedenken bleibt die Auffassung des Merkantilismus als internationaler Erscheinung und des Kameralismus als der ersten Wirtschaftstheorie, die uns namentlich die großen Arbeiten Gustav Schmollers im Anschluß an das Wachstum des brandenburgisch-preußischen Staates gelehrt haben, nach wie vor unentbehrlich. Diese Unentbehrlichkeit liegt in folgendem: Die kapitalistische Wirtschaft, wie sie langsam aus dem Spätmittelalter herausbrach, hatte zur Voraussetzung überall die größte Mannigfaltigkeit der Quellen, aus denen ihre verschiedenen Elemente, die Betriebsmittel und die Arbeit in ihren gesellschaftlichen Formen und ihrer geistigen und materiellen Technik, entsprangen. Es gab zahllose Ursprünge, nicht bloß einen einzigen Ursprung des Kapitals, der Unternehmung, der Arbeits- und der Marktorganisation. Aus dieser frühen Stufe der Mannigfaltigkeit konnte sich nun, wie Werner Sombart überzeugend dargelegt hat, die moderne Verfassung der von ihm so genannten hochkapitalistischen Wirtschaft nur und erst dann entwickeln, wenn aus der ungeordneten Vielfältigkeit dieser Elemente und ihrer Mischung mit den fortdauernden Elementen der vorkapitalistischen Wirtschaft wenigstens auf einem bestimmten wirtschaftsgeographischen Raume, in den heutigen kapitalistischen Führerländern, ein Wirtschaftselement vor allen anderen den Vorrang erhielt und dadurch die Gleichförmigkeit und Massenhaftigkeit der kapitalistischen Wirtschaft und ihren Sieg über alle anderen Wirtschaftsformen sicherte. Dieses eine entscheidende und zentrale Element des Kapitalismus ist der Unternehmer, der sich immer deutlicher nicht bloß, wie der Sozialismus behauptet, von dem Lohnarbeiter, sondern auch von allen anderen Elementen der kapitalistischen Gesellschaft, z. B. dem bloßen Kapitalbesitzer, dem Techniker und allen anderen durch Besitzfunktionen statt der bloßen Unternehmerfunktion gekennzeichneten Schichten, unterscheidet.

Nun haben wir gesehen, wie weit der Frühkapitalismus als ein internationales Gebilde von der Erzeugung eines solchen einheitlichen und zentralen Unternehmertypus entfernt war. Auf der einen Seite gewöhnten sich die alten Mächte der mittelalterlichen Lehens- und Ständegesellschaft nur langsam an die Umwandlung ihrer Führerstellung aus dem Politischen ins Wirtschaftliche. Auf der anderen Seite hatte alles nicht ständisch privilegierte Unternehmertum noch einen jahrhundertelangen Kampf gegen die bevorrechteten Stände als Träger mittelalterlicher Staats- und Wirtschaftsgesinnung zu kämpfen. In dieser Lage sind einen mehr oder minder dauerhaften, aber stets höchst entscheidenden Augenblick lang die Staatsgewalten der frühen Neuzeit, seien es mehr ständische wie in Holland und England oder mehr monarchische wie in Frankreich und Mitteleuropa, zu großen, einheitlichen Unternehmerpersönlichkeiten geworden, die genau entsprechend dem späteren, hochkapitalistischen Privatunternehmer mit ungeheurer Willensanstrengung und Rücksichtslosigkeit, oft aus dem scheinbaren Nichts heraus, eine neue wirtschaftliche Organisation, nämlich den volkswirtschaftlichen Rahmen für jene spätere Privatunternehmung, erzwungen haben. In dieser Erkenntnis liegt nicht, wie man eingewandt hat, eine mystische Verpersönlichung der geschichtlichen Staaten oder des Staatsbegriffes, denn diese Unternehmerleistung des merkantilistischen Staates hatte sozialökonomisch einen sehr realen Sinn: Auf der ganzen Linie und gerade da am „absolutesten", wo, wie in Frankreich und Mitteleuropa, Wirtschaft und Gesellschaft besonders tief im Mittelalter steckten, hatte der merkantilistische Staat die Sendung, die Einheit der neuen Volkswirtschaft auf den Abbau der mittelalterlichen Lebensformen und damit mindestens teilweise auch auf eine soziale Politik gegen die alten und privilegierten und für die neuen und bisher unterdrückten Bevölkerungsschichten zu begründen.

Die „Allmacht" und „Allwissenheit", die die moderne Zeit, bald spöttisch, bald bewundernd, dem kapitalistischen Unternehmer zugesprochen hat, sie werden in der merkantilistischen Wirtschaftsform von den Anfängen des 16. Jahrhunderts bis zum späten Polizeistaat des 18. Jahrhunderts von der Staatsgewalt in Anspruch genommen — mit gleichem Recht und mit gleichem Unrecht. Die rein leitende und zusammenordnende Tätigkeit, die den modernen Privatunternehmer in der Wirtschaft wie den modernen Führer überhaupt, z. B. als Parteileiter oder parlamentarischen Minister, kennzeichnet, kann bekanntlich jeden Augenblick als Dilettantismus verdächtigt werden bzw. wirklich zum Dilettantismus werden. Und genau so hat die merkantilistische Staatsgewalt je länger je mehr den Widerspruch einer langsam immer reifer werdenden Öffentlichkeit, immer demokratischeren Gesellschaft erregt. Aber wie der Privatunternehmer im Hochkapitalismus seine gar nicht zu entbehrende Stellung und Sendung hat, so die Staatsgewalt in jener mittleren Zeit, die eigentlich nicht mehr Frühkapitalismus ist und im Unterschied von diesem und dem Hochkapitalismus vielleicht Mittelkapitalismus genannt werden könnte. Jene Allmacht und Allwissenheit des Staatsunternehmers oder Unternehmerstaates verkörpern sich natürlich am augenfälligsten in den großen merkantilistischen Monarchien, wo ein Ludwig XIV. oder ein Friedrich (und im russischen Merkantilismus noch spät im 19. Jahrhundert ganz allgemein der Zar) nicht bloß von Hof und Beamtenschaft, sondern von der ganzen Volksgemeinschaft aufrichtig als Zentralsonne des ganzen volkswirtschaftlichen Systems, als persönlicher Urheber und Verantworter des gesamten Gesellschaftsschicksals angesehen werden.

Aber auch die parlamentarischen Ständestaaten des Westens unterscheiden sich nicht grundsätzlich von diesem Bilde der Staatsunternehmung. In ihnen erscheint die persönliche oder personifizierte Staatsunternehmung nur entweder zeitlich verschoben, wie in der Wirtschaftspolitik der Tudors und der Stuarts, die sogar zwischen den beiden parlamentarischen Revolutionen von 1649 und 1688 noch einmal auflebte und z. B. mit ihrem mäzenatischen Interesse den technischen Naturwissenschaften in der „Royal Society" eine Stätte bereitete, oder in großen ständisch-demokratischen Führern und Diktatoren, wie Wilhelm von Oranien, Johann de Witt und Cromwell, abgewandelt. Und auch sachlich ist es eine Täuschung, den freieren und breiteren Zug des englisch-holländischen Wirtschaftslebens unter dem Merkantilismus für eine vom Staate unabhängige Erscheinung zu halten. In den monarchischen Agrarländern mußte die staatliche Wirtschaftspolitik sich naturgemäß auf etwas andere Gebiete werfen als in den Schiffahrt und Handel treibenden Ständestaaten. Aber es ergibt sich ein verhängnisvoll schiefes Bild, wenn wir die entrüsteten Anklagen z. B. des englischen Parlamentes gegen die „Monopole" der stuartischen Günstlinge allzu wörtlich nehmen und darüber vergessen, daß ja auch die das Parlament beherrschenden Stände wirtschaftlich ganz und gar von Monopolen, nur von solchen größten Formates wie den großen Handelsgesellschaften oder den Prämien und Einfuhrerschwerungen zugunsten des Getreidebaus und der Wollindustrie, lebten.

Die national geschlossene Territorial- oder Volkswirtschaft, auf deren Errichtung die merkantilistischen Bestrebungen hinausliefen, stand nach fast allen Seiten hin im schroffsten Gegensatze zu dem Mittelalter, das auch wirtschaftlich die lokalen Verbände und Genossenschaften unmittelbar einem weitesten Umkreise, einer frühen Weltwirtschaft eingegliedert hatte. Die neuen Territorial- und Volkswirtschaften zeichneten sich daher samt und sonders durch ebenso straffe Zusammenfassung nach innen wie durch grundsätzlich mißtrauischen und feindseligen Abschluß nach außen aus. Im Innern suchte überall die Staatsgewalt durch ihr eigenes Eingreifen und Beispiel die Privatwirtschaft in neue Bahnen zu reißen, wie unter dem Wettbewerb des modernen Marktes der fortschrittliche Unternehmer seine rückständigeren Genossen. Und es sind nur sachliche und zeitliche Abtönungen, wenn dabei bald mehr die Rolle des um seine Kinder besorgten Landesvaters, bald der rücksichtsloseste Zwang im Dienste staatlicher Machtpolitik hervorgekehrt wird. Man hat wohl innerhalb des allgemeinen Merkantilismus einen holländisch-englischen „Merkantilismus" engeren Sinnes, einen französischen „Industrialismus" und einen deutschen „Populationismus" unterscheiden wollen. Wichtiger sind allemal die Formen, in denen der Staat als Unternehmer auftritt. In Holland die Fundierung der Bank von Amsterdam (1609) auf ein großes Darlehen der Generalstaaten, der am Ende des Jahrhunderts umgekehrt die Fundierung der Bank von England (1696) auf eine große Anleihe der privaten Aktionäre an den Staat entspricht. Im Frankreich Colberts bereits die typische Haltung aller späteren Unternehmerschichten gegenüber der Staatsgewalt, von der „Laissez faire" verlangt wird, wenn sie die privatwirtschaftlichen Kreise stört, ebenso energisch jedoch jede erdenkliche Schutz- und Förderungsmaßnahme, wenn man mit der freien Wirtschaft kein Auslangen findet. In den Agrarländern Preußen, Österreich und Rußland die hervorragende Rolle der großen, mehr oder weniger monopolistischen Staatsfabrik und Staatshandelsorganisation, sei es in rein bureaukratischer Verwaltung, in der aus Bureaukratie und Privatunternehmung, d. h. Gewinnbeteiligung der Beamten, gemischten „Régie", oder im privilegierten Privatbetriebe. Aber daneben das denkwürdige Auftreten des preußischen Staates als kaufmännischen Unternehmers auch in seiner Getreidehandelspolitik, die über die bloße Magazinhaltung für den Heeresbedarf hinaus den von der kameralistischen Theorie wiederholt formulierten Gedanken der staatlichen Lagerhaltung zwecks Marktbeeinflussung, also das Prinzip aller späteren staatlichen Stützungsfonds auf Waren- und Geldmärkten, verwirklichte.

Sehen wir zu, auf welchen wirtschaftlichen Sachgebieten der merkantilistische Staat als Unternehmer tätig wurde, so ist vielleicht das Wesentlichste die ungeheure Vermehrung seines Eigenbedarfs, die es ihm ermöglichte, auf breiten Wegen den Markt, auch den staatlich und monopolistisch beeinflußten, überhaupt zu umgehen. Was politische Geschichte und allgemeine Staatslehre als entscheidendes Merkmal des neuzeitlichen, und zwar besonders monarchischen Staates hervorheben, die Ablösung der feudalen und ständischen Formen durch die bureaukratischen, d. h. durch einen neuen Fortschritt der Verwaltungstechnik in der Richtung arbeitsteiliger Berufsvorbildung und unmittelbarer Abhängigkeit von der Zentralgewalt, ist ja auch wirtschaftlich ein Vorgang von ungeheuerster Tragweite. Die Entstehung der modernen Behördenorganisation und des modernen Beamtentums ist nur ein kleiner Teil dieses Vorgangs. Zu ihm gehört des weiteren vor allem die Ersetzung der alten Lehens- und Volksheere durch spezialistische Militärverfassungen im Sinne entweder des reinen Landsknecht- und Söldnertums oder seiner Kombination mit einer zentralisierenden und spezialistischen Erneuerung des Volksheeres. Sodann aber auch etwa die innere Umbildung des alten Feudal- und Ständeadels zu einem Hof-, Amts- und Militäradel der merkantilistischen Monarchien. Gewiß sind an der Ausbildung größerer landesfürstlicher Verwaltungsmittelpunkte vom Hochmittelalter an außer den geistlichen in erster Reihe stadtbürgerliche Elemente entscheidend beteiligt gewesen. Der bürgerliche „Doktor" (nämlich des römischen und kanonischen Rechts), der in den Gerichten und Verwaltungen der frühen Neuzeit die „adligen Bänke" ergänzte und verdrängte, war nicht nur der Vorfahr des modernen Berufsbeamten, sondern auch der Nachkomme des städtischen Patriziers, der im Mittelalter überall nebenamtlich die Landesfürsten beraten hatte. Aber dieser Verdrängung des Adels zur Seite geht eine Bewegung, die ihn selbst von innen heraus für den Dienst des neuen Staates umformt. Wenn merkantilistische Räte und kameralistische Schriftsteller vielfach (und zwar nicht nur neue, sondern alte) Adelsnamen trugen, so zeigt das den Anteil ihres Standes an der neuen Zeit. Dieser Anteil wurde vielfach dadurch ermöglicht, daß auch dieser neue Beamtenadel, wie gleichzeitig viele neue Privatunternehmerschichten, nicht in seiner Heimat, sondern in der Fremde Dienste nahm und also die typisch freiere soziale Stellung des Fremden genoß. Aber es ist doch nicht genug zu betonen, wie auch innerhalb der Länder der alte Adel, in seiner ständischen Geschlossenheit zunächst der geborene Widersacher der neuen monarchischen (oder in England und Holland umgekehrt der neuen parlamentarischen) Wirtschaftspolitik, von dieser langsam, aber unweigerlich umgebildet wurde, schon weil er vielfach an einer technisch geordneten, die persönliche Willkür des Herrschers wenigstens sachlich beschränkenden Verwaltung steuerpolitisch und sonst nicht minder interessiert war als die Landesherrschaft selbst. Das konnte unter den verschiedensten Formen geschehen. Wie wenn in Frankreich aller Adel, der nicht zu Hofe gehen wollte oder konnte, sozial von selbst auf das Niveau des Krautjunkers (hobereau) herabsank oder wie wenn am andern Ende der russische Adel seit den Romanovs in „Rangtabellen" unter scharfer Aufsicht des Staates gehalten und zum Zwangsdienst seiner Kinder in Heer und Verwaltung angehalten wurde.

Man sieht, wie hier die ganze Gesellschaft und Volkswirtschaft sozusagen einen Prozeß der Verbeamtung durchmachte und deshalb auf der einen Seite der zentralen Stellung des Staates als Wirtschaftsführer immer weniger Widerstand leistete, auf der andern Seite in ihrer ganzen Verbrauchsgestaltung einer ersten großen Typisierung und Standardisierung anheimfiel, wie sie dann für alle späteren Fortschritte des Kapitalismus maßgebend bleiben sollte. In diesem Punkte hängen nach Werner Sombarts zutreffender Beobachtung scheinbar so entgegengesetzte Dinge wie die Bedeutung der Luxusgewerbe und die der militärischen Rüstungsgewerbe für die merkantilistische Wirtschaft miteinander zusammen. Die „Uniform", die das moderne Berufsheer auch äußerlich von der Buntheit der früheren dezentralisierten Heeresverfassungen unterschied und überall einen Hauptgegenstand der merkantilistischen Textilfabrikation bildete, war nur einer unter vielen ähnlichen Bestandteilen des neuen staatlich-gesellschaftlichen Bedarfes, denn noch der Luxusverbrauch des Barock und Rokoko in Wohnung, Kleidung und Nahrung, so mannigfaltig und künstlerisch er uns von seinen modernen Entsprechungen aus erscheinen will, war doch im Vergleich etwa mit handwerklich-mittelalterlichen Lebensformen durch das Vorbild der Fürstenhöfe, d. h. eben der Staatsgewalt, in unerhörtem Maße vereinheitlicht und daher für Groß- oder sogar Massenerzeugung in staatlichen oder staatlich unterstützten Manufakturen und Fabriken sehr empfänglich. Im Luxus dieser Zeit verbürgerlichte sich das Mittelalter, wie in ihrem Kriegsbedarf dieser bürgerliche Charakter gleichsam vermittelalterlicht, feudalisiert auftritt.

Für Frankreich, das gerade unter dem Merkantilismus als führendes Modeland für ganz Europa Spanien und Italien nachfolgte, haben die Industrien des Kleidungs- und Wohnungsluxus die größte Bedeutung gehabt und bis auf den heutigen Tag behalten. Es ist merkantilistischer Stil im Sinne der Bestimmung einer ganzen Volkswirtschaft durch die Einheitlichkeit eines nicht im rein technischen oder organisatorischen Vorwärts- und Gewinnstreben begründeten nationalen Geistes und Geschmacks, wenn Frankreich von den Zeiten Colberts bis auf die Gegenwart eine besonders sorgfältige Form des äußeren Lebens nicht nur in seiner eigenen Wirtschaft festhält, sondern auch auf dem Wege der internationalen Mode dem europäisch-amerikanischen Verbrauch aufzwingt. Hier gewahrt man auch deutlich den engen Zusammenhang der merkantilistischen Produktions- und Handelspolitik mit der neuen Bedarfsgestaltung. Luxus und Mode mußten schon da sein und sich auf eine beträchtliche Einfuhr italienischer, namentlich venezianischer Luxuswaren, Seiden, Spitzen und Gläser stützen, bevor der Gedanke reifen konnte, diesen Bedarf lieber durch die Erziehung einheimischer Industrien unter dem Schutze von Verboten und Zöllen gegen die Auslandsware zu befriedigen. Aber wenn hier wohl zum ersten Male ein Land versuchte, dem andern zu Wettbewerbszwecken seine Gewerbegeheimnisse abzulisten und seine Qualitätsarbeiter auszuspannen (wie es dann bis in den Hochkapitalismus hinein das regelhafte Verhältnis jüngerer zu älteren Industrieländern geblieben ist), so erwuchs doch aus der Nachahmung des Fremden schon hier gerade durch die merkantilistische Protektion etwas durchaus Nationales und als solches sogar den Weltmarkt Beeinflussendes. Ja unter der Anregung dieses Industriemerkantilismus begann das Colbertistische Frankreich sogar, umgekehrt wie in England der Seehandel die Industrie befruchtete, neue, kräftige Seehandelsverbindungen namentlich im Mittelmeer und mit der Levante anzuknüpfen, die wie eine Fortsetzung der „fränkischen" Kreuzzugskultur besonders orientalische Waren und Rohstoffe zur Ergänzung der einheimischen Luxuserzeugung heranführten und neben dem Textilmittelpunkt Lyon dem großen Handelshafen Marseille eine neue Blüte, seit 1669 auch als Freihafen, d. h. zollfreier Umschlags- und Lagerplatz des internationalen Zwischenhandels, verschafften.

Über den kriegs- und luxuswirtschaftlichen Seiten des Merkantilismus jedoch, die ihn allzusehr als eine Fortführung und Steigerung der Feudalzeit erscheinen lassen könnten, dürfen die ganz entgegengesetzten Züge nicht vergessen werden, die er allenthalben den unteren, vom Feudalismus gedrückten Klassen zeigte. Von den Tudors im 16. bis zu den Hohenzollern im 18. Jahrundert waren die merkantilistischen Herrscher und Regierungen stets in ausgesprochenster Weise die Verbündeten dieser unteren Klassen, der Kleinbürger, der Bauern und sogar des neuen Arbeiterstandes gegen die Oberstände, und neben der mittelalterlichen Genossenschaft ist der Merkantilismus eine der vornehmsten Wurzeln der modernen Sozialpolitik. Gewiß war er das zunächst aus der rein egoistischen Machtpolitik heraus, die das Landesfürstentum von der Renaissance bis zur Aufklärung in den schärfsten Gegensatz zu der herkömmlichen Mitregierung und vertraglich-privaten Staatsauffassung seiner Stände stellte. Und überall da, wo, wie schon in Frankreich und vollends in Ost- und Mitteleuropa, der merkantilistische Großstaat den Absolutismus seiner Zentralgewalt auf die Preisgabe wenigstens der ländlichen Lokalgewalt an den gutsherrlichen Adel begründete, ist deutlich genug zu sehen, wie wenig dem Absolutismus an den Unterklassen um ihrer selbst willen lag. Aber selbst bei dieser Einschränkung ist nicht zu übersehen, daß der Merkantilismus die Unterklassen noch in anderem, positiveren Sinne brauchte als wegen ihrer Bundesgenossenschaft gegen die Stände. Er brauchte sie vor allem als Träger der nationalen Wehr- und Steuerkraft.

Wiederum seit den großen englischen Herrschern des 16. Jahrhunderts blieb, man kann sagen, bis zu den Volksheeren der modernen kapitalistischen Staaten ein kräftiger Bauernstand die sicherste Grundlage des neuen Heerwesens. Sie wurde entbehrlich nur da, wo, wie in England, der Sieg der Stände und die Verlegung des militärischen Schwerpunkts in den Seekrieg Landheere Cromwellischer Prägung überflüssig machte oder wo, wie im seigneurialen Frankreich, statt eines verelendenden Bauernstandes bis zur Französischen Revolution deutsche und namentlich schweizerische Werbung in großen, staatsvertraglich geregelten Systemen aushalf. Aber schon die Heere der preußischen Eroberungskriege wären trotz ihres beträchtlichen Einschlages von ausländischen Söldnern nicht gewesen, was sie waren, wenn nicht Friedrich Wilhelms I. Kantonreglement trotz all seiner Unvollkommenheit ihren Stamm aus der heimischen Bauernbevölkerung gezogen hätte.

Die finanzpolitische Bedeutung der ländlichen Unterklasse stand ihrer militärpolitischen kaum nach. Alle merkantilistischen Regierungen haben wie die preußische mit Gesetzgebung und Verwaltung für die „Prästationsfähigkeit" der Bauerngüter gekämpft. Und selbst in Frankreich, wo die Höhe der Taille sich an sozialem Druck mit den grundherrlichen Lasten messen konnte, lagen die eigentlichen Härten dieses Grundsteuersystems nicht sowohl in seiner Fiskalität als in seiner willkürlichen Veranlagung und Erhebung durch ständische Behörden, die bei der Regierung von dem Marschall Vauban bis zu den Physiokraten immer wieder den Gedanken einer staatlichen Neuordnung und Vereinheitlichung unter dem Prinzip der Alleinsteuer erweckte. Überhaupt lag natürlich hier eine große Schwierigkeit des merkantilistischen Machtstaates und fast etwas wie ein Widerspruch zwischen den beiden sonst in ihm so eng verbundenen Zielsetzungen militärischer und fiskalischer Kraftanspannung. Von der ersten Entstehung kräftigerer Landesherrschaften am Ende des Mittelalters an hatte die Staatsgewalt immer erneut die mittelalterliche Freiheit der adligen und geistlichen Oberstände von den volks- und landrechtlichen Beden und anderen Auflagen scheinbar mit Erfolg durchbrochen und auch diese Oberstände mehr oder weniger auf dem parlamentarisch-ständischen Verhandlungsweg neuen, einheitlichen Landessteuern unterworfen, deren vorzugsweise Veranlagung als Grundsteuern der Merkantilismus überall durch Katasterrevisionen zu verbessern bemüht war. Regelmäßig und notwendig aber waren diese Steuern vermöge des normalen grundherrschaftlichen Gesellschaftsbaues auf die bäuerliche Unterschicht überwälzt worden und bedrohten so mit deren wirtschaftlicher Gesundheit auch die Wehrkraft der Länder. Bezeichnenderweise hat gerade der holländische Merkantilismus mit seinem Mißverhältnis zwischen schmalster landwirtschaftlicher Grundlage und weitester Welthandelsunternehmung zuerst aus diesem Widerspruch herausgeführt, indem er einen anderen steuerlichen Überwälzungsmechanismus, den der von Händlern oder Erzeugern zu verauslagenden, vom Massenkonsum zu tragenden Verbrauchssteuer, der Akzise, in den Mittelpunkt seiner Finanzen stellte und rasch über den Staat des Großen Kurfürsten auch dem Osten vermittelte. Gewiß rechnete diese Verbrauchsbesteuerung zunächst mit der steigenden städtischen und gewerblichen Entwicklung der jüngeren merkantilistischen Staaten, aber eben deshalb ermöglichte sie, ganz anders wie es sich später die Kritik der Französischen Revolution vorgestellt hat, doch zunächst eine weitgehende steuerliche Entlastung (und natürlich desto schärfere militärische Heranziehung) des Bauernstandes.

Diese mannigfaltigen ständepolitischen, kriegs- und finanzwirtschaftlichen Ursachen merkantilistischer Sozialpolitik erscheinen vielleicht am klarsten zusammengefaßt in der merkantilistischen Bevölkerungspolitik. Sie war in ihrer Gesamtheit, weit entfernt von dem naiven Streben nach „Peuplierung" der Länder schlechthin, ein sehr bewegliches System anpassungsfähigster Gedanken und Maßnahmen. In den mehr agrarischen und militärischen Staaten und Territorien in der Tat eine großartige Vorwegnahme der gesamten modernen Siedlungs- und Landeskulturpolitik, mögen im Einzelerfolg berühmte Maßregeln, wie die Moorkolonisationen Friedrich Wilhelms I. und Friedrichs des Großen, noch so sehr den Charakter Potemkinscher Dörfer getragen haben. In der Industrie- und Handelssphäre Westeuropas indessen herrschte ein weitaus verwickelteres, dafür freilich oft bis zur Ruchlosigkeit realistisches Gefüge von Einsichten, die zum Teil das sogenannte Bevölkerungsgesetz des Malthus vom stetig sich verengernden Nahrungsspielraume vorwegnehmen: beispielsweise die ausgesprochene Überzeugung vom Nutzen eines steigenden Preisspiegels und sinkenden Geldwertes für die Arbeitswilligkeit der unteren Klassen, vor allem aber, namentlich unter der Klassenherrschaft des englischen Parlaments, zuerst unter Cromwell, die systematische Verwendung der Kolonialpolitik für die Auswanderung überschüssiger oder politisch und sozial lästiger Bevölkerungselemente. Die Maßnahmen, die gleichzeitig besonders puritanisch-sektiererische Kreise wie die Quäker zur Arbeitserziehung namentlich der Jugend und des Vagabundentums in zentralisierten Arbeitshäusern betreiben, kehren bei den östlichen Militärmonarchien vor allem in der Gestalt von Waisen- und Kadettenhäusern wieder.

Und weiter und ganz allgemein läßt sich sagen: Auch das Streben des Merkantilismus nach staatlicher Beherrschung und zahlenmäßiger Übersicht über die Volkswirtschaft, das die schon im ersten Anlauf glänzende statistische Theoretik etwa von Sir William Petty in England oder etwas später von Süßmilch in Deutschland angeregt hat, war alles andere als der kindliche Utopismus, für den es manchmal ausgegeben wird. Es war ein in der Absicht höchst ehrgeiziger und auch im Erfolge nicht zu verachtender erster Staatssozialismus und diente wie der spätere Staatssozialismus in erster Reihe der Aufgabe, wirtschaftliche Anarchie zu beseitigen und drohenden Revolutionen von unten durch die staatliche Revolution des mittelalterlich-ständischen Staates von oben vorzubeugen. Seit den sozialen Unruhen der Reformationszeit, in denen der Bauer der älteren Grundherrschaft sich mit dem Arbeiter namentlich des sächsisch-böhmischen Bergwerksgebiets zusammengefunden hatte, haben die territorialen und nationalen Landesherrschaften zwar unaufhörlich der Revolution auch die starke Hand gezeigt, aber sie haben noch bis an den Vorabend der Französischen Revolution, als namentlich die ost- und mitteleuropäischen Monarchien vereint sich krampfhaft um die Einleitung der späteren Bauernbefreiung bemühten, die Revolution auch durch Sozialpolitik zu beschwören gesucht.

2. Nationalökonomie und Technologie.

Ganz aus der lebendigen wirtschaftlichen Wirklichkeit der mittelkapitalistischen Zeit sind denn auch die Anfänge modernen wirtschaftstheoretischen Denkens hervorgegangen, die in Deutschland durch die Kameralisten, in den übrigen Ländern durch ein entsprechendes merkantilistisches Schrifttum vertreten werden. Auch bei ihnen ist das Allgemeinste die Einheitsauffassung der vom Staate gelenkten Wirtschaft, die freilich zunächst den Sinn hat, die neu entstehende Volkswirtschaft als ein Zubehör, eine Art Erweiterung des fürstlichen Haushaltes zu verstehen, die antiken Wissenschaften vom Oikos und von der Polis miteinander zu verbinden; die dann doch aber unverkennbar schon den späteren Gedanken von einer jeder Privatwirtschaft übergeordneten Gemeinwirtschaft und von der volkswirtschaftlichen Produktivität gegenüber der privatwirtschaftlichen Rentabilität ausausspricht oder wenigstens vorbereitet. Das macht die Einheit der merkantilistischen Wirtschaftslehre aus, wie sie sich zwischen der „politischen Ökonomie" des Franzosen Montchrétien im Anfang des 17. und der „nationalen Ökonomie" des Italieners Ortes am Ende des 18. Jahrhunderts entwickelt. Sie umspannt wie die merkantilistische Wirtschaftspraxis, mit der sie in Wechselwirkung steht, nach Volkstum und Entwicklungsstufe verschiedenste Interessengebiete. In Rußland steht die ganze wissenschaftliche Nationalliteratur von dem biederen Handwerker Pososkov unter

Peter dem Großen bis zu dem Universalgenie Lomonosov unter Katharina II. im Zeichen des Merkantilismus. Der Kameralismus des sächsisch-brandenburgischen Norddeutschland orientiert sich von Melchior v. Osse über Veit Ludwig v. Seckendorf bis zu Gottlob v. Justi, dem „Vater der Verwaltungslehre", vor allem an der dort herrschenden fürstlichen Domänenwirtschaft und daneben dem dieser aufgepfropften Berg- und Manufakturwesen. Die österreichischen Kameralisten von dem „Prachtkerl" Johann Joachim Becher (Sombart) und Wilhelm v. Schröder bis zu Joseph v. Sonnenfels unter Maria Theresia bilden die Brücke nach dem dynastisch verwandten oder zugehörigen Spanien und Italien und begründen das aus Handelsgeist und Formalismus eigentümlich gemischte Wesen der habsburgischen „fiskalisch-ärarischen" Bureaukratie. Der französische Merkantilismus als Wissenschaft steht in bemerkenswerter Abhängigkeit von dem äußeren Schicksal seiner Staatswirtschaft: unter Ludwig XIV. die reinen Praktiker Boisguillebert, Forbonnais und Vauban, in der Epigonenzeit Ludwigs XV., von England angeregt wie die geld-, bank- und handelspolitischen Experimente John Laws, ein theoretischer Höhepunkt wie Cantillon. In England endlich bereits unter dem Merkantilismus die Wendung des ökonomischen Denkens vom staatlichen Protektionismus, der die neuen nationalen Handels- und Industriezweige erzieht, zu jener „natürlichen" Auffassung von Markt und Geld, die, besonders auch von Holland (durch Bernard Mandeville) unterstützt, die Überwindung des Merkantilismus Ende des 18. Jahrhunderts vorbereitet. Ein lebendiger Beweis dafür, daß auch hier letzten Endes weder die reine Gelehrsamkeit noch die reine kaufmännische oder administrative Praxis entschied, die Gestalt John Lockes, der nicht bloß einer der großen Begründer der neuzeitlichen empirisch-kritischen Philosophie und Politik und anderseits praktischer Diplomat und Verfassungsbaumeister in Kolonialamerika, sondern auch, gleichsam im Mittelpunkte zwischen diesen beiden Berufen, einer der scharfsinnigsten ökonomischen Theoretiker der Zeit war.

Nichts beleuchtet das mittelkapitalistische Zeitalter besser als von dieser merkantilistischen Nationalökonomie noch einmal auf das dahinterstehende Wirtschaftsbild zurückzublicken. Theorien wie die der aktiven und passiven Handelsbilanz und des zu ihrem Ausgleich begehrten Edelmetallreichtums sind zwar für das folgende freiwirtschaftliche Zeitalter und bis auf die Gegenwart beliebteste Zielscheiben der Kritik, ja des Spottes gewesen. Aber schon daß auch das 20. Jahrhundert praktisch noch immer nach ihnen verfährt, sollte ihren Wesenszusammenhang mit der nationalen Wirtschaftsform der Neuzeit außer Zweifel stellen. In der Zeit ihrer Begründung waren sie, wie einfache Überlegungen ergeben, dem Beobachter durch die Stufe der Volks- und Weltwirtschaft geradezu aufgedrängt. Die internationalen Handelsbeziehungen, die nicht mehr wie im Mittelalter von internationalen Organisationen und noch nicht wie in späterer Neuzeit von einem entfalteten internationalen Staats- und Privatrecht getragen waren (Grotius' Völkerrecht war Zweckwissenschaft zur Stützung der holländischen merkantilistischen Machtpolitik!), waren noch unendlich viel mehr, wie es selbst heute der Fall geblieben ist, Austauschbeziehungen von Waren und nicht von jenen Diensten und Rechtsansprüchen, die die bloße Handelsbilanz eines Landes zur Zahlungsbilanz erweitern. Gerade auf der Höhe des Merkantilismus erwies ja das Einschrumpfen der holländischen Machtstellung und ihre Abhängigkeit von England die Gefährdung bloßer

Schiffahrts- und Zwischenhandelsgewinne ohne Anlehnung an große nationale Eigenproduktionen. Die Sammlung der theoretischen Aufmerksamkeit auf die Warenbilanz bedeutete sogar für die damalige Zeit einen erheblichen Fortschritt des wirtschaftlichen Denkens, denn sie löste dieses Denken von der bloßen Betrachtung der Vordergrundserscheinungen auf dem Wechselmarkte und vertiefte es zu der Frage nach den Vorgängen des Wirtschaftskreislaufs, die den internationalen Stand von Forderungen und Gegenforderungen erst entstehen lassen.

Auch der vielgeschmähte „Metallismus" der merkantilistischen Theoretik ist breiter, als gewöhnlich angenommen wird, in den Bedingungen der zeitgenössischen Wirtschaftswelt begründet. Nicht als einzige oder auch nur vornehmste Darstellung wirtschaftlichen „Reichtums" an sich wurde das Silber und Gold zum letzten Ziel des Wettbewerbs unter den merkantilistischen Völkern. Dazu besaßen die führenden Länder, wie die Schriften des großen französischen Politikers Jean Bodin und des gleichzeitigen englischen Sozialpolitikers John Hales beweisen, eine zu klare Einsicht in die Tatsache, daß die „Preisrevolution" des 16. Jahrhunderts nicht mehr wie im Mittelalter durch Verschlechterung des Geldes verschuldet sei, sondern hier gerade auch der Einfluß des guten spanischen Silbergeldes eine Inflation herbeigeführt habe. Aber als eine Hauptbedingung aller Reichtumserzeugung wurde das Edelmetall der merkantilistischen Wirtschaft in der Tat von zwei Ursachengruppen besonders nahegelegt. Einmal war bei dem tatsächlichen Zustand der damaligen Weltwirtschaft und sogar großer Teile der Volkswirtschaften mit seiner mangelnden Rechtssicherheit und seinen fortwährenden politischen Störungen durch Kriege und Handelssperren in einem Maße, das uns erst wieder die Zeit des Weltkrieges als möglich gezeigt hat, das Edelmetall die Grundlage zunächst aller kriegerischen und sodann auch aller wirtschaftlichen Machtpolitik der Staaten, das Unternehmerkapital gleichsam, das ihnen in der oben geschilderten Stellung als Generalunternehmer der Volkswirtschaft erst die nötige Unabhängigkeit von ihren außen- und innenpolitischen Gegnern und Wettbewerbern gab. Zweitens jedoch spitzte sich diese Bedeutung des Edelmetalles als Machtgrundlage der merkantilistischen Staaten noch durch seine Notwendigkeit auch für ihre Währungspolitik zu. Wollten sie den vom späten Mittelalter begonnenen Weg zu immer größeren und geschlosseneren Währungsgebieten und immer beständigeren Währungseinheiten fortsetzen und vollenden, so war ihnen bei der Geringfügigkeit des damaligen internationalen und sogar volkswirtschaftlich-zentralen Bankwesens das Metall als Münzvorrat und Deckung von Kreditverpflichtungen natürlich noch um ein Vielfaches unentbehrlicher als den kapitalistischen Staaten des 20. Jahrhunderts ihre Goldreserven. Die erste Goldwährung, die England im 17. und 18. Jahrhundert namentlich auf der Grundlage der neuen westafrikanischen Ausbeute errichtete (Guinee hieß ja die neue große Goldmünzeinheit) und für die es sich immer mehr auf das freie Goldangebot in der Londoner Weltmarktzentrale verlassen konnte, ging doch letzten Endes auf die merkantilistischen Anstrengungen der Elisabethanischen Wirtschaftspolitiker zurück, die Silber und Gold nicht minder eifersüchtig gehütet und angelockt hatten wie irgendein schatzbildender Fürst des mittel- und osteuropäischen Merkantilismus im 18. Jahrhundert. Vor dem Fehler späterer staatlicher Machtpolitik, die Bedeutung der Staatsgewalt und der Staatsgewähr für das Geldwesen zu überschätzen und den internationalen Warencharakter des Geldes zu unterschätzen, ist der Merkantilismus durch diese weltwirtschaftlichen Bedingungen seiner Zeit bewahrt worden.

Auch sonst wird es gut sein, unsere Vorstellungen vom Merkantilismus als vom Staate diktierter Wirtschaft und Wirtschaftstheorie nicht zu überspannen. Wie der Staat als Generalunternehmer vielseitig sein mußte, so mußte es auch die Wissenschaft sein, die ihn dabei zu unterstützen hatte. Die wenig fachmännische Naivität und der universale Dilettantismus, die viele merkantilistische Schriftsteller zeigen oder sogar verbinden, darf nicht blind machen gegen den wahrhaft universalen Charakter dieser frühen Staatswirtschaftslehre. Gewiß blieben Justi und Sonnenfels Sammler von Tatsachen zu einer Zeit, als bereits Adam Smith diese Tatsachen zu gliedern und in ihren Zusammenhängen zu verstehen begann. Aber dafür haben sie die Verbindung der eigentlich volkswirtschaftlichen Betrachtungen mit der Lehre vom Privatbetrieb, dem Wirtschaftsrecht und besonders auch der Technologie in einer Weise gepflegt und aufrechterhalten, daß ihr Erbteil, das deutsche ökonomische Denken, im 19. Jahrhundert in entscheidendem Augenblick über die bloße wirtschaftliche Naturlehre der Engländer hinweg zu einer historisch und politisch beweglicheren und kritischen Methode zu führen vermochte.

Das technologische Bedürfnis und Bestreben, wie es sich in den Enzyklopädien und in der tatsächlichen Wirtschaftsentwicklung des Merkantilismus offenbart, ist der alchemisch-astrologischen Stimmung des Spätmittelalters (etwa bei dem englischen Dominikaner Roger Bacon) und sogar noch der Naturphilosophie der Renaissance (etwa bei Paracelsus und Giordano Bruno) entgegengesetzt in dem Sinne jener Verbürgerlichung, die wir schon allgemein als Kennzeichen von Staat und Gesellschaft der Neuzeit aufgefaßt haben. An die Stelle buchstäblichen kirchlichen Wunderglaubens und persönlicher Magie, die ja nur die Kehrseite dieses Glaubens war, trat jetzt überall die Weltanschauung der sogenannten Physikotheologie, in der Gott hinter einer immer mehr als streng gesetzmäßig und geordnet sich offenbarenden Natur nur noch als der Schöpfer und Erhalter stand, ganz wie der gleichzeitige Mensch hinter der von ihm geschaffenen und erhaltenen Maschine. Es ist sehr richtig bemerkt worden, daß damit der wichtigste grundsätzliche Schritt zur Ausbildung der modernen mechanistischen Naturwissenschaft und Technik bereits getan war. Und wenn sich die staatliche Praxis und die wissenschaftliche Theorie des Merkantilismus zu der wirtschaftlichen Frage der Verwendung von Maschinen und anderen technischen Erfindungen durchschnittlich mit größter Vorsicht verhielten, so ist das nicht so sehr ein Zeichen der Rückständigkeit als der Überlegenheit in gemeinwirtschaftlichem Denken, die den Staatsunternehmer der Frühzeit notwendig vor seinen privatwirtschaftlichen Nachfolgern auszeichnete.

Überhaupt dürfen wir uns, immer abgesehen von dem Grundunterschiede der Beziehung aller Wirtschaft auf den Staat, das Wachstum der wirtschaftlichen Technik unter dem Merkantilismus nicht zu verschieden von dem der modernen hochkapitalistischen Technik vorstellen. Gewiß lag in der unheimlich geschwinden Mechanisierung der abendländischen Wirtschaft und Gesellschaft unter dem Druck der neuzeitlichen Bevölkerungszunahme eines der hervorragendsten Momente, die alsbald den Staat aus seiner Wirtschaftsdiktatur verdrängen halfen. Aber darum hat doch die Entwicklung der Wirtschaftstechnik aus fortschreitender „Entdeckung" naturgesetzlicher Sachverhalte und darauf gründender „Erfindung" tätiger Lebensbehelfe und Naturbehandlungen seit der ersten Ablösung des neuzeitlichen Denkens vom Mittelalter die gleichen Grundzüge getragen wie in allen späteren „Zeitaltern der Technik". Vor allem das Hin- und Herschwingen zwischen zwei einander wechselnd bedingenden Polen der Anregung. Der eine das „zufällige" Auftreten großer Entdecker und Erfinder, das immer wieder wie ein Symbol für den wunderhaften Charakter technischer Wirkungen und Möglichkeiten überhaupt erscheint. Es trat in der merkantilistischen Periode vielleicht besonders hervor in der Gestalt der zahllosen wissenschaftlichen und praktischen Abenteurer, die wiederum gleichsam als verbürgerlichte mittelalterliche Vaganten die Höfe und Kanzleien mit ihrer Projekt- und „Plusmacherei" erfüllten. Indessen wenn dann die hochkapitalistische Folgezeit Persönlichkeit und Trieb des technischen Erfinders so weitgehend zu einer geordneten und selber technisierten Alltagserscheinung machte, so darf das nicht darüber täuschen, daß in dieser Weise doch nur die einzelnen bereits ausgebildeten Gebiete der Technik in sich organisiert und normalisiert wurden, während an den Übergängen von ihnen in neue, unentdeckte Natur- und Wirtschaftsbereiche noch jedesmal der abenteuernde, ja laienhafte Vorläufer gestanden hat, wie Lilienthal und Zeppelin in der Geschichte des Flugverkehrs.

Die andere Seite der Durchdringung der Wirtschaft mit Technik, die tiefere Abhängigkeit des geistig oder gesellschaftlich vereinzelten Erfinders von den Wechsellagen und „Bedürfnissen" der Gesellschaftswirtschaft ist umgekehrt dem Merkantilismus nicht minder eigen als dem Hochkapitalismus, denn selbst das freieste und wundergläubigste Spiel des wissenschaftlich nicht oder wenig geschulten Erfindergeistes bleibt letzten Endes abhängig von den Tatsachen der Umwelt, die seine Aufmerksamkeit, und von bereits vorhandenen Richtungen des gesellschaftlichen Handelns, die seine Zielsetzung bestimmen. Gerade im Kolonial- und Überseeverkehr lernte ja die die merkantilistische Gesellschaft als ihr Gegenbild jene absinkende Kultur Chinas näher kennen, wo ein reich entwickeltes technisches Denken durch den Stillstand der Gesellschaftswirtschaft nicht etwa gewaltsam unterdrückt, sondern nur stillschweigend abgestorben war.

Gleich die für allen geistigen Verkehr der Neuzeit unentbehrliche Erfindung des Buchdrucks in den verschiedenen Ländern und Völkern der Frührenaissance ist ein typisches Beispiel für die gesellschaftliche Bestimmtheit wirtschaftstechnischer Wendungen, gekennzeichnet ebensosehr durch das stetige Herauswachsen aus Vorformen zu ähnlichen sozialen Zwecken (hier aus dem Holzschnittdruck, der zu der öffentlichen Bildkunst des früheren Mittelalters und der Tafelmalerei der spätmittelalterlichen Oberklassen das politische und religiöse Bildungs- und Agitationsmaterial der Unterklassen hinzufügte) wie anderseits durch die jetzt erwiesene Vielfältigkeit des gleichzeitigen Gelingens voneinander unabhängiger Lösungen. Erst wenn man diesen gesellschaftlichen Charakter der neuzeitlichen Technik in den richtigen Verhältnissen stetiger Entfaltung und zeitgenössisch kollektiver Bearbeitung der Probleme sieht, gelangt man zu einer gerechten Einschätzung auch der sachlichen Bedeutung der merkantilistischen Technik. Sie hat den entscheidenden Übergang zu dem Rotationsprinzip vollzogen, das den neuen Metallindustrien in dem Prozeß des Walzens an Stelle des alten Schmiedehämmerns erst die unumgängliche Unterlage gab und noch im merkantilistischen Bayern anfangs des vergangenen Jahrhunderts, freilich im Bereich der alten oberfränkischen Metallindustrie um den

Nürnberger Handelsmittelpunkt, mit der Königschen Schnellpresse (im Zusammenwirken mit der gleichzeitigen „endlosen" Papiermaschine) für die moderne Tagesliteratur nicht minder unentbehrliche Vorbedingungen schuf. Ebenso ist die eigentliche Götterdämmerung der modernen Wirtschaftstechnik, der Triumph der physikalischen Chemie in der Verwertung des Dampfdrucks und seiner Haupterzeugerin, der Steinkohle, bereits ein merkantilistischer Triumph, denn wie Newton nicht nur die kopernikanische Himmelsmechanik zum Abschluß brachte, sondern auch die Bank von England und das Münzwesen des englischen Parlamentarismus ordnen half, so ruhte James Watts Dampfmaschine auf den Experimenten über den Gasdruck, die der adlige Höfling Karls II. Stuart, Robert Boyle, in der Royal Society vorlegte. Dazu stimmt, daß, während noch unter Elisabeth die Eifersucht des Parlaments den Erfinder des Strumpfwirkstuhls Lee nach Frankreich vertrieben hatte, der Absolutismus der Stuarts (1624) das erste europäische Patentrecht schuf und auch sogleich besonders der Eisen- und der jetzt erst auflebenden Glasindustrie zugute kommen ließ.

Nicht fortzudenken ist auch gerade aus der wirtschaftstechnischen Geschichte des Merkantilismus die Einwirkung, die damals Europa von der neu erschlossenen asiatischen und amerikanischen Übersee empfing und die nach den beiden großen Orientalisierungsepochen der römischen Kaiserzeit und der Kreuzzüge einen dritten großen Strom exotischen Geistes und Geschmackes nach Europa leitete. Jetzt empfing die Kreuzzugsindustrie der Baumwolle von dem Hausfleiß Indiens her einen Antrieb, der ihren Schwerpunkt aus ihren alten Standorten in Mitteleuropa allmählich nach dem klassischen Zentrum moderner Industrialisierung und Exportpolitik, dem englischen Lancashire, verschob einer der merkwürdigsten weltgeschichtlichen Fälle wirtschaftstechnischer Entlehnung, wobei einerseits ein hochstehendes orientalisches Haus- und Kunstgewerbe mit der gewohnten Brutalität kapitalistischer Kolonialpolitik entwurzelt, anderseits in Europa selbst mit dem neuen Hilfsmittel des maschinellen Zeugdrucks die moderne Entwicklung der Textilindustrie zur billigen Massenmode, wenn nicht Schundware begonnen wurde. Ganz ähnlich hat bekanntlich die Keramik Ostasiens auf die merkantilistische Neu- und Umgestaltung der alten europäischen Töpferei gewirkt. Zwischen das irdene Geschirr des Bauern und die herrliche Luxuskunst der italienischen „Fayencen" (von Faenza) schob sich jetzt im Anschluß an die Goldmacherei des Frühmerkantilismus, bald aber zur vornehmsten Konkurrenzware aller merkantilistischen Staatsindustrie erhoben, die Nachahmung der chinesischen Porzellane bis zur Herstellung eines Typus, der trotz seines höfischen Geschmackes vor allem für den verwöhnteren Massenverbrauch der erweiterten Ober- und Mittelklassen bestimmt war.

Nicht nur im einzelnen, auch im allgemeinen hat die Technik des Merkantilismus bereits jenen Zug vom Menschlichen zum Sachlichen, von der organischen zur anorganischen Natur, vom Konkreten und Nächstliegenden zum immer Abstrakteren und Fernerliegenden, der für das folgende Zeitalter des Hochkapitalismus so bezeichnend ist. Namentlich ist zu betonen, daß schon jetzt mit dem Übergange vom Holz der mittelalterlichen Bauwerke, Werkzeuge und Mühlen zum Eisen der Kriegs- und Friedensmaschinerie die von der antiken Mechanik her bestimmte physikalische Technik überall zu einer physikalisch-chemischen zu werden strebte, die in das Innere der Naturvorgänge eindringt und die langsam aus dem Werkzeug sich entwickelnde

Maschine immer mehr zu einem selbsttätigen, vom Menschen mehr nur noch überwachten als gelenkten „Apparat" macht. So zwangen vor allem in den Metallgewerben die ersten Hochöfen, die am Ende des Mittelalters an die Stelle der Kleinöfen und Rennfeuer traten, durch die schwierige Bearbeitbarkeit des darin gewonnenen, kohlenstoffreicheren Roheisens die Metallurgie zu einem chemischen Experimentieren mit Frischfeuern und Eisenguß, aus dem am Ende die moderne Stahlbereitung mit der ganzen Mannigfaltigkeit ihrer Strukturchemie hervorgehen sollte. Und was so einesteils im natürlichen Fortschritt der technischen Eigenentwicklung lag, das ergab sich vom wirtschaftlichen Bedürfnis her aus der steten und stetig zunehmenden Nötigung oder Anregung zum Ersatz alter, überlieferter Stoffe und Formen durch neue, örtlich oder geistig „weit hergeholte". Man denke nur an den allmählichen Ersatz von Woll- und Leinen- durch Baumwollbekleidung, von Brot und Fleisch durch die amerikanische Kartoffel. Man denke auch an die umwälzenden Wirkungen, die es z. B. für die deutsche Volkswirtschaft der frühen Neuzeit haben mußte, wenn die mittelalterlichen, gerade hier zum Teil monopolistisch angebauten Farbpflanzen wie Krapp (rot), Waid (blau) und Wau (gelb) zunächst von den Kolonien her durch den Indigo und vom Bergbau her durch die Mineralfarbstoffe (Alaun und Bleiweiß, Mennig, Kobaltblau und Chromgelb) bedrängt und verdrängt wurden, um endlich durch die moderne synthetische Farbenindustrie ganz ausgeschaltet zu werden. Auf anderen Gebieten waren es gleichfalls noch echt merkantilistische Maßnahmen, als Napoleon zur Durchführung seiner Kontinentalsperre gegen England als Surrogat für den kolonialen Rohrzucker die moderne Rübenzuckerindustrie und als Surrogat für die baltische Pottascheeinfuhr die moderne Sodaindustrie begründete.

3. Der Verfall des ancien régime.

Wenn wir so die Technik des Merkantilismus und des Hochkapitalismus als einen von vornherein gleich angelegten, wenn auch ständig verstärkten Entwicklungslauf sehen, so bemerken wir desto besser einen Umstand, der mit Unrecht über dem Eindruck des immer beschleunigten Fortschritts vergessen zu werden pflegt: Grundsätzlich ist die kapitalistische Loslösung des Menschen von den menschlichen, organischen und konkreten Grundlagen seines Wirtschaftsdaseins immer wieder der Gefahr ausgesetzt, auf unerwartete Schranken (oder Hilfen) der geistigen und physischen Natur zu stoßen. Das gilt noch für den höchstentfalteten Kapitalismus der Gegenwart, wenn er zwar von standörtlichen Bedingungen wie der natürlichen Fruchtbarkeit oder Mineralhaltigkeit des Bodens durch Verkehrs- und Produktionstechnik wachsend loskommt, dafür aber plötzlich etwa in der Bewirtschaftung der Wasserkräfte eine ganz neue Anknüpfung an die Naturgegebenheiten vor sich sieht; oder wenn er, bereits im Begriffe, den Wirtschaftsmenschen aller Klassen nur noch als „Material" beliebig vertauschbarer Einheiten einzuschätzen, mit einem Male gewahrt, daß schon die Fortpflanzung des modernen Unternehmertums noch andere Voraussetzungen hat als die bloße gegenständliche Gewinnmöglichkeit und daß vollends die Erhaltung hochwertiger Arbeiterstämme durch Tradition und Schulung zu einer Lebensfrage des ganzen Systems wird. Wenn derart selbst heute dafür gesorgt ist, daß die Bäume der kapitalistischen Mechanisierung nicht in den Himmel wachsen, so werden wir darauf gefaßt sein, daß auch dem ersten Aufschwung des

Merkantilismus mehr oder weniger früh allerlei Natur- und Trägheitswiderstände entgegentraten, die an seinem Verfall mindestens ebensosehr schuld waren wie das Ungeschick und der Überschwang des Unternehmerstaates selbst.

Deshalb zeigt die kapitalistische Entwicklung Europas gegen Ende des merkantilistischen Zeitalters neben und anstatt jener immer weiteren Ausbreitung von einer Volkswirtschaft auf die andere und von einem Teile einer Volkswirtschaft auf den andern zunächst eine Zusammenziehung der Bewegung auf gewisse Herde oder Mittelpunkte, die kapitalistischen Ursprungs- und Führerländer, während im weiteren Umkreise die Bewegung nicht bloß ins Stocken gerät, sondern in diesem stockenden Zustande eine Reihe von Verfallserscheinungen, erinnernd an den Verfall der Spätantike, hervorbringt. Unter diesem Zeichen stehen damals nicht nur die südeuropäischen Länder von dem islamisierten Balkan über das zerrissene und von Fremden beherrschte Unteritalien und Sizilien zu der langsam erstarrenden Pyrenäenhalbinsel. Dahin gehören auch große Teile Deutschlands und Frankreichs, namentlich die Gebiete der Kleinstaaterei dort und der ständischen Provinzialregierungen hier, und schließlich die Außenteile der Britischen Monarchie, in geringerem Grade das kaufmännisch so lebendige Schottland, das erst durch die parlamentarische Union mit England (1707) auf die zweite Rolle in der Wirtschaft herabgedrückt wurde, und in sehr hohem Grade das ausgebeutete, fremdstämmige Irland.

Wie haben diese Stockung und dieser Verfall im einzelnen ausgesehen? An Stelle der in immer größeren Kreisen sich steigernden Wechselwirkung von Produktion und Absatz, Bevölkerungswachstum und wirtschaftlicher Neuordnung, die die kapitalistischen Kernländer auszeichnet, beobachten wir in den Außengebieten zunächst je nachdem bald ein Zuviel, bald ein Zuwenig der neuen Weltbewegung. Ein Zuviel überall da, wo das spekulative Moment der kapitalistischen Unternehmung, die Vorwegnahme der Zukunftsentwicklung durch den wesentlich mit Kredit, d. h. erborgter und vielfach sogar fiktiver Kaufkraft wirtschaftenden Kaufmann und Produzenten, früher oder zu größeren Ausmaßen sich entfaltet, als es die tatsächliche Steigerungsfähigkeit der wirtschaftlichen Produktivkräfte rechtfertigt. Von dieser Art sind die ersten großen Krisen, die der merkantilistische Kapitalismus erlebt. Nicht zufällig waren ihr Schauplatz die angeführten Außengebiete der damaligen Wirtschaftsgeographie. So wendet sich in Holland der Spekulationstrieb von der werteschaffenden Kolonialunternehmung über das schon spekulativere Seeversicherungsgeschäft endlich einem Luxushandelszweig wie der Tulpenzucht zu und entartet hier in der wüsten Hinauftreibung börsenmäßig (!) gebildeter Preise zum reinen Glücksspiel um den früheren oder späteren Eintritt des Preissturzes. Oder man sieht in Schottland, wie der kühne Unternehmungsgeist der Geschäftswelt mangels breiterer binnenwirtschaftlicher Unterlagen und größerer Beteiligung an den englischen Monopolstellungen auf spekulative Abwege gerät. Ein genialer Kaufmann wie William Paterson, der eigentliche Schöpfer der Bank von England, verliert Ruf und Vermögen in einer Orgie von Überseegründungen, den berüchtigten „Seifenblasen (Bubbles), zur Erschließung des Isthmus von Panama (Darien) und der „Südsee", deren an sich große Möglichkeiten, beruhend vor allem auf dem spanischen Sklaveneinfuhrmonopol (Asiento) des Utrechter Friedens (1713), sich doch für die darauf gebauten Spekulationen namentlich in Staatsanleihen zu schwach zeigten. Patersons Landsmann John Law vertauscht wie unzählige merkantilistische Projektmacher die Heimat mit der Fremde und bestimmt die französische Regentschaft nach dem Tode Ludwigs XIV. zu dem denkwürdigen Experiment einer gemischten Handels-, Kredit- und Zettelbankunternehmung unter Haftung des nationalen und kolonialen Bodens, einem Experiment, dessen Phantastisches nur in seinem Mißverhältnis zu den damaligen Wirtschaftskräften und Wirtschaftsgewohnheiten besteht, das aber im übrigen von den Nationalökonomen immer mehr als prophetische Vorwegnahme modernster Dinge, wie u. a. des deutschen Rentenmarksystems, erkannt wird.

Das Gegenbild zu diesem Überschuß kapitalistisch-spekulativer Gesinnung ist das Steckenbleiben gerade der führenden Gesellschaftsschichten großer Teile des merkantilistischen Europa in einer vorkapitalistischen Rentnerpsychologie. Sie entsprach namentlich da, wo wie in Südeuropa und Teilen von Westeuropa der alte (oder etwa in Irland der durch Eroberung und Kolonisation stets erweiterte) Besitz des Hochadels noch immer die territoriale Zwischenform zwischen Kleinstaat und Großgut hatte, dem, was wir früher unter dem Namen der älteren Grundherrschaft betrachtet haben. Aber mit dem sehr wichtigen Unterschiede, daß jene ältere Grundherrschaft sinnvoll in den Zusammenhang der mittelalterlichen Lehensverfassung eingeordnet gewesen war, während das standesherrliche Territorium oder Latifundium der neueren Zeit nur noch Reste seiner einstigen politischen Bedeutung bewahrte, ohne daß an deren Stelle die Umbildung des politischen zum wirtschaftlichen Führertum getreten war. Deshalb ist der Großgrundherr, der Seigneur Süd- und Westeuropas damals in der Regel zunächst Absentist, d. h. auch wenn er nicht durch höfische und andere Amts- und Gesellschaftspflichten buchstäblich seinen Dauerwohnsitz fern von seiner Grundherrschaft hat, ist er doch theoretisch reiner Nutznießer einer von ihm technisch nicht geleiteten und kaum beeinflußten Wirtschaft, wie etwa ein nur von Steuern, nicht von Staatsbetrieben lebender Landesfürst. Daraus wiederum folgt ebenso regelhaft eine eigentümlich fiskalische, d. h. auf die Bedürfnisse ebensowenig wie auf die Möglichkeiten der Wirtschaft eingehende Verwaltung seiner Herrschaftseinkünfte. Wie oft in der Wirtschaftsgeschichte, sagt mehr als die ausführlichsten Schilderungen die kleine wortgeschichtliche Tatsache, daß der heutige Begriff des „Banalen" ursprünglich den Inbegriff der alten Bannrechte (Mühlenzwang, Brauerei- und Ausschankmonopol, Taubenhaltungsmonopol, sogar Backofenzwang) bedeutete, deren Gesamtheit im vorrevolutionären Frankreich typisch für die wirtschaftsschädliche und dabei schäbige, uneinträgliche Natur der Herrenrechte war.

Im Zusammenhang mit dieser mangelnden Anpassung der feudalen Grundherren an Geist und Technik der neuen Wirtschaft in den zurückbleibenden Ländern und Landesteilen steht eine ganz eigentümliche Art der Bewirtschaftung ihres geteilten oder ungeteilten Grundeigentums. Genau wie in der Spätantike liegt diese Bewirtschaftung überall vorzugsweise in den Händen kleiner Bauern, die unter dem Druck einer wirtschaftlich ungeschickten und unfruchtbaren Rentenausbeutung mehr noch als der absoluten Höhe der Renten deutlich zur Verelendung, Verschuldung und zum Sinken der Betriebsgrößen bis auf zwerghafte Ausmaße neigen. Weil es dem Grundherrn an Kapital fehlt, so fehlt es auch allen unteren, von ihm abhängigen Schichten daran. In der durch den Getreideexport aufblühenden osteuropäischen Sphäre ist es einer der größten Erfolge der merkantilistischen Staatswirtschaft, daß sie sich für ihre Staatsdomänen einen neuen, kapitalkräftigen Stand von aus dem Bauerntum ins Bürgertum emporwachsenden Pächtern erzieht. Der süd- und westeuropäische Merkantilismus weiß weder die im Mittelalter überall vorhandene Domäne festzuhalten noch das Wagnis ihrer modernen Bewirtschaftung einem neuen Unternehmerstande zu übertragen. Die einzige Entsprechung zu einem solchen Unternehmertum, die dort der stagnierende Merkantilismus aufweist, ist der mehr oder minder große Zwischenpächter, der sich allenthalben zwischen den feudalen Großgrundbesitzer und den kleinen Bauernpächter einschiebt, aber nur in den seltensten Fällen (wie etwa in Nordostfrankreich) Willen und Fähigkeit hat, die Bodenwirtschaft neu zu organisieren, vielmehr sich meistenteils auf die rein finanztechnische Sammlung und Verwaltung der Abgaben beschränkt und daher als schmarotzerhaftes Zwischenglied die Schäden der Rentengrundherrschaft wiederholt und steigert.

Nicht minder einschneidend jedoch ist nun ein drittes Merkmal der verfallenden Land- und Volkswirtschaften am Vorabend der großen neuzeitlichen Revolutionen. Überall schiebt sich in die Fugen des geschilderten Systems der älteren, von einer neuen Wirtschaftswelt pervertierten Grundherrschaft der Wucher als das typische Symptom verstopfter geldwirtschaftlicher Entwicklung, wiederum genau wie im späten Altertum. Zwar ist natürlich der Begriff der Bewucherung als der unproduktiven Ausbeutung wirtschaftlicher Notlagen lange nicht so scharf gegen die produktiven Formen kapitalistischer Unternehmung und Spekulation abzugrenzen, wie moderne Wirtschaftstheorien annehmen und wie es mit besserem Grunde die wirtschaftliche Praxis der frühen Neuzeit zu tun gezwungen war. Über das, was beim Leihkapitalismus noch produktiv und was schon nicht mehr produktiv ist, entscheidet ja auf allen Entwicklungsstufen in der Masse der Fälle erst der Ausgang des beliehenen Geschäfts im Rahmen der Konjunktur. Wohl aber konnte das nachmittelalterliche Wirtschafts- und Wirtschaftsrechtsdenken an den Erscheinungen der degenerativen Rentengrundherrschaft wie an einem Schulbeispiel die Voraussetzungen beobachten, unter denen wenigstens mit großer Wahrscheinlichkeit die Geld- und Kapitalleihe keine neue Ertragsfähigkeit zeitigte und deshalb im Charakter des Wuchers verharrte. Es mochte noch hingehen, wenn das Versagen der grundherrschaftlichen Wirtschaftsführung in der Nähe einigermaßen kräftiger Städtebildung weithin zum Eindringen des bürgerlichen Kleinunternehmers, des italienischen „Borghese", in Bodenbesitz und Bodenpacht Anlaß gab. Aber die eigentliche Hauptrolle des bürgerlichen Kleinkapitals (und auch des bäuerlichen, soweit es sich aus der Aufspaltung der Bauernschaft in Groß und Klein gebildet hatte) pflegte doch in der Beleihung der verelendenden Kleinbauern- und Kleinpächterwirtschaft mit Geld, Saatgut oder Vieh (der berüchtigten „Viehverstellung", italienisch socida) und im monopolistischen Aufkauf von landwirtschaftlichen oder Verkauf von städtisch-gewerblichen Erzeugnissen zu bestehen. In allen diesen pseudokapitalistischen Umgebungen wiederholen sich die Gestalten des wucherischen Großbauern, dörflichen oder städtischen Kleinkaufmanns, besonders auch Gastwirts und etwa Schlächters, in der Ausübung solcher Tätigkeiten. Sie können im einzelnen zeitlich und örtlich auf das mannigfaltigste abgewandelt sein. Wie im neuzeitlichen Irland nach der Beseitigung der schlimmsten englischen Ausbeutung kann sich aus ihnen ein normales bürgerliches Unternehmertum herausklären. Wie im slavischen Osteuropa können ihre Funktionen als Durchgangspunkt allgemein betriebsamerer und spekulativerer Elemente, z. B. der jüdischen, dienen. Der Verlauf der Bewucherung und Ausbeutung bleibt allemal wesentlich gleich und erneuert sich auch heute noch unter den verschiedensten Umständen von Ort und Zeit. Wie wenn im zaristischen und wohl auch wieder im bolschewistischen Rußland der bäuerliche Geldleiher und Aufkäufer (Kulak) die Dorfgenossen unter seiner „Faust" hält oder wenn in Indien die englische Herrschaft mit Steuerdruck und künstlicher Zurückhaltung der Wirtschaft wie in Irland die Hauptschuld an der Unausrottbarkeit des ständisch-kastenhaft organisierten Dorfwucherers (Kirar) trägt.

Verschärfend, wenn nicht geradezu bedingend wirkt mit den angeführten Umständen gewöhnlich die besonders lange und zähe Erhaltung kollektiver Bauernwirtschaft zusammen. Wie russischer und indischer Dorfwucher hauptsächlich auch von der geistigen und materiellen Rückständigkeit des Gemeindebesitzes und der Großfamilienwirtschaft zehren, so ist auch unter dem verfallenden Merkantilismus zu der kapitallosen Trägheit der Einzelwirtschaften immer die hemmende Wirkung hinzuzudenken, die jetzt die einst so segensreichen Einrichtungen des Flurzwangs und der Allmendverfassung ausübten. Wie der Zunftzwang in den sich langsam kapitalistisch umgestaltenden Gewerben, wirkte hier die dorf- und markgenossenschaftliche Bindung nicht länger als gesunde Stütze der normalen Bauernwirtschaft, sondern bestenfalls noch als letzter Strohhalm, an dem sich der verelendende Kleinwirt hielt, im großen ganzen aber wie ein schlechtes Monopol als Prämie auf die wirtschaftliche Trägheit und Unfähigkeit und als Hemmnis, wenn nicht als Strafe für den tüchtigeren einzelnen. Nur aus dieser Lage ist es zu verstehen, daß das in England in dem jahrhundertelangen Laufe der Einhegungen fast unmerklich erreichte Ziel der Gemeinheitsteilung für den merkantilistischen Kontinent im 18. Jahrhundert zu der großen revolutionären Parole wurde, die sowohl die „Bauernbefreiungs"-Maßnahmen der Regierungen wie die oppositionelle Agitation der Bauernschaft und der bürgerlichen Unternehmerklassen beseelte. Selbst wenn genug Kapital in der Grundherrschaft gebildet oder ihr von außen her zugeflossen wäre, wäre seine Verwertung in dem hier ins Auge gefaßten Teile Süd- und Westeuropas an den Hindernissen gescheitert, die der mittelalterliche Kollektivismus dem neuen, „rationellen" Anbau etwa von „englischen Wiesen" zur Stallfütterung oder auch (in Form der gemeinen Weiderechte) einer kapitalistischen Waldbewirtschaftung in den Weg stellte.

Da wirtschaftliche Rückständigkeit im Sinne des Kapitalismus sich zunächst überall in dem beharrlichen Vorwiegen der Landwirtschaft über die Gewerbe äußert, ist auch der rückständige Merkantilismus am besten in seiner Landwirtschaft zu kennzeichnen. Selbstverständlich jedoch hielt dieser landwirtschaftlichen Rückständigkeit eine Schwäche aller übrigen Wirtschaftszweige die Wage, denn wo diese dauernd und zunehmend blühten wie in den kapitalistischen Führerländern, rissen sie auch die Landwirtschaft mehr oder weniger unmittelbar mit sich fort. Auch außerhalb der Landwirtschaft also finden wir die rentnerische Gesinnung des Spätmerkantilismus überall mehr oder weniger ausgesprochen. Und wider Willen mußte jenes leidenschaftliche Bestreben des Absolutismus, den privatwirtschaftlichen Fortschritt zu erzwingen, auf die Dauer vielfach selbst durch bevormundende Knebelung und Hemmung die Wirtschaft vom Unternehmerhaften zum Rentnerischen abdrängen. Die gewaltige Anregung der frühkapitalistischen Gewerbe durch die merkantilistische Militärpolitik führte letzten Endes doch auch zu dem riesigen, unproduktiven Verbrauch, der allen Kriegen eignet, und der ebenso gewaltige Kapitalbedarf des merkantilistischen Staates, der sich auf dem neu entstehenden Anleihemarkte der nationalen und internationalen Börsen geltend machte, ließ bis ins 19. Jahrhundert dem privaten Kapitalbedarf wenig Spielraum. Der Typus des staatsfrommen Besitzers öffentlicher Anleihen, der in der Gegenwart am auffallendsten in dem französischen Rentner dargestellt ist, ist von der politischen Wirtschaft des Merkantilismus geschaffen. Sogar auf dem eigensten Tätigkeitsgebiete des Merkantilismus, der Organisation des modernen Beamtentums, zeigt sich im Zusammenhang mit allen übrigen Entartungserscheinungen ein merkwürdiges Zurücksinken zu feudalen und rentnerischen Formen in der Gestalt des neuzeitlichen Ämterkaufs, bei dem das Amt auch nach der Verlegung aller unrechtmäßigen Bereicherungswege noch immer als wirtschaftlich gewinnbringend oder doch wenigstens rententragend angesehen und deshalb auch nach Einführung der Berufsvorbildung oder sogar des Prüfungswettbewerbs als ein Gegenstand der Kapitalanlage betrachtet wurde. Abermals ist es dabei bemerkenswert, wie verschiedenen Einfluß das gleiche Moment in einer positiven und in einer negativen Wirtschaftsentwicklung ausüben kann. Es hat dem preußischen Staate wenig geschadet, daß er bis ins 18., und auch dem englischen kaum, daß er bis ins 19. Jahrhundert unwichtigere Ämter und namentlich Offizierspatente verkaufte (der offene Verkauf von „Wahl"-Sitzen im Unterhaus bis zur Reform von 1832 war ja gleichfalls eine Art, wenn auch sozial und wirtschaftlich sehr weitreichender, Ämterkauf) In der immer mehr herunterkommenden Wirtschaft des vorrevolutionären Frankreich trug der Ämterkauf zur politischen Desorganisation nicht wenig bei.

Ein durchaus ähnliches wirtschaftliches Verhältnis wie der Ämterkauf, nur in viel größerem Maßstabe, war die Steuerpacht, die denn auch gerade unter dem Spätmerkantilismus ihren weitesten Umfang in der europäischen Wirtschaftsgeschichte annahm, auch sie eine Wiederholung von Erscheinungen, die bereits dem Verfall der Antike eigen gewesen waren. Was in unserm Zusammenhange vor allem daran interessiert, ist einerseits die Schwäche, die der neue Beamtenstand gerade auf dem Höhepunkte des Absolutismus darin enthüllt. Die Überlassung des Steuererhebungsapparates, der ja bis auf die Gegenwart ein schwieriges finanzwirtschaftliches Problem darstellt, an die private Unternehmung war im geldwirtschaftlichen Merkantilismus Westeuropas, der sich oft zu Unrecht über den feudalen Osten überlegen dünkte, die Entsprechung zu der Mediatisierung der großen Bauernmasse durch die Gutsherrschaft in Osteuropa. Das ist besonders im Frankreich Richelieus und Colberts mit Händen zu greifen. Gerade der dem städtischen Einfluß mühsam entrissene und den ständisch regierten Randprovinzen (Pays d'états) entgegengesetzte Block Mittel- und Nordostfrankreichs, die sogenannten Pays d'élections, fiel im großen und ganzen zusammen mit den Pays des cinq grosses fermes, wo die Hauptmasse der Steuern nicht durch Beamte, sondern durch eine verwickelte Organisation von Generalpächtern und ihren Unterpächtern aufkam. Wie man sieht, ein völliges Gegenstück auch zu der privaten Grundherrschaftsverwaltung des Spätmerkantilismus, wo ja ebenfalls ein geschichtetes System von Pacht und Zwischenpacht der Untätigkeit und Unfähigkeit der Herren zu Hilfe kam.

Nicht weniger fällt anderseits die besondere Natur dieses Steuerpachtkapitals dadurch auf, daß es wie in Frankreich auch in Ländern arbeitete, wo für die landwirtschaftliche Großunternehmung nach Art der englischen Guts- oder der preußischen Domänenpacht damals so gut wie kein Kapital vorhanden war. Das bedeutet, daß auch hier eigentlich eine vorkapitalistische Technik und Gesinnung zugrunde lag, die, durch die großen Gewinnmöglichkeiten einer laxen Staatsverwaltung und durch die außerwirtschaftliche Stütze des staatlichen Zwangsapparates verwöhnt und ebenso zurückgestoßen von den Schwierigkeiten eines rechtlich und technisch gehemmten Handels und Gewerbes, auf der großen Stufenleiter des Staates dasselbe waren wie die des dörflichen und kleinstädtischen Leihkapitalisten und Wucherers auf der kleinen der Grundherrschaft. Aus diesen beiden Hauptursachen: Schwäche des Staatsapparates und der privilegierten Klassen, vereint mit schmarotzerischem Sichverlassen auf diesen selben Staat und diese selben Klassen, entsprang auch das eigentümliche soziale Bild, das die Steuerpächter des Ancien Régime darboten und die Schilderungen der Enzyklopädisten in der Weltliteratur unsterblich gemacht haben. Die Erscheinung dieser oft aus den niedersten Schichten emporgestiegenen Neureichen, die an Staatslieferungen und Staatsanleihen verdient hatten, bis sie als „partisans" die ungeheuer einflußreiche Stellung des Generalsteuerpächters übernehmen konnten, ist zwar, von einem bestimmten Gesichtspunkt her gesehen, nur eines von vielen Beispielen, in denen die Weltgeschichte der Wirtschaft und Gesellschaft den Stellenwechsel von Gruppen, Ständen und Klassen durch das erst wirtschaftliche und dann politische Emporkommen der einen und Absinken der anderen uns vor Augen führt. Aber in anderer Hinsicht war doch das soziale Gepräge dieser Helfer des spätmerkantilistischen Staatskapitalismus durchaus einzigartig. Besonders im Vergleich mit den besitzenden Klassen der kapitalistischen Führerländer, vor allem Englands, wo seit dem Anfange des Frühkapitalismus und der Reformation die wirtschaftliche Neuerung mit der geistigen und politischen zusammengegangen war. So verkörperte der Partisanenkapitalismus umgekehrt ein Verhältnis von Reichtum und Macht, wobei die Inhaber der wirtschaftlichen Machtstellungen keinen sehnlicheren Wunsch hatten, als die Weltanschauung und Lebenshaltung der Inhaber der politischen Machtstellungen auch persönlich, z. B. durch Einheirat in ihre Familien, möglichst vollständig nachzuahmen. Gewiß ist auch das zum Teil ein allgemeines Gestaltungsgesetz jeder Epoche merklicher Klassenverschiebungen. Aber wenn die stärksten Unternehmerklassen des Hochkapitalismus selbst in England immer wieder von der Begierde des Anschlusses an übergeordnete Stände ergriffen wurden (und auch die Askese des Puritanismus verstehen wir ja heute teilweise als Perversion dieser Begierde), so sind doch ganz besonders alle die Fälle zu beachten, in denen das Ringen von aufstrebenden und untergehenden Ständen durch die große politische Macht und Kultur der untergehenden einen besonderen Stempel empfangen hat. So war es in dem eigentlich nationalen Hochkapitalismus Preußen-Deutschlands vor 1918 und so war es noch viel ausgesprochener im westeuropäischen Ancien Régime. Beide Male aber hat die revolutionäre Entladung der Spannungsverhältnisse zwischen politischer und wirtschaftlicher Macht mit einem Mangel an zielbewußtem Unternehmergeist bei den Bürgerlichen ebensoviel zu tun gehabt wie mit einem zwischen Übermut und Zaghaftigkeit unsicher schwankenden politischen Machtwillen der Privilegierten.

Daher auch der bekannte Vorrang des französischen und allgemein des romanischen, z. B. auch des spanischen und italienischen, Adels in den geistigen und politischen Revolutionen zu Beginn der neuesten Zeit. Er entsprang nicht bloß der frivolen Weltuntergangsstimmung der Salons, denen theoretischer Radikalismus nichts als ein neuer Kitzel war. Er wurde vielmehr unzweifelhaft der wirklichen Überlegenheit der alten politischen Führerstände über die neuen Kapitalistenklassen verdankt. Wieder umgekehrt wie in England, wo an der Spitze des ökonomischen Denkens und Handelns das Bürgertum, meistens sogar das Kleinbürgertum, marschierte, ist die größte wirtschaftstheoretische Leistung des vorrevolutionären Frankreich inhaltlich noch mehr als persönlich die Tat der erwachenden adligen Grundherrschaft. Die Naturlehre der Wirtschaft, die der Merkantilismus als Entsprechung zum Naturrecht aufzubauen begonnen hatte und von der er dann in der Revolutionsepoche den Todesstoß empfangen sollte, war in England eine Lehre von der Natur des Handels und des Marktes, in Frankreich von der Natur des Bodens und seiner Bedeutung für den Kreislauf der Gesellschaftswirtschaft. Das ist der wirtschaftsgeschichtliche Umriß der Physiokratie, die, bald nach der Lawschen Krise von Ludwigs XV. Leibarzt Quesnay eröffnet und von seinen adligen Schülern Dupont de Nemours, Lemercier de la Rivière, Mirabeau dem Älteren und Turgot fortgeführt, Adam Smith und den englischen Freihandel vorbereitete, indem sie zunächst der zeitgenössischen englischen Wirtschaft und Wirtschaftstheorie aufs entschiedenste widersprach. Diese Lehre, die den wirtschaftlichen Wert in der Bodenproduktion nicht bloß entspringen, sondern auch ganz beschlossen sein und nur durch den Verbrauch der Landwirte zwischen landwirtschaftlicher und gewerblicher Erzeugung hin- und herlaufen läßt, ist wirtschafts- und sozialgeschichtlich bisher noch kaum tiefer gewürdigt worden. Sie ist etwas wie der Versuch der französischen Aristokratie, sich theoretisch dieselbe starke Wirtschaftsposition zu erobern, die sich in Osteuropa der kleinadlige Gutsbesitz seit der frühen Neuzeit geschaffen hatte. Die Wirtschaftsfreiheit, die die Physiokraten meinen, ist die Freiheit des Grundherrn, ungehemmt von ständischen und staatlichen Schranken und Einmischungen die französische Volkswirtschaft fest auf einen neuen rationellen Großgutsbetrieb, die „grande culture“, zu stellen und den adligen Herrn dieses Betriebes in seiner ganzen Unternehmerherrlichkeit, aber auch in seiner alten ständischen Bedeutung als Luxusverbraucher zu erhalten, der der „unfruchtbaren“ und in ihrer zünftlerischen Machtstellung über ihr Maß hinausgewachsenen Klasse der Gewerbetreibenden „das Brot gibt“. Die viel bewunderte Energie, womit hier zuerst die Volkswirtschaft als ein einheitlicher Zirkulationsvorgang der Güter zwischen Rohstofferzeugung und -verarbeitung erfaßt war, ist in der Tat bemerkenswert, namentlich auch zur Charakterisierung des französischen Volkes, das ja bis auf die Gegenwart eigentlich ein Bauernvolk geblieben ist. Noch bemerkenswerter aber der Versuch (der ja auch im gegenwärtigen Frankreich immer wiederkehrt), gerade die Vorstellungen ökonomischer Fortschrittlichkeit und Gesundheit mit einem ständischmerkantilistischen Konservatismus zu verbinden, von dem aus der Monarch als die Zentralsonne, der Grundherr als der Planet des gesellschaftlichen Systems und der Eigentumsbegriff gerade in seiner wirtschaftlichen Verdichtung zum Großgrundeigentum statt anfechtbarer nur desto heiliger erscheinen.

VI. Der Hochkapitalismus.

1. Die Emanzipationen: Die Revolutionen. Das Bevölkerungsproblem. Sklaven- und Bauernbefreiung. Überseewanderung und Landflucht. 2. Das Maschinenzeitalter: Die Arbeitsmaschinen. Dampfmaschine und Eisenbahn. Die Mechanisierung der Gesellschaft. 3. Freiwirtschaft und Volkswirtschaft: Der amerikanische und deutsche Wettbewerb mit England. England als Führer des modernen Imperialismus. 4. Das Finanzkapital: Die Zentralisierung der Währungs- und Bankpolitik. Die Konzentration der Unternehmung in Kartellen und Trusts. Die Sozialpolitik als Arbeits- und Mittelstandsschutz.

1. Die Emanzipationen.

Von dem Hintergrunde des wirtschaftlichen Ancien Régime heben sich besonders klar die Hauptbedingungen ab, unter denen allein die Kapitalwirtschaft des merkantilistischen Unternehmerstaates in die gegenwärtige Wirtschaftsordnung der hochkapitalistischen Privatunternehmung übergehen konnte. Die technischen und auch ein großer Teil der organisatorischen Voraussetzungen dieser Privatunternehmung waren keimhaft bereits da. Der Name der Industriellen Revolution, den in offenbarer Angleichung an die politische Französische Revolution die englische Wirtschaftsgeschichte vielfach dem Durchbruch der neuen Wirtschaftsweise gegeben hat, wird meist erst auf die Zeit von der Mitte des 18. bis zur Mitte des 19. Jahrhunderts angewendet, bisweilen aber auch schon, und mit ebensoviel Recht, auf das davor liegende Jahrhundert, also eine Zeit des ausgesprochenen Merkantilismus. Das große ökonomische Lehrgebäude, das Adam Smith gegen den Merkantilismus, aber auch gegen die Physiokratie aufrichtete und das dann zugleich mit den philosophischen Kritiken Kants zur Bibel der gewaltsamen und friedlichen Umwälzungen der Epoche von 1800 wurde, schildert einen noch überwiegend handwerklichen, jedenfalls von dem Klassengegensatz des Hochkapitalismus noch kaum berührten Industriebetrieb. Smiths „klassische" Nachfolger, Malthus und Ricardo, vollendeten das theoretische Bild der sich selbst genügenden, vom rechnerischen Gewinnstreben im Gleichgewicht gehaltenen Marktwirtschaft noch vor dem Anbruch des Eisenbahnzeitalters in einem Zeitabschnitt, von dem man neuerdings richtig bemerkt hat, daß sich seine engen Verhältnisse und stockenden Kräfte deutlich in dem Pessimismus ihrer Lehren ausdrückten. Man könnte also, ja man muß in gewisser Hinsicht die Geburt des Hochkapitalismus in ähnlicher Weise vom Geist her verstehen, wie es die durch Max Weber angeregten Theorien für die Geburt des Frühkapitalismus versuchen.

Das der Reformation entsprechende geistige Ereignis wäre dann der Komplex der Revolutionen, der, geistesgeschichtlich ja durch so viele Fäden mit der Reformation verknüpft, zwar seinen äußerlichen Höhepunkt in der Epoche von 1789 hat, aber selbstverständlich weit vorwärts die gesamte nationale und demokratische Bewegung Europas bis 1918 und auch rückwärts die lange Geschichte des europäischen Bürgertums im 17. und 18. Jahrhundert umfaßt. Vor allem ist gerade wirtschaftsgeschichtlich zu beachten, daß auch England, wo die parlamentarische Aristokratie mit einer Mischung von Gewalt und Entgegenkommen die Revolution zu Hause von sich fernhielt, das revolutionäre Signal draußen schon früher als Frankreich, nämlich in dem amerikanischen Unabhängigkeitskrieg, bekommen hatte. Diese erste große Entzweiung von Mutterland und Tochterland legte, wie auch bei Adam Smith unverkennbar hervortritt, die erste große Bresche in die merkantilistische Wirtschaftspolitik, die bis dahin sogar für die kapitalistischen Führerländer eine Selbstverständlichkeit gewesen war. Das englische System des nationalen Schiffahrtsschutzes, dessen gegen Fremde gerichtete Wirkungen noch bis zur Mitte des 19. Jahrhunderts bestehen blieben, erwies hier seine Gefährlichkeit zunächst in den Beschränkungen, die die Navigationsakten dem handelspolitischen Verhältnis zwischen England und seinen amerikanischen Kolonien auferlegten. Gegen die merkantilistische Naivität, mit der das Mutterland die Töchter ein für allemal in der gottgewollten Abhängigkeit als Rohstofflieferanten und Fertigwarenabnehmer erhalten wollte, erhob sich nicht nur die wachsende politische Selbständigkeit der kolonialen, von England bevormundeten und besteuerten Führerklassen, sondern vor allem das, was diese groß gemacht hatte, die unbesiegliche Natur des Fortschritts von kolonial-arbeitsteiliger zu national-autarker Produktion. So konnte, was in Wahrheit die Entstehung einer neuen großen schutzzöllnerischen und imperialistischen Staats- und Wirtschaftsgesellschaft in Übersee war, im Augenblick ihrer Loslösung von der Alten Welt auch als wirtschaftlicher Freiheitskampf gegen merkantilistische Künstlichkeit und Bedrückung erscheinen.

Von Amerika sprang der Funke des neuen wirtschaftlichen wie politischen Freiheitsgedankens dann zuerst nach Frankreich, wo sowohl der grundherrlich-bäuerliche Physiokratismus wie der idealistische Anarchismus Rousseauscher Prägung zwar in erster Reihe den eigenen, sodann aber auch in unmittelbarem Anschluß den englischen Polizeistaat zu zerschlagen hofften. Der nationale Freiheits- und Eroberungskampf der Franzosen fand nicht nur machtpolitisch als stärksten Gegner die englische „Krämernation" (wie Napoleon sagte) vor. Dieser Ideologie entsprach auch wirtschaftlich ganz klar die neue Möglichkeit kapitalistischen Wettbewerbs mit England auf wirtschaftsliberaler, nicht mehr merkantilistischer Stufe. Das Ancien Régime war für Frankreich nicht nur eine Periode welt- und kolonialpolitischen Zurückbleibens hinter England gewesen, das ihm nacheinander seine beiden Hauptstellungen in Kanada und Indien fortgenommen hatte. Es war auch eine Zeit, in der in zähem Zoll- und Verbotskampf der beiderseitigen merkantilistischen Industrien England langsam, aber sicher auf den europäischen Märkten Sieger geblieben und sogar in den französischen Binnenmarkt eingedrungen war. Der Handelsvertrag, den 1786 Sir Frederick Eden mit der Regierung Ludwigs XVI. abschloß, hat sehr wahrscheinlich durch die Möglichkeiten, die er der englischen Einfuhrkonkurrenz eröffnete, für die Revolutionierung der französischen Bourgeoisie ähnliche Bedeutung gehabt wie der berühmte Cobden-Vertrag von 1860 für die wachsende liberale Opposition gegen Napoleon III.

Nicht weniger maßgeblich als das Einrücken Frankreichs unter die wirtschaftlichen Führerländer war für die Ära des Hochkapitalismus die wirtschaftliche Einigung Deutschlands unter Preußen. Statt, wie von der politischen Geschichtschreibung, als bedeutungsloses Vorspiel eingeschätzt zu werden, sollte diese

Einigung, d. h. die Gründung und Ausdehnung des Deutschen Zollvereins mehr und mehr als eine der wirtschaftspolitischen Grundbedingungen des neuen hochkapitalistischen Zeitalters gewürdigt werden. Man macht sich gewöhnlich gar nicht klar, wie es überhaupt möglich war, daß dasselbe Volk, das eben noch unter den Schlägen Frankreichs (denn die wirtschaftlich und sozial erneuernde Wirkung dieser Schläge beachtete damals wie heute kaum jemand) seine politische Einheit verloren hatte, ein Menschenalter danach Englands erster und größter Nachfolger auf dem entscheidenden Gebiete des Eisenbahnbaues wurde und nach einem weiteren Menschenalter auf dem Wege zur hochkapitalistischen Großmacht mit Kolonien, Waren- und Kapitalexport war, während dem gleichzeitig geeinigten Italien eine ähnliche Laufbahn noch heute nicht in vollem Maße gelungen ist. War der Anfang des Hochkapitalismus durch das Mit- und Gegeneinanderarbeiten der englischen und der französischen Interessen seit 1800 bezeichnet, so ist es das Ende dieses Zeitalters in der Periode vor und nach dem Weltkrieg durch ein ähnliches Mit- und Gegeneinander von Deutschland und England, das auf der einen Seite von dem zurückbleibenden Frankreich, auf der andern von der vordringenden amerikanischen Union flankiert und kompliziert wird. Das Rußland des 19. Jahrhunderts ist demgegenüber mit seiner vorwiegenden Agrarwirtschaft, seiner hauptsächlich vom Staate und landfremden Unternehmern betriebenen Industrialisierungs- und Eisenbahnpolitik, seinen großen patriarchalischen Herrschern und Finanzmännern wie Nikolaus I. und Witte, nicht eigentlich ein Teil der hochkapitalistischen, sondern noch der merkantilistischen Welt und erlebt daher auch nach dem Weltkrieg sein bolschewistisches Sonderschicksal.

Alle diese äußeren Neugestaltungen des Hochkapitalismus spielen sich politisch unter dem Banner der wirtschaftlichen und gesellschaftlichen Freiheit ab. Diese Freiheit wird erst wirtschaftsgeschichtlich vollkommen deutlich, nicht oder doch wenigstens nicht allein als Symbol der Verneinung alter politischer und kultureller Inhalte, sondern vor allem positiv als das große Mittel, rechtlich und kulturell Raum zu schaffen für den Herrn der neuen Zeit, den Privatunternehmer, als Nachfolger des merkantilistischen Staatsunternehmers. Erst wenn man diese geheime Zwecksetzung hinter allen Revolutionen und Reformen seit 1789 sieht, versteht man den äußerlich gewundenen und wenig folgerichtigen Lauf des hochkapitalistischen Wirtschaftsrechts, das in seinen vornehmsten Forderungen, wie der Bauernfreiheit und der Gewerbefreiheit, allemal, nicht bloß nach dem ersten enthusiastischen Anlauf, auf einen Abbau der mittelalterlichen und merkantilistischen Bindungen ihre Wiederbelebung in den alten oder in neuen Formen folgen ließ. Darin spricht sich nicht nur das Ringen der wirtschaftsfreiheitlichen Gedanken und Gesellschaftsschichten mit ihren theoretischen und sozialen Gegensätzen aus, es ist auch das wirtschaftsrechtliche Spiegelbild der Art und Weise, wie der Hochkapitalismus immer erneut zunächst durch Niederlegung alter Gebilde eine Strecke freier Bahn für sein schöpferisches Experimentieren und Spekulieren schafft, um alsdann nach den gemachten Erfahrungen diese Strecke organisatorisch und mit Rücksicht auf Staat und Gemeinwirtschaft auszubauen. Gewiß ist die Mitte des 19. Jahrhunderts ein bespielmäßiger Höhepunkt des ersten, der sogenannte Neumerkantilismus von 1900 ein ebenso beispielmäßiger Höhepunkt des zweiten Verfahrens. Allein das hindert nicht, daß in Wirklichkeit (wie auch das moderne wirtschaftsgeschichtliche Studium der Krisen und Konjunkturen bestätigt) der Wechsel von Ausdehnung und Zusammenziehung, anders ausgedrückt von liberalistischen und organischen Perioden, die ganze Geschichte des Hochkapitalismus durchzieht.

Die Ansichten vom Durchbruch des Hochkapitalismus durch die Schranken der spätmerkantilistischen Welt werden bis auf den heutigen Tag mittelbar noch immer von der neuen Wendung bestimmt, die um jene Zeit die Auffassung von der wirtschaftlichen Bedeutung des Völkerwachstums in der Theorie von Robert Malthus nahm. Der Merkantilismus hatte trotz aller Verschiedenheiten im einzelnen doch vor allen Dingen Menschen, wenn auch Menschen besonderer, für ihn brauchbarer Art, haben wollen, und auch seither ist jede Rückkehr zu merkantilistischen Gedankengängen von diesem Wunsch nach gesunder Bevölkerungsvermehrung als einer Hauptgrundlage fortschrittlicher Wirtschaft begleitet gewesen. Wie kam es, daß Malthus umgekehrt den Hochkapitalismus mit der Furcht vor der Überbevölkerung in ihren verschiedenen Spielarten und mit dem strengen Hinweis auf die Wichtigkeit und Beschränktheit der Bodenproduktion, d. h. der gesamten Sachunterlage der Wirtschaft eröffnete? Trotz aller modernen Angriffe gegen die Malthusianische Theorie können wir uns ihrem wissenschaftlichen Erkenntniswert nicht verschließen. Gewiß hatte die biologische Betonung der Seite, mit der menschliche Wirtschaft auf der Erde der Verbreitung jeder anderen Tier- und Pflanzengattung ähnelt, etwas Naturalistisch-Grobes und außerdem auch sozialpolitisch Häßliches, weil sie die Verantwortlichkeit der Wirtschaftsgesellschaft für ihre Mitglieder einzuschränken oder gar abzulehnen geeignet, wenn nicht bestimmt war. Trotzdem aber lag viel großzügige Ehrlichkeit in der Art, wie hier der Hochkapitalismus, im Begriff, sich aus der Vormundschaft des merkantilistischen Staates zu befreien, neben der durch Adam Smith eröffneten Aussicht auf die natürliche Harmonie der Wirtschaftskräfte sich selbst die weniger paradiesischen, naturgesetzlich-grausamen Seiten dieses Ausgleiches eingestand.

Man kann auch nicht mit vollem Recht sagen, daß Malthus über der Biologie die Soziologie vernachlässigt habe. Seine Theorie ruhte ja auf einem breiten Unterbau geschichtlicher Tatsachen, die — das wird oft vergessen — nicht so sehr seiner europäischen Umgebung als zeitlich und räumlich ferneren Gesellschaftszuständen entnommen waren. Sicherlich hat die Wirtschaftsgeschichte vor allem zu lehren, daß, wie die Erhaltung des einzelnen durch die Ernährung, so auch die Erhaltung der Art durch die Fortpflanzung beim Menschen unendlichen und unberechenbaren Wandlungen durch das Geistige seiner Natur unterliegt. Unleugbar aber spielen nichtsdestoweniger in aller Wirtschaftsgeschichte die wechselnden Methoden des Kampfes und der Einrichtung des Menschen mit gegebenen materiellen und geistigen Wirtschaftsbedingungen, den „Produktivkräften“ und „Produktionsverhältnissen“ des Marxismus, eine ausschlaggebende Rolle, und erst die neuere Volkskunde hat zum Teil die versteckteren Zusammenhänge aufgedeckt, die von den gesellschaftlichen Sitten der verschiedensten Wirtschaftsstufen auf das Bevölkerungsproblem zurückführen. Bei den Naturvölkern allenthalben, bei entwickelteren Gesellschaften wenigstens in Resten die Greisentötung, die Aussetzung von Kindern nach Maßstäben der Zahl, des Geschlechts oder der Tauglichkeit, seit der Antike in den mannigfachsten Einkleidungen als Massenwanderungen, Handelsbeziehungen oder Eroberungen die „Kolonisation“ — das alles sind Beweise für das stets lebendige Hindurchwirken der biologischen Triebgrundlage mit allen ihren Gefahren durch die wechselnde Gestaltung der Wirtschaftsgesellschaften.

Schwieriger ist schon die Frage zu beantworten, ob der Hochkapitalismus selbst als Abschnitt der Bevölkerungsgeschichte dauernd oder doch wenigstens zu Anfang die Sorge des Malthus rechtfertigte. Und da scheint es zunächst, rein mengenmäßig gesprochen, in der Tat, als ob noch heute herrschende Ansichten von den Beziehungen zwischen dem kapitalistischen Reifestadium und der Bevölkerung den Malthus allzu wörtlich genommen haben. Wenn man besonders auch neuerdings wieder dieses Stadium als eine bloße Funktion wachsender Bevölkerungsmassen, d. h. den Hochkapitalismus einfach als zwangsläufige Technik der Fürsorge für diese Massen betrachtete, so vergaß man dabei, daß schon der Malthusianische Pessimismus sich namentlich auf das Beispiel der alten asiatischen Kulturvölker gestützt hatte, deren Bevölkerungsziffern, um 1800 der europäischen weit überlegen, diese vermeintlich naturnotwendige Folge eines neuen Wirtschaftssystems eben nicht gehabt hatten und daher in Indien und China dem Europäer immer wieder das warnende Bild der bekannten natürlich-wirtschaftlichen, Millionen von Menschen verschlingenden Hunger- und Krankheitskatastrophen vor Augen stellten. Bevölkerungspolitisch kann demgegenüber der Hochkapitalismus höchstens für sich in Anspruch nehmen, daß er seinen Bevölkerungsmengen ein stetigeres Wirtschaftsdasein, nicht daß er dieses Dasein absolut größeren Mengen ermöglicht hat. Die ihn bedingende und von ihm bedingte Ausweitung der europäischen Völker in Europa selbst und in den kolonialen Auswanderungsgebieten hat von der Epoche von 1800 bis zum Weltkrieg etwa das Zweieinhalbfache betragen. Aber damit reicht die vermeintlich so fabelhafte Endziffer von rund 500 Millionen Menschen, viel weniger als einem Drittel der Erdbevölkerung, noch immer nicht an die Zahlen heran, die außerhalb des hochkapitalistischen Wirtschaftssystems, namentlich in den beiden asiatischen Großreichen, ohne kapitalistische Wirtschaftsmethoden auskommen. Und in dieselbe Richtung deutet die Tatsache, daß die oben geschilderte Eigenart des Merkantilismus schon im 18. Jahrhundert auch stellenweise die Residenzen Südeuropas, z. B. Neapel, zu Großstädten von einer halben Million Einwohnern emporgezüchtet hatte, ohne dort auch nur das kleinste Symptom hochkapitalistischer Umwälzung zu erzeugen. Oft wird auch übersehen, daß gerade das Volkswachstum der hochkapitalistischen Länder nur zum kleinsten Teile ein Ergebnis natürlicher Fruchtbarkeit und ganz überwiegend der jetzt erst entstehenden, immer verbesserten Sozialhygiene ist, die durch den Kampf mit Kindersterblichkeit, Seuchen und Elend den erst in den Oberklassen, dann allgemein einsetzenden Geburtenrückgang künstlich ausgleicht und überdeckt.

Der Eindruck der wirtschaftlichen Engigkeit, den die Anfangsepoche des Hochkapitalismus auf die ökonomisch denkenden Zeitgenossen machte, erklärt sich nicht so sehr daraus, daß damals zahlenmäßig die europäischen Völker begannen, über ihren Wirtschaftsrahmen hinaus zu wachsen, als vielmehr daraus, daß unter dem Druck ganz entgegengesetzter wirtschaftspolitischer Einflüsse sowohl vom spätmerkantilistischen Polizeistaat wie von dem Geiste der neuen, freiheitsdurstigen Privatunternehmung her die Bevölkerung innerhalb ihres immer brüchigeren Wirtschaftsrahmens in eine ungeheure Bewegung geraten war. Es war eine Art von moderner Völkerwanderung, die sich von jener am Anfang der abendländischen Geschichte nur dadurch unterschied, daß sie neben einzelnen extensiven Verschiebungen auf dem Erdraum doch vornehmlich eine neue intensive Anordnung der Menschen in ihren alten Räumen zum Ergebnis hatte.

In diesem Sinne müssen alle wirtschaftlichen Freiheitsbewegungen der Epoche von 1800 zuvörderst von der Bevölkerungsseite als eine große Gesamterscheinung gesehen werden. Die „Emanzipation" wirtschaftlich abhängiger Volksklassen umfaßte die ganze Reihe der Rechtsumwälzungen von den europäischen Bauernbefreiungen einesteils bis zu dem Kampf gegen die Sklaverei der farbigen Rassen, anderenteils bis zu dem langsamen Zerfall der alten Familienwirtschaft, die den europäischen Menschen auch der Neuzeit, wenngleich in immer abnehmenden Resten, daran verhindert, zur buchstäblich vereinzelten Wirtschaftspersönlichkeit aufzusteigen — man kann auch sagen: herabzusinken.

Die Antisklavereibewegung, deren subjektiv zweifellos ehrliches Pathos den Hochkapitalismus seit seinem Ursprung kennzeichnet, ist jetzt doch auch schon als rein wirtschaftliche Erscheinung genügend untersucht, um erkennen zu lassen, wie merkwürdig sich hier verschiedene Antriebe miteinander verflochten und miteinander wechselten. Ernst begann damit zuerst nicht etwa das revolutionäre Frankreich, sondern England im Wettbewerb gegen die abgefallene amerikanische Union und bald darauf gegen die Buren in Südafrika zu machen, und es ist höchst lehrreich, wie voran der englische Hochkapitalismus, dann erst der französische, der der amerikanischen Nordstaaten und schließlich der südamerikanische nacheinander das Recht des Menschenhandels und des Menschenbesitzes beseitigten, das doch bei ihnen allen eine der vornehmsten Grundlagen ihres landwirtschaftlichen und händlerischen Reichtums gewesen war. Aber das erschöpft nicht den Tatbestand. Nicht nur vollzog sich z. B. die Emanzipation der amerikanischen Negersklaven spät genug, um der englischen und der übrigen europäischen Baumwollindustrie ihren ersten wachsenden Rohstoffbedarf aus der Sklavenarbeit der amerikanischen Südstaaten zu liefern. Vielmehr ist auch hier die Neigung des Hochkapitalismus unverkennbar, je nach seinen wirtschaftlichen Notwendigkeiten bereits siegreiche und sozusagen in den Bestand der kapitalistischen Zivilisation aufgenommene Programme mehr oder weniger unter der Hand abzuwandeln und umzubiegen. Noch immer dient die Antisklavereiparole den kapitalistischen Führermächten zur Bekämpfung von Konkurrenten auf dem Weltmarkt, genau wie in der modernen Sozialpolitik die kapitalistischen Völker unter dem Programm des sozialen Fortschritts eifrig darüber wachen, daß nicht soziale Rückständigkeit dem Wettbewerber einen wirtschaftlichen Vorsprung gebe. Aber während so etwa England die Greuel der Eingeborenenarbeit in der Kautschukproduktion des belgischen Kongostaates oder Venezuelas völkerrechtlich bekämpfte, standen im englischen Weltreich selbst schon die wirtschaftsrechtlichen Formen bereit, unter denen bei Vermeidung des Namens „Sklaverei" der Schwarze, der Inder und der Chinesenkuli auch und gerade im 20. Jahrhundert, etwa in den Drahtzaunanlagen der südafrikanischen Gold- und Diamantbergwerke, in tatsächlich vollendeter Unfreiheit am System des Hochkapitalismus mitwirken.

Man sieht: Mit der Emanzipationsbewegung zusammen wirkt nicht etwa in dem groben Sinne heuchlerischer Motivverdrehung, sondern im Sinne einer durchaus gutgläubigen Motivverwicklung der Drang des Hochkapitalismus nach Ersetzung der unfreien Arbeitskräfte, für die der Unternehmer verantwortlich ist wie für sein übriges Sachkapital, durch freie Arbeitskräfte, die ihn von dieser Verantwortung möglichst entlasten. Aber freilich dieses ganze Streben in die örtlichen, zeitlichen und systematischen Grenzen eingeschlossen, jenseits deren auch die hochkapitalistische Unternehmung es zweckmäßig findet, das unfreie Arbeitsverhältnis beizubehalten oder, sei es offener, sei es versteckter, wieder einzuführen. In genau den gleichen Formen sind nun die andern großen Emanzipationen verlaufen, die der Hochkapitalismus zu seinem Durchbruch voraussetzte und danach in langer Entwicklungsreihe weiter förderte. Zunächst die Emanzipation des europäischen Bauern von den im Westen nur noch schwachen, im Osten dafür bis zur Sklaverei verstärkten Resten grundherrschaftlicher Hörigkeit. Auch in dieser „Bauernbefreiung" wollen wir die Triebkraft eines schönen und echten, aus den Quellen der Religionen und Moralen genährten Idealismus nicht verkennen noch unterschätzen. Von der Wirksamkeit der frühchristlichen und mittelalterlichen Kirche für Abschaffung oder Erleichterung der Sklaverei- und Hörigkeitsverhältnisse bis zu den unleugbaren Kulturtaten der Stein-Hardenbergischen Reformen in Preußen, der russischen Befreiungszeit um die Wende der 50er und 60er Jahre des vergangenen Jahrhunderts oder sogar der bäuerlichen Nationaldemokratien der Revolution von 1917/18 in den österreichischen und russischen „Nachfolgestaaten" hat alle nicht grob materialistisch eingestellte Wirtschaftsgeschichtschreibung die Aufgabe, die geistig-sittlichen Fortschritte anzuerkennen, die hier von der Welt der Ideen der Wirtschaftswelt aufgezwungen wurden, auch wenn sich tatsächlich überall nachweisen läßt, daß dieser geistige Zwang mit vorliegenden materiellen Entwicklungsrichtungen bald mehr bald minder stark und bewußt übereinstimmte. Allein seitdem Georg Friedrich Knapp uns gelehrt hat, die preußische und deutsche Bauernbefreiung vor allem als Durchsetzung des kapitalistischen Gutsbetriebes, als Verwandlung der schwächeren Bauernschichten in landlose Gutstagelöhner zu verstehen, liegt es der Wirtschaftsgeschichte naturgemäß ob, diesen Gesichtspunkt nun auch für das Ganze der europäischen Bauernemanzipation zu verwerten und durchzuführen.

Wie wir sahen, waren unter dem Einfluß der Verkehrs- und Geldwirtschaft in Westeuropa bereits seit dem Spätmittelalter die beiden Hauptelemente der älteren Agrarverfassung, die Hörigkeit und die Kollektivität der Bauernwirtschaft, einer zunehmenden Auflösung verfallen, die Hörigkeit aus sozialen Rangverhältnissen in wirtschaftliche Vertragsverhältnisse verwandelt, die Kollektivität durch Allmendteilungen und Servitutenablösungen zugunsten von Grundherren und Großbauern sowie des mit der Mobilisierung des Bodens zunehmenden bürgerlichen Gutsbesitzer- und Pächterstandes eingeschränkt worden. Immerhin war selbst in England und Frankreich einerseits ein großer Rückstand an kräftigem Freibauernbesitz bis an den Vorabend des Hochkapitalismus bewahrt geblieben, anderseits umgekehrt gerade aus der Individualisierung der größeren Betriebe bei fortdauernder Kollektivität für die mittleren und kleineren ein unerträglicher Zustand der Halbheit geschaffen. Die Beseitiguug dieses Zustandes ist nun etwa seit der Mitte des 18. Jahrhunderts von Westen aus langsam so vor sich gegangen, daß in mannigfaltigem Zusammengreifen privater und gütlicher Vereinbarungen mit mehr oder weniger scharfem und entschädigungslosem Zwang durch staatliche Gesetzgebung und Verwaltung aus dem Gewirre mittelalterlicher Rechtsbeziehungen einmal die Person und der Betrieb des Gutsherrn und des Bauern voneinander abgelöst und zweitens der Betrieb beider als rein individualistischer Privatbetrieb für sich herausgelöst wurde.

Das tiefere gegenseitige Einverständnis, das dabei im Anfang eigentlich zwischen den beiden Ständen über die Notwendigkeit dieser Lösung herrschte, kommt selbst im revolutionären Frankreich in der Einmütigkeit zum Ausdruck, mit der der Adel in jener berühmten Erklärung vom 4. August 1789 auf seine Herrenrechte verzichtete, d. h. (ebenso wie bei allen späteren „Verzichten" bis zu Weltkrieg und Weltrevolution) die materielle Auseinandersetzung mit seinen Bauern eröffnen wollte, und nur die Unfähigkeit der französischen Volkswirtschaft, damals wie früher zur Zeit der Physiokratie wirklich allgemein zu der „grande culture" der Gutsherren vorzudringen, gab dieser Auseinandersetzung die gewaltsamen Formen der Beschlagnahme und des Verkaufs der „Nationalgüter", die zusammen mit den Gemeinheitsteilungen und dem neuen Napoleonischen Einzelerbrecht Frankreich auch unter dem Hochkapitalismus zum Lande der kleinen bürgerlich-bäuerlichen Eigentümer und Pächter machten. Gleichzeitig spielte sich derselbe Vorgang der Mobilisierung und Individualisierung von Boden und Landwirtschaft in zahlreichen anderen, friedlicheren Formen ab. In England vollendete die Hochkonjunktur des Getreidebaus in den Napoleonischen Kriegen und unter dem folgenden Zollschutz die Zerstörung des altgesessenen Bauernstandes zugunsten des bekannten, in Grundherrschaft, Großpacht und „freie" Landarbeit gegliederten Agrarsystems. Im Übergange von westeuropäischen zu mitteleuropäischen Verhältnissen fanden Dänemark (mit Schleswig-Holstein) im Norden und Savoyen-Piemont im Süden einen Weg der Agrarreform, der den Bauern nicht nur befreite, sondern auch als Eigentümer oder als Pächter des Adels zum eigentlichen Träger einer mehr und mehr spezialisierten und industrialisierten Land- und Viehwirtschaft erstarken ließ. Der dänische Bauer bis auf die Gegenwart als reinster Typus des selbstarbeitenden Landeigentümers und Unternehmers, der doch die starre, egoistische Vereinzelung schon wieder durch ein modernes wirtschaftliches und kulturelles Genossenschaftswesen überwunden hat. Der savoyisch-piemontesische Landwirt zusammen mit der oberitalienischen Industrie als Träger des modernen italienischen Freiheits- und Einheitsstrebens.

Der übrige große Komplex europäischer Agrarverfassungen wird übersichtlich außer durch die zeitliche Abfolge von den (politisch zusammenhängenden) Befreiungsedikten Steins in Preußen und Napoleons in Polen 1807 bis zu den Agrarreformen von 1919 ff. vor allem auch innerlich durch das verschiedene Maß, in dem die von West nach Ost zunehmende Verschlechterung des Besitzrechtes und der Wirtschaftskraft der Bauern die Befreiung für sie gefährlich machte. In Süd- und Westdeutschland brauchte es zur Auseinandersetzung nichts weiter als die geldliche Abfindung sozial meist harmloser Rechte, die dadurch zugleich erleichtert und verwickelt wurde, daß unter den abzufindenden Berechtigten der mediatisierte „standesherrliche" Hochadel des alten Reiches obenan stand. In Preußen machte es einen großen Unterschied, ob der Bauer erblichen Besitz durch kleinere oder „lassitischen" durch größere Ablösungssummen in Eigentum verwandeln konnte und ob diese Summen als Kapitalschuld gegenüber staatlichen Rentenbanken auf größerem oder kleinerem Besitz haften blieben. Ähnlich bedingten es noch schlechtere Besitzrechte und noch geringere wirtschaftliche Kraft der Bauerngüter in Polen und Rußland, daß die Befreiungsaktion sich überhaupt nicht das westliche Ziel eines neuen, individualistischen Bauerneigentums setzen konnte, sondern die Masse der Bauern aus immerhin im Rahmen der Grundherrschaft geschützten Hörigen in freie, d. h. auch beliebig kündbare Pächter ihrer bisherigen Grundherren verwandelte und dazu noch in Rußland, wenigstens bis zur Stolypinschen Agrarreform nach der Oktoberrevolution von 1905, den einzelnen Bauern unter dem Schutze, aber auch unter dem Zwange der Mir-Gemeinde beließ. Hier wie in Preußen übrigens ein alsbaldiges Abflauen des gutsherrlichen „Liberalismus" nach dem Aufhören der günstigen Getreideexportkonjunkturen von 1800 und 1850 und der Versuch, bis 1918 möglichst viel von der aufgegebenen wirtschaftlichen Herrscherstellung in der Form des administrativen und jurisdiktionellen Vorrangs in Gutsbezirken und Kreisen wiederzugewinnen.

Die Wirkungen dieser so mannigfaltigen und doch so einheitlichen europäischen Bauernemanzipation reichen nun über die Sphäre der Landwirtschaft weit hinaus in die der Gewerbe und sogar der weiteren weltwirtschaftlichen Entfaltung des Hochkapitalismus, und zwar gerade durch die von der Emanzipation ausgehende Bewegung und Umschichtung der Bevölkerung. Waren die Kleinbauern und Kleinstellenbesitzer durch die Agrarreformen zu Hunderttausenden auch von ihrem Lande, sei es Eigentum, Pacht oder Servitutengenuß, „befreit" worden, so waren sie dadurch und durch die zu gleicher Zeit auch allgemein verwaltungsrechtlich erleichterte Freizügigkeit in den Stand gesetzt, statt als Landarbeiter bei der neuen kapitalistischen Großgutswirtschaft lieber in der aufblühenden Fabrikindustrie der Städte Beschäftigung zu suchen. Man kann das so ausdrücken, daß seit der Liquidation der letzten mittelalterlichen Bindungen in der Landwirtschaft eine neue, große Epoche der Bodensperre durch die vom Bürgertum her verstärkte Herrenklasse die Kleinbauern zunächst zu landlosen, aber noch immer patriarchalischen Instleuten und mit Deputatland oder Deputatbezügen ausgestatteten Gutstagelöhnern herabgedrückt habe, bis endlich, namentlich im Osten, der spekulative und extensive Getreidebau sie zugunsten massenhafter fremder, namentlich slavischer, Saison- und Wanderarbeit vertrieben habe. Aber man wird doch auch auf der andern Seite gerechterweise nicht übersehen können, daß es sich bei dieser „Landflucht" außer um einen Druck der Großgüter und stellenweise sogar von Latifundien vor allem auch um einen Zug der ländlichen Unterklassen handelte, so „freiwillig", wie das nur immer von irgendeiner großen Sozialerscheinung ausgesagt werden mag. Man kann von entgegengesetzten Gesichtspunkten mit gleichem Rechte sagen, daß dieser Zug zur städtischen Industriewirtschaft in dem Schwinden auch wertvollster innerer Bindungen, der zunehmenden Sittenlockerung und Genußsucht, und daß er in dem besonders intellektuellen Heranreifen der Massen zu „menschenwürdigeren" Lebensansprüchen, selbständigerer Lebensführung und anregenderer Arbeitstätigkeit bestand. Und man wird den scheinbaren Widerspruch dieser Ansichten vielleicht am besten mit der Feststellung schlichten, daß hier die Bevölkerungsbewegung nur einem großen Lebensgesetz der ganzen ersten Periode des Hochkapitalismus folgte, wonach dieses Wirtschaftssystem überall zuerst nur die gewerblich-städtischen Kreise der Volkswirtschaften mit voller Macht ergriff und die

Landwirtschaft in aller Regel leer ausgehen ließ, ja sogar im Rückschlag der Industrieblüte ganz besonderen Schädigungen aussetzte. Wir werden dieses Lebensgesetz noch auf anderen Gebieten der hochkapitalistischen Wirtschaft wiederfinden.

Die Landflucht des europäischen Hochkapitalismus führte die freigesetzten Kleinbauern und Landarbeiter nicht nur in die Industriestädte ihrer eigenen Volkswirtschaften. Sie führte sie auch weit über deren Grenzen hinaus in andere Teile und Gestaltungen der hochkapitalistischen Weltwirtschaft. In der deutschen Reaktionszeit nach den Freiheitskriegen begannen die Wirtschaftsstockungen in der süd- und nordwestdeutschen Grundherrschaft, deutsche Bauern in heute unansehnlichen, damals sehr beträchtlichen Scharen von Zehntausenden über den Atlantik in die „Mittelwest"-Staaten der amerikanischen Union hinüberzuwerfen, die dort zusammen besonders mit englischen und skandinavischen Einwanderern den Grund zu der noch heute nicht verschwundenen amerikanischen Bauernkultur und zu der großen amerikanischen Getreideausfuhrwirtschaft des Jahrhundertendes legten, während das hochkapitalistische England Kanada, Australien und Südafrika fast ausschließlich mit Engländern besiedelte, dafür allerdings die ungeheure Emigration aus dem oben berührten Agrarelend Irlands ein starkes englandfeindliches Element in den Vereinigten Staaten schuf. Um die Mitte des Jahrhunderts setzte die wachsende Auswanderung aus dem geeinten Italien ein, deren weniger verwöhntes Menschenmaterial sich mit gewerblicher Wanderarbeit in Deutschland und Frankreich und mit der undankbaren Großguts- und Kolonistenarbeit in den südamerikanischen Republiken begnügte und die, Folge namentlich der rückständigen Agrarverfassung Süditaliens, trotz der Kapitalbildung und der vielfachen Rückwanderung der Emigranten zugleich Ursache und Wirkung des industriellen Zurückbleibens von Italien vor dem Weltkrieg war. Endlich fing nach der Bauernbefreiung in Österreich-Ungarn und Rußland die osteuropäische Bauernschaft an, vornehmlich in den Gebieten alten feudalen Hochdrucks mit teilweise nationaler Fremdherrschaft, wie der des polnischen Adels über ukrainische, des deutschböhmischen über tschechische oder des ungarischen über serbokroatische Bauern, in Fluß zu geraten, begleitet von den unzähligen Juden, die, als Händler und Handwerker zwischen ihr lebend, einem ähnlichen Doppeldruck wirtschaftlicher Not und sozialer Rechtlosigkeit zu entrinnen strebten. Und hier war nun schon so etwas wie eine Wasserscheide der hochkapitalistischen Massenwanderungen erreicht. Nach Westen hin lockte die Verkehrstechnik der modernen Überseeschiffahrt und ihres weit ins Binnenland sich erstreckenden Werbewesens die Ost- und Südeuropäer über den Atlantik auf den gierigen Arbeitsmarkt, besonders der amerikanischen Schwerindustrie, von wo dann freilich der soziale Aufstieg immer möglich war und bis zum Ausbruch des Weltkriegs den nationalen und bäuerlichen Revolutionsbestrebungen Osteuropas die (in Präsident Wilsons Friedenspolitik merkbare) amerikanische Stütze verschafft hatte. Nach Osten öffnete sich dem russischen Bauern, für den der Liberalismus und der Sozialismus vergeblich Aufteilung und Besiedelung der großen extensiven Adels- und Domänengüter verlangten, an der Hand des zaristischen Merkantilismus der weite sibirische Siedlungsraum jenseits des Ural, dessen langsame Besetzung schon vor dem Bau der sibirischen Bahn (1891 bis 1903) der russischen Handelspolitik und Eroberungspolitik nach der Mandschurei hin erst die nötige wirtschaftliche und strategische Basis schuf.

Schon diese Verlagerungen der agrarischen Bevölkerung mußten dem vom Mittelalter und merkantilistischen Frühkapitalismus überlieferten Gewerbeleben Europas im 19. Jahrhundert die heftigsten Anstöße erteilen. In den landflüchtigen Bauern gewann das neue Unternehmertum die Hilfstruppen, deren Arbeitsangebot ihm ermöglichte, die beiden großen gewerblichen Grundformen des Handwerks und des weithin ländlichen Verlages zu überflügeln und zu zerstören. Für die Lebenshaltung der unteren Klassen gerade in den entscheidenden Jahrzehnten des hochkapitalistischen Triumphes haben neuere Untersuchungen der Entwicklung der Reallöhne, d. h. also der Warenkaufkraft der durchschnittlich als Lohn gezahlten Geldsummen, übereinstimmend gezeigt, was man schon theoretisch erwarten würde, daß in den agrarischen Gebieten die traditionale Lebenshaltung mit der Entwicklung der modernen Markt- und Industriewirtschaft eindeutig und empfindlich zurückblieb, während in der Industrie gerade die führenden Leistungen der neuen Wirtschaftsform auch dem Arbeiter, der ja in England schon 1824 ein notdürftiges Koalitionsrecht erhielt, wenigstens eine langsam ansteigende Lohnhöhe gewährten. Die entsetzlichen Bilder, die gerade in dieser Zeit, den 30er und 40er Jahren, die amtlichen Drucksachen des englischen Parlamentarismus und die Schriften der deutschen und französischen Sozialisten von dem Elend der gewerblichen Arbeiterklasse entwarfen und die ja bis auf die so verschiedene Gegenwart der sozialistischen Theorie stärkste gefühlsmäßige Unterlagen geliefert haben, können wir heute schon auf ihr richtiges Maß zurückführen, indem wir erkennen: sie waren die zweifellos getreuen Abbilder zwar nicht des höchsten noch des durchschnittlichen industriellen Niveaus, aber eben jener gewaltigen Gärung, die durch die erste Lockerung der alten Agrarverfassung und der alten, nicht minder verrotteten Handwerks- und Verlagsverfassung hervorgerufen waren. Übergangsbilder, die, wie die oben geschilderten Zustände des Spätmerkantilismus, ihre düstersten Züge, wie die billige Frauen- und Kinderarbeit, die betriebliche Unsicherheit und Ungesundheit, die Bewucherung der Arbeiter mit Werkwohnungen und Naturallohn (Truck), mindestens ebensosehr dem entarteten und halben Vergangenen als dem freilich noch sehr chaotischen und ebenso halben Neuen verdankten.

Wenn wir bisher die Begriffe der städtischen und der industriellen Sphäre der modernen Volkswirtschaft öfter im Wechsel oder in Gleichsetzung gebraucht haben, so bedarf das freilich noch eines einschränkenden Wortes. Daß Städtebildung an sich kein Symptom der hochkapitalistischen Entwicklung ist, braucht nach dem über die antike, mittelalterliche und merkantilistische Stadt Gesagten kaum eigens betont zu werden. Zweifellos bedingten die geschilderten Bevölkerungsverschiebungen des hochkapitalistischen Zeitalters zunächst noch eine Verstärkung dieser älteren Grundlagen. Die moderne Großstadt über 100000 Einwohner, die durch ihre Boden- und Bauspekulation, ihre Eingemeindungen und Aussiedlungen breiterer und breiterer Wohngürtel am Ende mit mehreren Millionen Menschen volkreicher wird als ein ganzes Land vom Typus etwa der skandinavischen oder überseeischen Staaten, ist gewiß gegenüber ihrer Vorläuferin im Mittelalter und in der frühen Neuzeit nicht nur mengenmäßig, sondern vor allem an innerer Beschaffenheit ein ganz neues Wesen. Erwachsen, sei es auf schon älteren Standorten von Verkehr, Produktion und politischer Verwaltung, sei es auf den neuen Standorten besonders der hochkapitalistischen Kohlen- und Eisenerzeugung, bedeutet sie, namentlich auch geistig, eine völlig neue Stufe menschlicher Gesellung, von der zurückbleibenden ländlichen und mittelständischen Wirtschaft aus als schädlicher „Wasserkopf", von den materiell und geistig führenden Schichten des Hochkapitalismus als unentbehrliche Voraussetzung all ihres Schaffens, wenn nicht als Vollendung moderner Verstandes- und Geschmackskultur überhaupt gesehen.

In Wahrheit handelt es sich auch hier unter der Oberfläche der Widersprüche um eine viel verwickeltere und vielseitiger bedingte Erscheinung der modernen Wirtschaft, als jene Widersprüche gemeinsam voraussetzen. Nicht die Menschenansammlung der Stadt an sich ist es, in der ihre Wichtigkeit für den Hochkapitalismus liegt, ebensowenig wie das für das Bevölkerungswachstum der modernen Volkswirtschaft im ganzen gilt. Der Hauptgrund dieser Wichtigkeit ist auch hier ein qualitativer. Die moderne Stadt und besonders die moderne Großstadt sind die Lebensformen, in denen die Bevölkerungen der merkantilistischen Staaten aus dem patriarchalischen und polizeistaatlichen Aggregatzustande in den des modernen Individualismus und Mechanismus umgegossen wurden. Deshalb ist die Stadt für den Durchbruch der neuen Wirtschaftsform so unumgänglich, mit der ganzen Art, wie in ihr die Menschen zunächst als vereinzelte Atome zusammengeworfen und dann wieder durch die neuen, rationalen Mittel des städtischen Vereins-, Versammlungs-, Presse- und Vergnügungswesens miteinander verbunden werden. Aber eben deshalb ist die Stadt als einheitlicher Siedlungsrahmen für den weiteren Fortschritt des Hochkapitalismus lange nicht so wesentlich, wie es der gemeinen Meinung entsprechen würde. Zunächst erheben sich scheinbar überall die unübersteiglichsten Schranken zwischen ihrem rationalen Gebilde und den traditionalen Gebilden früherer Zeiten. Aber schon daß diese Schranken immer mehr, statt wie früher zwischen „plattem Lande" und Stadt überhaupt, jetzt zwischen der Großstadt einerseits und ländlichem und kleinstädtischem Dasein anderseits verlaufen, weist auf die Unwesentlichkeit des Stadtbegriffs an sich. Eine Zeitlang zwar verschärfen sich mit dem Städtewachstum jene Schranken noch immer, indem z. B. durch das Zurücktreten des Verlages vor der Fabrik bäuerliches Hausgewerbe und ländliche Heimindustrie verelenden, wie die schlesischen Weberbezirke in der Epoche von 1848, oder industrielle Wanderarbeit der überschüssigen bäuerlichen Kräfte in benachbarten Städten durch Ablösung vom Lande völlig verstädtert und proletarisiert wird, wie in Rußland nach der Stolypinschen Agrarreform. Allein kaum ist dieser Vorgang der Scheidung zwischen ländlicher und städtischer Sphäre auf seinem Gipfel angelangt, da setzt auch alsbald mit der Regelmäßigkeit des schon erwähnten hochkapitalistischen Wellenganges eine gegensinnige Bevölkerungsbewegung ein. Nicht bloß in der Gestalt der ideologischen Parolen „Los von der Stadt" und „Zurück zum Lande". Diese sind im Zuge des sogenannten agrarischen Sozialkonservatismus nur der Ausdruck der Erkenntnis, daß die kollektiven Grundlagen der Agrarverfassung in der Bauernbefreiung zu früh abgebrochen worden waren und die Erneuerung eines Teiles des alten Landwirtschaftsrechts, wie besonders eines die Bodenmobilisierung einschränkenden Erbrechts (Anerbenrechts), Erbpachtrechts und Schuldrechts im wohlverstandenen Interesse der Gesamtwirtschaft und nicht etwa nur der agrarischen Besitzer- und Unternehmerklassen gelegen ist. Auf der Seite der städtischen und industriellen Wirtschaftssphäre selbst ist die Umkehr nicht minder unverkennbar. Einer ersten Periode, in der der hochkapitalistische Unternehmer zufrieden ist, die landflüchtigen Arbeitskräfte in der Stadt abzufangen, folgt eine zweite Periode, da die langsame Steigerung gerade der städtischen Lebenshaltung ihn zwingt oder mindestens anreizt, die billige Arbeitskraft in den patriarchalischen Umgebungen des Landes und der Kleinstädte aufzusuchen, wozu noch besonders beitrug, daß im Mittelgebirge (wie an der Ruhr und in Oberschlesien) die Lager des jetzt wichtigsten Brennstoffs, der Stein- und Braunkohle und (wie in Thüringen, Schwarzwald und Niederschlesien) die Standorte alter Haus- und Verlagsgewerbe sich befanden. Es wäre irrig, diese Rückwanderung der Unternehmung auf das Land wiederum lediglich als eine Steigerung des schon Gewohnten, also etwa Entstehung von immer neuen und größeren Städten aufzufassen. Vielmehr gestaltet sich auch hier abermals etwas ganz Neues: Industriekreis und Industrielandschaft treten, über staatliche und selbst nationale Grenzen hinweg (wie in der Elbhafenfrage zwischen Hamburg und Preußen oder der Kohleeisenfrage zwischen Deutschland, Frankreich, Belgien und Luxemburg), neben und über die Industriestadt, und die gemeinsame Arbeit der sozialpolitischen Reformer mit ihren Gartenstadtplänen und der verkehrspolitischen Rechner mit ihrer immer verbesserten Technik der sogenannten Pendelwanderung zwischen Arbeits- und Wohnplätzen vollzieht auch für den Hochkapitalismus den alten wirtschaftsgeschichtlichen Fortschritt vom Punkt zu der Fläche.

2. Das Maschinenzeitalter.

Was ist nun der wirtschaftliche Inhalt der wechselnden hochkapitalistischen Siedlungsformen und welches das Triebwerk der Arbeit und des Verbrauchs jener in Bewegung geratenen Bevölkerungsmassen? Wir sahen schon, der Hochkapitalismus vollendet die vom Merkantilismus begonnene Umstellung der Produktionsrichtung von Gewohnheit und Wunsch des Verbrauchers auf rastlos wechselnde Bestimmtheit durch den Erzeuger. Daher hat vielleicht auch hier wieder die wirtschaftliche Technik in jenem umfassendsten Verstande als Zwischengelenk der geistigen und der materiellen Gesellschaftsentwicklung den ersten Anspruch auf Beachtung. Nicht mit Unrecht haften die großen Erfindungen der englischen Textilmaschinerie in der zweiten Hälfte des 18. Jahrhunderts im Gedächtnis der Gegenwart als maßgeblichste technische Anreger. Ursprünglich bekanntermaßen Zufallsergebnisse des ländlich-kleinstädtischen Gewerbefleißes und Experimentiersinnes, wurden die Spinnmaschinen (der „Wasserrahmen", das „Mädchen", jenny, und das „Maultier", mule) des Barbiers Arkwright und der Textilarbeiter Hargreaves und Crompton und der mechanische Webstuhl des Pfarrers Cartwright die ersten gewaltigen Hebel der industriellen Revolution, weil sie an dem Weltstandort der Lancashirer und Yorkshirer Baumwoll- und Kammgarnindustrie zuerst die drückende Produktionsschranke der Handspinnerei und Handweberei aufhoben und dadurch die erste jener phantastischen Rohertragssteigerungen ermöglichten, die den Hochkapitalismus trotz aller Verelendung zum Werkzeug stetig reichlicherer Versorgung seiner eigenen Bevölkerungen und der ganzen Welt machten. Und im Frankreich der Revolution gestaltete die naturwissenschaftliche Epoche der Laplace und Lavoisier den politischen und wirtschaftlichen Kampf mit England auch zu einem technischen, in dem z. B. der Webstuhl von Jacquard ganz selbständige Bedeutung für die alte französische Textilindustrie gewann. Mittelbar ergab die neue Arbeitsmaschinerie dann zunächst den steigenden Drang nach entsprechend steigenden und stetigen motorischen Kräften, der erst die gasförmige Materie in der Dampfmaschine James Watts und Matthew Boultons und im Steinkohlengas der Kokereien und Generatorfabriken (dieser seit 1840) und schließlich (vor allem dank der Zusammenarbeit Werner Siemens' mit England) die elektrischen Kräfte der Materie in nahen, fernen und drahtlosen Leitungen der Wirtschaft zur Verfügung stellte.

Neben diesem Triumphzug der mechanischen Technik lief der der chemischen, seit zuerst (1784) das Puddelverfahren mit der Steinkohle das Roheisen des Hochofens in neuer Weise schmiedbar und walzbar gemacht hatte: die Eisenchemie schuf in der Konverterbirne des Engländers Bessemer (1856) die Grundlage für die tausendfältige Ertragssteigerung der Flußeisen- und Flußstahlverfahren, das dann durch Bessemers Landsleute Thomas und Gilchrist (1878) besonders für die phosphorreichen Minetteerze des Festlandes und durch das deutsch-belgische Erfinderdoppelpaar (Friedrich und Wilhelm) Siemens und (Emile und Pierre) Martin (1864) für eine ganz neue Verwendung des industriellen Abfalls, des Eisenschrotts, aufnahmefähig gemacht wurde. Die Kohlechemie aber, von August Wilhelm Hofmann zuerst in England und dann auch in seinem Vaterlande begründet, eroberte durch die großartig einheitliche Bearbeitung der flüssigen und gasförmigen Kohlenderivate den letzten und modernsten Bereich der hochkapitalistischen Stoffwirtschaft, die Synthetisierung der organischen Stoffe von den Ölen, Farben und Heilmitteln bis zu dem künstlichen Stickstoff- und Phosphordünger, der zusammen mit dem Salpeter Chiles und dem Kali des deutschen und französischen Bergbaus der alternden europäischen Landwirtschaft buchstäblich einen neuen Boden bereiten half und so die Lehren der deutschen Agrikulturchemiker Liebig und Wollny erst wahrhaft fruchtbar machte.

Einen zweiten großen Anlauf machte die hochkapitalistische Technik, als mit der Übertragung von James Watts Dampfmaschine von der Erzeugung auf den Verkehr das begonnene „Maschinenzeitalter" zu einem „Eisenbahnzeitalter" wurde. Es ist erstaunlich, wie wenig geradlinig diese Verkehrsumwälzung aus der Krise der 20er Jahre heranwuchs. Lange liefen sowohl die zahlreichen technischen Projekte, unter denen die Brüder Stevenson nur eine einzelne Gruppe bildeten, wie die zu ihrer Ausführung bestimmten wirtschaftlichen und finanziellen Experimente bunt durcheinander. Von den beiden Leitgedanken des späteren Eisenbahnwesens brauchte der neuere, der Dampfantrieb (dem dann die Explosionsmotoren auf dem Fuße folgten), erst einige Zeit, um sich mit dem schon älteren Gedanken des festen Oberbaus von Gleisen zu verbinden. Nur an der Schwere des Motors scheiterte damals der Versuch, neben der Eisenbahn sogleich auch das individuellere Beförderungsmittel des Automobils wirtschaftlich zu machen.

Übereinstimmend löste sich die Frage der Kapitalaufbringung und Wirtschaftsorganisation für das neue Verkehrsmittel. Zwar ist keineswegs, wie oft geglaubt wird, der frühe Eisenbahnbau einseitig auf die Privatwirtschaft begründet gewesen. Wenn sich England und ihm folgend die festländischen Staaten nach heftigen wirtschaftspolitischen Streitigkeiten entschlossen, das Wagnis zunächst dem Privatkapital zu überlassen, so verzichtete doch das Privatkapital durchaus nicht auf jene vielfach ganz merkantilistischen staatlichen Beihilfen und Bürgschaften, die auch später beim Bau der asiatischen und amerikanischen Eisenbahnen durch das europäische Kapital immer wieder in Anspruch genommen wurden. Und im Austausch für diese Hilfen pflegten die Staaten des frühen Eisenbahnzeitalters dann auch, durch die spekulative Mißwirtschaft des Eisenbahnkapitals in der erst jetzt und hier sich ausbreitenden Aktienform häufig dazu gezwungen, nicht unwichtige Beteiligungs- und Aufsichtsrechte in dem neuen Wirtschaftsgebiet zu beanspruchen. Indessen bleibt doch bestehen, daß der Eisenbahnbau das erste große Unternehmen von gesamtwirtschaftlicher Bedeutung war, das nicht mehr der merkantilistische Staat, sondern sein Machtnachfolger, das hochkapitalistische Privatunternehmertum, der modernen Welt errichtet hat. „Eisenbahnkönige" wie George Hudson in England, Strousberg in Deutschland und Henry Villard (Hilgard) in Amerika beherrschten seine Geschichte. In Frankreich waren die Hauptapostel des neuen Verkehrsmittels, die Brüder Péreire, wie Ferdinand de Lesseps, der Planer des Panama- und Erbauer des Suezkanals, begeisterte Schüler des staatsfreien Sozialismus St. Simons. Und wenn dann von dem preußischen Neumerkantilismus Bismarcks bis zur Kriegswirtschaft der westeuropäischen Staaten und Amerikas der Staat aus Gründen der Machtpolitik, aber doch auch der reinen, durch den Wettbewerb bedrohten Wirtschaftlichkeit mit verschiedenen Graden der Verstaatlichung und Staatsaufsicht die Zügel noch einmal straffer anzog, so beweist wieder die jüngste Abgliederung der eben erst geeinten deutschen Reichsbahn und der belgischen Staatsbahn von ihren Staatshaushalten, daß auch hier nur ein großer Rhythmus die wechselnden Bedürfnisse des Hochkapitalismus erfüllen konnte.

Auch in einer anderen Hinsicht haben wir uns immer noch von den Vorurteilen und Gewohnheiten des ersten hochkapitalistischen Eisenbahnzeitalters freizumachen. Damals sah es aus, als sei durch das neue Verkehrsprinzip nicht bloß das verkehrspolitische Lieblingskind des Merkantilismus bis zu Napoleon, der Kunststraßenbau, sondern sogar die Fürsorge für die Wasserstraßen, denen ja gleichfalls der Merkantilismus Preußens, Frankreichs und sogar Englands die größte Aufmerksamkeit geschenkt hatte, unwesentlich geworden. Auch hier haben uns erst die Gegenbewegungen der zweiten, neumerkantilistischen Periode des Hochkapitalismus darüber belehrt, daß die Fahrstraße zunächst für die Bedienung der Eisenbahn ihre Bedeutung behält und sie dann sogar für den Wettbewerb des Personen- und Lastkraftwagens mit der Eisenbahn ins Ungeahnte steigert, während das viel strittigere Problem der Binnenschiffahrt heute doch wohl bereits das eine zu sagen erlaubt, daß auf die Dauer allenthalben Stromregulierung und Kanalbau insgemein mit der modernen Bewirtschaftung der Wasserkraft als „weißer Kohle" auch neben dem vollkommensten Eisenbahnnetz unentbehrlich sein werden. War dabei die Verkehrsumwälzung des Dampfes der Schiffahrt zunächst auf den großen See- und Überseestraßen zugute gekommen, wo sie ihr die typisch hochkapitalistische Loslösung von der Naturabhängigkeit der Segelschiffahrt brachte, so deutet seit der letzten Jahrhundertwende die Ausdehnung und Zusammenballung der europäischen Binnenschiffahrt gleichwie die völkerrechtliche Vereinheitlichung des Verkehrs auf den „internationalen Strömen" (unter Elbe-, Rhein- und Donauschiffahrtsakte) doch darauf hin, daß Binnenschiffahrt und Kanalbau im Begriffe sind, den gewaltigen Überseelinien und Überlandbahnen des modernen Verkehrs als Drittes ein ebenso gewaltiges System der Überlandschiffahrt (wenn ich so sagen darf) zur Seite zu stellen.

Selbst in den vielumstrittenen Wirkungen des Maschinenzeitalters auf den hochkapitalistischen Menschen namentlich als geistiges Wesen ist es Aufgabe der Wirtschaftsgeschichte, das Auf und Ab von nur zu oft einseitig gesehenen und einseitig bewerteten Tendenzen aufzusuchen und bloßzulegen. Die Verwandlung des Menschen in ein hilfloses und beliebig auswechselbares Atom der maschinellen Wirtschaftsprozesse ist schon im vergangenen Jahrhundert auf Grenzen gestoßen. Die Versammlung alles wirtschaftlichen Denkens an den leitenden Stellen der hochkapitalistischen Einzel- oder Gesellschaftsunternehmung hat nicht verhindert, daß das Entschwinden des Geistes aus den Massenfunktionen der Arbeiter und Angestellten am Ende auch die rein wirtschaftliche Rentabilität der Betriebe in Gefahr brachte. Wie die moderne Kriegstechnik zugleich an den beiden Enden einer immer zunehmenden Materialisierung und einer von dieser nicht nur nicht ausgeschlossenen, sondern vorausgesetzten Vertiefung in die Seele des einzelnen Mithandelnden arbeitet, ist auch die hochkapitalistische Betriebswissenschaft trotz des äußeren Anscheins ödester Mechanisierung in vollem Zuge, in allen ihren Funktionen den Menschen wieder zu entdecken. Die „psychotechnische" Eignungsprüfung und Berufsberatung, für die der Arbeiter bereits zum abstrakten Skelett von Einzelvermögen und Einzelfunktionen geworden war, ergänzt sich durch eine „Tiefenpsychologie", die auch den mechanischsten Arbeitsvorgang wieder als einheitliche Gestalt zu sehen bemüht ist. Aus dem berüchtigten Fabrikſklaven der Arbeitsteilung und Arbeitszerlegung ist nicht bloß in den amerikanischen „Systemen" Taylors und Fords, sondern unter ganz andern Verhältnissen auch überall im europäischen Hochkapitalismus der Mitarbeiter geworden, der vielleicht nicht so sehr durch soziale Ideologien von Werkstattaussiedlung und Fabrikfeudalismus oder durch sozialpolitischen Zwang zur „industriellen Demokratie" der Betriebsräte wie durch das eigene Interesse und den eigenen Sinn des Produktionszusammenhanges als ein Verstehender, Überschauender und Mitwollender darin eingegliedert sein soll.

Ja sogar von den letzten und empfindlichsten Angriffen des Hochkapitalismus auf die überlieferten menschlichen Lebensreformen lassen sich ähnliche, wenn nicht tröstliche, doch wenigstens vorsichtig und zurückhaltend stimmende Feststellungen machen. Auf dem Gipfel des Hochkapitalismus sah es in der Tat so aus, als sei auch der Emanzipationskampf, den besonders die Frau gegen das alte, vaterrechtlich gebaute Familien- und Familienwirtschaftsgebilde führte, nur die ideologische Verhüllung von lauter vorwiegend wirtschaftlich bestimmtem Zerfall, dem Zerfall der letzten Verbandseinheit, die nach dem Untergange der mittelalterlichen Gemeinschaftsformen noch übrig war. Wie in dem Wirtschaftselend der 20er und 30er Jahre Frauen- und Kinderarbeit die proletarische Familie zerstört hatte, griff jetzt die zunehmende Übertragung der häuslichen Produktions- und dann auch Konsumtionstätigkeiten auf die Marktwirtschaft auch die Familie der mittleren und oberen Klassen an. Aber auch hier ist nicht nur eingetreten, was die Nationalökonomie allemal als Folge der ersten schlimmen Freisetzung von Arbeitern durch die Maschinen beobachtete, nämlich daß nun die zu Hause entbehrlichen weiblichen Arbeitskräfte nach kürzeren oder längeren Anpassungskämpfen irgendwie in der im gleichen Verhältnis ausgedehnten Marktwirtschaft Platz fanden. Es scheinen sich darüber hinaus neue Arbeitsteilungen zwischen den Geschlechtern anzubahnen, die entgegen den anfänglichen Gefahren wechselseitiger Schädigung durch den weiblichen Wettbewerb die körperliche und die geistige Eignung der Geschlechter in den verschiedenen Wirtschaftsgebieten und in der Stufenfolge der Funktionen innerhalb eines jeden Wirtschaftsgebietes neu zusammenordnen.

3. Freiwirtschaft und Volkswirtschaft.

Die von diesem neuen hochkapitalistischen Industrieapparat erzeugten gewaltigen Gütermassen mußten nun, wenn das Gesetz ihrer Produktion als eines stetig sich ausweitenden Ganzen durchzuführen sein sollte, auch den entsprechenden Absatz d. h. die Verwandlung in neue Geldkapitalien und Produktionsmittel finden. Diese Aufgabe war zweifellos in großem Maße schon dadurch lösbar, daß die hochkapitalistischen Teile der neuen Weltwirtschaft sich selbst als ständig wachsende Kreise mit den notwendigen baulichen und maschinellen Anlagen, den Lebensnotwendigkeiten ihrer Arbeiter und dem Luxusverbrauch ihrer Kapitalisten versorgten. Allein die Schwierigkeit lag hier abermals nicht so sehr im rein Mengenmäßigen als in der Art und Weise, wie die historisch-zufällig hier und da, so oder so angeregten Massenproduktionen zu dem angegebenen Ziele zusammenzustimmen waren. Und die Ära des Napoleonischen Weltkrieges und des ihm folgenden Friedens und Wiederaufbaus war besonders dazu angetan, diese Schwierigkeit zu vergrößern. Die Kontinentalsperre hatte zu dem politischen Zweck der Fernhaltung der englischen Industrie- und Kolonialwaren mitten in die nach freier Wirtschaft rufende Welt ein scharf merkantilistisches System künstlicher Industrialisierung hineingestellt. Aber nicht in dem oft von modernen kontinental-wirtschaftlichen Gedankengängen aus vermuteten Sinne einer harmonisch-gleichmäßigen Entwicklung der festländischen Staaten. Vielmehr unter krasser Bevorzugung der von Napoleon unmittelbar beherrschten französischen und italienischen Länder, einer schon geringeren Begünstigung der deutschen, vor allem rheinisch-westfälischen und sächsischen Industrie und einer starken Schädigung Ostdeutschlands und Osteuropas, deren agrarischer Rohstoffexport von Getreide und Holz zugunsten des amerikanischen und kanadischen Wettbewerbs zurückgedrängt wurde. Deshalb widerlegte der Weltfriede von 1815 alsbald schlagend die liberalen Erwartungen eines Aufblühens der zurückgehaltenen, eines Sicheinordnens der überentwickelten Wirtschaftskreise zu weltwirtschaftlicher Harmonie. Die erste große Krise des Hochkapitalismus zu Beginn der 20er Jahre ließ die pessimistischere Hälfte der Zeitgenossen, theoretisch geführt von dem Schweizer Sismondi, daran verzweifeln, daß die neue Wirtschaftsform ihr Gleichgewicht in sich selbst finden könne, und selbst der theoretische Optimismus der andern Hälfte unter dem französischen Baumwollfabrikanten Jean-Baptiste Say wußte sich keinen Rat vor der allseitigen Überproduktion, die ebenso allseitig auf zunehmende Abschlußneigungen der staatlichen Volkswirtschaften nach dem Prinzip merkantilistischer Selbstgenügsamkeit stieß.

In dieser Epoche sind die beiden Haupttendenzen der hochkapitalistischen Marktorganisation entstanden, deren Mischung und Wechsel seither die Entsprechung zu dem Rhythmus gebundener und freier Produktion gebildet hat. Auf der einen Seite vertrat England, das nun endlich um die Mitte des 19. Jahrhunderts die letzten Reste seines Merkantilismus in Zoll- und Schiffahrtsgesetzgebung abwarf, den großartigen, in seiner Endgültigkeit fast an mittelalterliche Vorstellungskreise erinnernden Gedanken, daß die Weltwirtschaft des Hochkapitalismus eine Arbeitsteilung zwischen den Industriestaaten und ihren nun nicht mehr kolonialpolitisch abhängigen, sondern nur wirtschaftlich verbundenen Absatzmärkten und Rohstoffquellen in Europa und Übersee darzustellen habe. Genau wie binnenwirtschaftlich Stadt und Land, Industrie- und Agrarsphäre in ihrem grundsätzlich verschiedenen Aufbau aufeinander angewiesen seien. Auf der andern Seite erhob sich namentlich aus den Erfahrungen und Bestrebungen der industriellen Wettbewerber Englands, Frankreich, Amerika und Deutschland, eine zweite, nicht weniger großartige Ansicht, die die Weltwirtschaft statt unter dem Bilde naturgegebener Kräfteverteilung, z. B. nach Rasseneigenschaften der Bevölkerungen, Klimaten und Bodenschätzen wie Kohle und Eisen, als ein grundsätzlich fließendes Ganzes von Entwicklung und Verschiebung zwischen den einzelnen Wirtschaftskreisen, beherrscht von deren politischem Machtkampf und nationaler Kraftentfaltung, faßte. Es sind die Theorien von der unbegrenzten Entfaltungsmöglichkeit der nationalen „Produktivkräfte", mit denen um 1800 die Vereinigten Staaten und das napoleonische Frankreich gegen England auftraten und die dann von den großen, selbständigen Wirtschaftsdenkern Deutschlands, besonders dem Preußen Adam Müller, dem Badener Karl Friedrich Nebenius und dem Württemberger Friedrich List, fortgebildet wurden. Auch bei ihnen ergaben sich aus der Behandlung der Weltwirtschaft bedeutungsvolle Folgerungen für die der Binnenwirtschaft, nämlich umgekehrt wie bei den Freihandelslehrern auch innerhalb der Volkswirtschaft der Zweifel an der Endgültigkeit des Verhältnisses von Industrie und Landwirtschaft in den europäischen Staaten des 19. Jahrhunderts und der feste Glaube, daß unter dem Schutz des Staates nicht nur rückständige zu führenden Industrien, sondern auch alternde und hinter der Aufgabe nationaler Rohstoffversorgung nicht zurückbleibende Landwirtschaften wieder zur Ergiebigkeitsstufe ihrer überseeischen Wettbewerber erzogen werden könnten.

So waren in Wahrheit beide Auffassungen, und das heißt doch auch beide tatsächliche Möglichkeiten des hochkapitalistischen Ausbaus von seiner Geburtsstunde an zugleich gegeben, die freiwirtschaftlich-naturgebundene und die staatswirtschaftlich-geschichtliche. Während aber Frankreich und die romanischen Länder überhaupt trotz der bourbonischen und napoleonischen Überlieferungen in weitem Maße von der englischen Exportwirtschaft abhängig blieben, erstarkte der Hochkapitalismus in den germanischen Bundesstaaten der Union und Deutschlands im wesentlichen unter der Führung staatlicher und nationaler Wirtschaftspolitik zu ungeahnter Höhe neben dem englischen. Das amerikanische Wirtschaftsleben hat sich von den ersten, gegen England gerichteten Zolltarifen und Schiffahrtsgesetzen Alexander Hamiltons bis zum modernen Zoll- und Schiffahrtsprotektionismus in einem stetigen Auf und Ab zwischen den mächtigeren Interessen des industriellen und kommerziellen Ostens und den schwächeren des agrarischen Westens bewegt, aber trotz der großen Bedeutung des Getreideexports für den Westen doch stets im labilen Gleichgewicht des „amerikanischen Systems", in dem Industrie und Landwirtschaft wesentlich als einander bedürfende und einander genügende Hälften einer autarken Nationalwirtschaft erschienen. Dazu trug nicht am wenigsten bei, daß die amerikanische Landwirtschaft teils durch die Konkurrenz immer neuen jungfräulichen Heimatbodens, teils durch ihren von vornherein stark kapitalistischen Charakter sehr früh und ausgedehnt zur Verwendung von Maschinen (wie gleich anfangs Whitneys Baumwollentkernungsmaschine, später besonders den Motorschleppern) und künstlichen Düngemethoden (jetzt vor allem dem europäischen Kali) überging.

Das war gewiß zunächst die besonders begünstigte Lage eines Staatswesens, das von der subtropischen Baumwolle bis zu Kohle-, Erz- und Petroleumvorräten alle Vorteile eines ganzen Kontinents vereinigte. Anders lag der Fall Deutschlands mit seiner schatzreichen, aber winzigen, zwischen feindlichen Nachbarn eingekeilten Standortsgrundlage in der Mitte Europas. Trotzdem war auch hier die im geistigen und materiellen Ringen mit England geschaffene Wirtschaftspolitik die entscheidende Voraussetzung der hochkapitalistischen Führerstellung. Mit Welthandelsstädten wie Hamburg, Bremen und Frankfurt geradezu Ausfallstor des englischen Warenexports und Rohstoffimports, brauchte es erst eine gründliche politische Umstellung, bevor von einer Fortführung der durch die Kontinentalsperre geschaffenen Industriegrundlagen die Rede sein konnte. Diese Umstellung vollzog der Zollverein, der als unmittelbare Fortsetzung der preußischen Reformzeit und ihres Zollgesetzes von 1818 das doppelte Gesicht des binnendeutschen Freihandels und des Protektionismus nach außen trug. Er hat mit seinem langsamen Vordringen durch die mitteldeutschen Straßenländer nach Süddeutschland um die gleiche Epoche von 1830, die das Eisenbahnzeitalter einleitete, im selben Zeitmaß den immer wachsenden, wirtschaftlich und rechtlich einheitlichen Markt der Nation geschaffen, in welchem er durch seinen Zollschutz nach außen die Industrien Sachsens, Württembergs und Rheinland-Westfalens zu immer höheren Leistungen befähigte. Gewiß hat diese nationale Zusammenraffung auch wichtige Interessen früherer Zeit opfern müssen. Ein Beispiel aus dem landwirtschaftlichen Gebiete ist das langsame Erliegen des ost- und dann auch des südwestdeutschen Weinbaus vor dem siegreichen rheinischen. Wichtiger auf industriellem Gebiet der vorläufige Abbruch der alten, starken Ausfuhrbeziehungen etwa der schlesischen oder westfälischen Leinenindustrie mit England, Südeuropa und den amerikanischen Kolonien.

Der Zollverein bedeutete aber auch eine sehr entschiedene politische Hinwendung der in ihm geeinten nord- und süddeutschen Länder zu dem hochkapitalistischen Westen und eine ebensolche Abwendung von der noch zum Deutschen Bunde gehörigen deutschen Hälfte der österreichisch-ungarischen Monarchie. Auch in diesem Sinne ist er die genaue wirtschaftliche Vorbereitung des kleindeutschen Bismarckischen Einigungswerkes von 1871 gewesen. Wie einerseits die Hansestädte Hamburg und Bremen mit ihren Sonderinteressen namentlich im befreiten Südamerika und dann in Ostasien wohlweislich außerhalb des Zollvereinsgebietes gelassen wurden, und zwar noch über die Reichsgründung hinaus bis in die achtziger Jahre, so war anderseits das wirtschaftliche Problem des deutschen Südostens noch nicht damit erledigt, daß Bismarck Österreichs Eintritt in den Zollverein bereits als Bundestagsgesandter 1853 verhinderte und 1863 durch den von seinem Helfer Rudolf Delbrück abgeschlossenen Meistbegünstigungsvertrag des Zollvereins mit Frankreich endgültig unmöglich machte. Auch wirtschaftlich ist vielmehr die Hinausschiebung der großdeutschen Frage für den deutschen Hochkapitalismus höchst folgenreich gewesen. Unter der großdeutsch-demokratischen Eintagsverfassung von 1848/49 hatten sich die durch den Reichshandelsminister, den Bremer Duckwitz, vertretenen hanseatischen Interessen mit den weitfliegenden Plänen des Österreichers Bruck für den deutschen Donauverkehr und Orienthandel zu vertragen gesucht. Im Bismarckischen Reich fiel die Vertretung dieser südöstlichen deutschen Wirtschaftsinteressen zum größten Teil dem österreichischen Zwei- und Dreibundsgenossen anheim, und es war der erste Anfang des späteren verhängnisvollen Nichtsehenwollens österreichischer Katastrophen, wenn Bismarck an diesem Beispiel die vermeintliche Unabhängigkeit politischer und wirtschaftspolitischer Freundschaftsverhältnisse voneinander zu erläutern liebte. Die naturgemäße Ausdehnung des deutschen Hochkapitalismus zugleich über die Nordhäfen nach Übersee und über den Balkan nach Vorderasien wurde durch den Mangel an wirtschaftspolitischer Einheit zwischen diesen beiden Ausdehnungsrichtungen schwer geschädigt, und mindestens ein Hauptgrund dieses Mangels lag darin, daß die eigentümliche Beschaffenheit Österreich-Ungarns als patriarchalisch-bureaukratischer Länderstaat mit z. B. uralter Eisenindustrie auch den wirtschaftlichen Anschluß an den ähnlichen, nur reiferen agrarisch-industriellen Hochkapitalismus Kleindeutschlands hintanhielt.

Das war eher mehr als weniger der Fall, seit Bismarck 1879 die ihm im Grunde stets verhaßte und nur als Kampfmittel gelegene Freihandelspolitik mit seinem neumerkantilistischen Programme des Schutzzolles und der Sozialpolitik vertauschte. Es war im freihändlerischen Verstande ein wirtschaftsgeschichtlicher Normalpunkt gewesen, als 1873 die junge Schwerindustrie des neuen Reiches auf die Eisenzölle des Zollvereins verzichtete, deren Abbau neben vielen anderen Verbrauchern besonders auch die noch freihändlerisch gestimmte Landwirtschaft verlangte. Solche Normalpunkte aber sind nur wie Schnittpunkte sogleich wieder auseinanderlaufender Kurven. Alsbald wurde die deutsche Schwerindustrie trotz oder gerade wegen des Vorsprungs (d. h. auch der spekulativen Überproduktion), den ihr der Besitz der lothringischen Minetteerze gegenüber der englischen Eisen- und Stahlerzeugung ermöglichte, in Wechselwirkung mit dem ungeheuer steigenden Eisenbedarf der deutschen Weiterverarbeiter, Eisenbahnen und vor allem auch militärischen Organisationen zu dem Wunsche geführt, sich unter neuem Zollschutz zur konkurrenzlosen Versorgung dieses Bedarfs entwickeln zu können. Ihr gegenüber war die Landwirtschaft um die Wende zu den 80er Jahren leicht für den Gedanken zu gewinnen, daß die in England bereits sichtbare Gefahr der billigen amerikanischen und südrussischen Getreideeinfuhr auch für sie eine Zollprotektion erheische. Und auch diese Erneuerung und Steigerung der alten nationalen Zollvereinspolitik Lists im modernen „Solidarschutzzoll" der beiden großen volkswirtschaftlichen Berufskreise ist wirtschaftsgeschichtlich bemerkenswert vor allem als ganz unauflösbares Geflecht politischer und wirtschaftlicher Motive. Einmal die unleugbare Abbiegung von der reinen industriestaatlichen Entwicklung, wie sie sich in England bis auf die Gegenwart mit der freiwirtschaftlichen Gestaltung des Außenhandels verträgt, nach der Seite des Agrarstaates, den doch nicht allein die die preußische Vormacht beherrschenden adligen Großgutsbesitzerklassen verfochten, sondern nicht minder energisch auch der „Kathedersozialismus" der Historischen Schule in der deutschen Nationalökonomie unter den Antrieben nationaler Machtpolitik und sozialer Hemmung industrieller und kommerzieller Einseitigkeit. Sodann aber auch jetzt politische und wirtschaftspolitische Verwicklungen, die unmittelbar aus dem nationalen Neumerkantilismus entsprangen und diesmal die Weltstellung Deutschlands nach Nordosten bedrohten. Es waren die deutschen Agrarier mit ihrer Furcht vor der russischen Weizeneinfuhr durch die Rheinhäfen und der Notwendigkeit, ihren überschüssigen Roggen nach Rußland abzuwerfen (ein Verkehrsgegensatz, der sich heute im Wettbewerb von oberschlesischer und Ruhrkohle auch auf die Industrie überträgt), nicht so sehr die deutschen Industriellen als unentbehrliche Lehrer der russischen Industrialisierung (und Abnehmer der russischen Futtermittel für die westdeutsche Schweinezucht), die die wirtschaftlichen Reibungen mit Rußland seit 1879 nicht zum Stillstand kommen ließen, so daß hier abermals die Bismarckische Politik das Nachsehen hatte, als der älteste und natürlichste Bundesgenosse der preußisch-deutschen Monarchie auch von der Seite der Wirtschaft her in das politisch unnatürliche Bündnis mit dem französischen Hochkapitalismus hineingetrieben wurde.

Im Vergleich mit dieser klaren, wenn auch welligen Linie der deutschen Wirtschaftsentwicklung bietet die gleichzeitige französische ein weit unklareres und zerrisseneres Bild, freilich mit der deutlichen allgemeinen Tendenz des Rückgangs nach der napoleonischen Höhe. In denselben beiden Jahrzehnten nach der Epoche der 30er Jahre, als der englische Hochkapitalismus durch die großen Wahlrechtsreformen seine gesellschaftliche Machtgrundlage verbreiterte und die Freihandelsära von 1850 bis 1870 vorbereitete, richtete sich als Nachfolger der bourbonischen feudalen Reaktion das Bürgerkönigtum der Orléans durch die Bedenkenlosigkeit zu Grunde, mit der es die „Bereicherung" der großkapitalistischen Händler und Privatbanken duldete und anführte. Das Kaisertum Napoleons III. war alsdann eine sehr denkwürdige Wiederholung des früheren napoleonischen Merkantilismus, getragen besonders von den Bauern, die die sozialistische Republik von 1848 stürzten, aber auch von neuen großen Produktions- und Organisationsinteressen, die in den staatlich gestützten Kreditbanken der Brüder Péreire und in Verbindung damit in dem neuen Aufschwung des französischen heimischen und auswärtigen Eisenbahnbaus zum Ausdruck kamen. Neben, wenn nicht im Widerspruch zu der gefährlichen Annäherung an England im Meistbegünstigungsvertrage von 1860 stand damals eine Politik des französischen Kapital- und Unternehmungsexports, die durch Italien nach Österreich hineingriff und die wechselnde napoleonische Außenpolitik der Kriegszeit von 1859 bis 1866 unterbaute. Sie war bereits eine Vorwegnahme dessen, was nach der raschen finanziellen Erholung Frankreichs vom Frankfurter Frieden eintrat, als der französische Neumerkantilismus zwar erst in den 90er Jahren zum Schutzzoll überging, dafür aber durch die politische Kapitalausfuhr nach Rußland die Stütze dieses Reiches für seine weltpolitische Stellung gewann.

Die Anfänge des italienischen Hochkapitalismus mußten sich sozusagen in den schmalen Zwischenräumen zwischen den Führerländern hindurchwinden. Nachdem Crispis Dreibund mit Bismarck namentlich auch durch den bis zum Zollkrieg gesteigerten wirtschaftlichen Gegensatz zu Frankreich getragen gewesen war, brachte bereits der Liberalismus Giolittis die Loslösung von der (vor allem in der Mailänder Banca Commerciale verkörperten) Führung des deutschen Großkapitals und die Hinneigung zu England, dem Schiedsrichter der afrikanischen Kolonialpolitik und dem Hauptlieferanten des italienischen Zuschußbedarfs an Kohle und Getreide. Und der Hochkapitalismus der Diktatur Mussolinis hat trotz aller politischen Widersprüche die Beziehungen zu den angelsächsischen Kapitalgebern mehr gepflegt als zu den deutschen industriellen Wettbewerbern.

Der englische Hochkapitalismus konnte sich seit dem Abfall der amerikanischen Kolonien und der politischen Herrschaft des neuen Unternehmertums infolge der Wahlreformen zunächst immer ungehinderter der Verwirklichung des theoretischen Ideals hingeben, das seine nationalökonomischen Meister für den freien Austausch der Produktionen in der Volkswirtschaft und der Volkswirtschaften in der Weltwirtschaft aufgestellt hatten. Seine große Exportindustrie namentlich der Baumwollwaren, deren landschaftlicher Mittelpunkt Manchester auch zum geistigen Zentrum des englischen Liberalismus wurde, war das klassische Beispiel der hochkapitalistischen Industrie, die durch ihre hohe technische und organisatorische Stufe nicht nur den heimischen Markt ohne die Notwendigkeit irgendeines Schutzes mühelos beherrscht, sondern darüber hinaus alle unentwickelteren Länder der Erde zu Märkten hat und die zweitens auf dem gleichen Wege des natürlichen, politisch ungezwungenen Welthandels ihre Betriebe mit Rohstoff und ihre Arbeiter mit Nahrungsstoff aus fernsten überseeischen Erzeugungsgebieten zu speisen vermag, ohne sich über die damit gegebene Abhängigkeit von den Böden dieser fremden Länder vorerst Gedanken zu machen. In der selbstverständlichen Folge dieser Situation und der sie spiegelnden Anschauungen schien es zu liegen, daß um die Mitte des 19. Jahrhunderts der große militaristische Machtapparat, der namentlich in Gestalt der Kriegsflotte die englische Weltstellung getragen hatte, dem Abbau verfiel und die großen kolonialen Stellungen des englischen Volkstums in allen vier außereuropäischen Erdteilen freiwillig und friedlich auf die Bahn der staatlichen Ablösung verwiesen wurden, die die amerikanischen Kolonien sich noch kriegerisch erzwungen hatten.

Allein in der folgestrengen Auswicklung dieses freiwirtschaftlichen Programms steckten mehr Widersprüche, als eine von gleichen Anschauungen bestimmte Wirtschaftsgeschichte heute noch einsieht. Zunächst darf der parteimäßige Kampf des Freihandels gegen jene staatswirtschaftlichen Neigungen, die auf dem Schauplatz der englischen Weltherrschaft am frühesten den Namen des Imperialismus erhielten, nicht darüber täuschen, daß die Erfolge des englischen Hochkapitalismus in der Aufschließung und Beherrschung des Weltmarktes zu keiner Zeit das reine Ergebnis der Überlegenheit im freien Wettbewerb waren, daß vielmehr überall hinter ihnen die ganze Fülle wenigstens möglicher Gewaltanwendung und aller der geistigen und materiellen Überlegenheiten stand, die die Macht des Hochkapitalismus über frühkapitalistische und vorkapitalistische Volkswirtschaften, des wirtschaftlich und politisch kolonisierenden Weißen über alle farbigen Völker der Erde ausmachen. So verkörperte sich die englische Ausfuhr nicht bloß in dem gefälligen Exporteur von Fertigwaren, sondern daneben zunehmend in der Kohle, deren nahezu monopolistisches Angebot die Weltschiffahrt und die kohlearmen Industrieländer, fast bis zum Erscheinen der amerikanischen Kohle im Weltkrieg, dem englischen Kapital tributpflichtig machte. Und den englischen Imperialismus etwa in Asien hat es nicht gemildert, sondern verschärft, daß in den 50er Jahren das merkantilistische Riesenmonopol der Ostindischen Gesellschaft zuerst in China und dann in Indien selbst ein Ende fand und diese beiden gewaltigen Waren- und Anlagemärkte der freien Privatunternehmungen eröffnet wurden. Denn diese Privatunternehmung wurde nun von dem diplomatischen und militärischen Apparat des englischen Staates geschützt und vorwärts getragen, wie bis dahin die Interessen der Kompanie von deren privaten Machteinrichtungen getragen gewesen waren.

Ebensowenig wie dieses geheime Einverständnis mit dem Imperialismus wurde von dem englischen Freihandel bemerkt, daß er durch politische Unterstützung des europäischen und amerikanischen Liberalismus unfehlbar seine eigene Position als reiferer Wettbewerber untergrub. Die politische Intervention für das konstitutionelle Bürgertum in den südeuropäischen Staaten von Portugal bis Griechenland und in den südamerikanischen Republiken machte sich noch am ehesten wirtschaftlich bezahlt und war ja zum großen Teil nur eine einfache Fortsetzung der Beschützerrolle, die schon das merkantilistische England als Nachfolger des spanischen Kolonialreiches gespielt hatte. Aber bereits das deutsche, französische und amerikanische Bürgertum, das sich am Vorbilde des englischen Liberalismus emporrichtete, war der geborene Gegner der englischen Industrieherrschaft, und zwar in doppeltem Sinne, sowohl auf seinen Binnenmärkten wie auf dem gemeinsamen Weltmarkt. In den englischen Tochtersiedlungen aber, die mit ihrem militärischen und wirtschaftlichen Zuschußbedarf in den 50er Jahren von den Konservativen und Liberalen gleichmäßig als ein „Mühlstein am Halse" des Mutterlandes empfunden wurden, erwachten eben damals bodenständige bürgerliche Unternehmerschichten, die in Kanada nach den Vereinigten Staaten, in Südafrika nach dem Burentum und sogar in Australien und Neuseeland nach fremden Anlehnungen, wie der französischen oder amerikanischen Handels- und Kolonialmacht, zu gravitieren drohten, wenn nicht England bereit war, zwischen den bequemen Wegen der hergebrachten autokratischen Kolonialverwaltung und der völligen politischen Abtrennung den schwierigeren Mittelweg der kolonialen Selbstverwaltung zu suchen, wie er dann in den Bundesverfassungen für Kanada, Australien und Südafrika (1867, 1900, 1907) gefunden wurde.

Während aber hier gerade die Zwischenlösung der „freiheitlichen" kolonialen Selbstregierung dem Liberalismus zunächst die Tatsache verdeckte, daß der theoretische Gang der freien Wirtschaftsentwicklung verlassen war, hatten andere Bestandteile der liberalen Wirtschaftspolitik schon früher entscheidende Gegenwirkungen erfahren. Die Aufrollung begann an dem schwächsten Punkte des wirtschaftlichen Liberalismus, nämlich der fatalistischen Haltung, mit der er der „sozialen Frage" nach dem Schicksal der wachsenden und wachsend proletarisierten Lohnarbeiterklassen gegenüberstand. Gewiß ist die Sozialpolitik aller hochkapitalistischen Länder außer durch den Klassenkampf des materiell gedrückten und geistig gehobenen Proletariats durch einen fortwährenden Wettlauf zwischen den beiden gegensätzlichen Welt- und Wirtschaftsauffassungen der Herrscherklassen selbst, zwischen staatswirtschaftlichem Patriarchalismus und sozialreformerischem Liberalismus bestimmt. Indessen nirgends ist klarer als in dem hochkapitalistischen Führerstaate England, daß dieser Wettlauf am Anfang dem liberalen Unternehmertum durch das drohende Bündnis konservativer und sozialistischer Überzeugungen und Organisationen aufgenötigt werden mußte. In England bezeichnet die Sozialpolitik eines Shaftesbury mehr die innerlich-natürliche Vereinigung sozialistischer und konservativ-kirchlicher Gedanken wie in Deutschland bei Thünen und Rodbertus, die eines Disraeli oder später Lloyd George mehr das praktisch-opportunistische, wenn nicht gar machiavellistische Kompromiß nach der Art Bismarcks. Jedenfalls ist an diesem Punkte und von diesen Seiten her getrieben der Liberalismus zuerst Englands und darauf des Festlandes am frühesten zu Zugeständnissen gedrängt worden, die eine Aufgabe seiner ursprünglichen Ablehnung aller mittelbaren oder unmittelbaren Staatsintervention in der Wirtschaft in sich schlossen. In der späteren hochkapitalistischen Sozialpolitik haben sich dann die Motive und Parteiungen oftmals in verwirrendster Weise gekreuzt. Konservativ-patriarchalischer Unternehmergeist im Sinne des „Saarkönigs" Stumm, wie er die halbfeudale Schwerindustrie des Bismarckischen Reiches beseelte und heute wieder die ganz andersartige amerikanische Riesenunternehmung beseelt, hat gerade im liberalen Sinne des Individualismus und der freien Marktbildung sozialpolitisch Hervorragendes geleistet. Auf der anderen Seite haben die liberalen Gegner dieses industriellen Patriarchalismus in den bürgerlichen Händler- und Intellektuellenschichten, an der Spitze die Befürworter der „konstitutionellen Fabrik" besonders in der Fertigindustrie wie Abbe—Jena, Freese—Berlin und Bosch—Stuttgart die besten Verbündeten des sozialistischen Klassenkampfes abgegeben, der mit der Staatsaufsicht über Arbeitsbetrieb und Arbeitsvertrag und der staatlichen Anerkennung der großen gewerkschaftlichen Organisationen schon vor und erst recht nach dem Weltkriege den freien Arbeitsmarkt der klassischen Vorstellung endgültig beseitigt hat.

Die zweite Stelle, an der der englische Wirtschaftsliberalismus einer Prüfung unterworfen wurde, war die Rolle der Landwirtschaft im hochkapitalistisch industrialisierten Staate. Ein Land mit so überwiegender und schon so alter Bedeutung der Industrie und namentlich des Außenhandels wie England, wo eine besondere Form der fideikommissarischen Bindung des ländlichen Großbesitzes für eine bestimmte Generationenfolge, das Entail, die jüngeren Söhne des Adels schon seit dem Merkantilismus dem Gewerbebetrieb zugeführt hatte, konnte sich einen Zollschutz der nationalen Landwirtschaft vor der überseeischen nicht wohl leisten, denn sein großer Zuschußbedarf von Nahrungsmitteln war durch keine absehbare Hebung der heimischen landwirtschaftlichen Leistungen entbehrlich zu machen. Immerhin war auch diese unvermeidliche Verflechtung in eine angeblich freie Weltwirtschaft, wie noch zuletzt das Ringen mit dem deutschen Unterseebootkrieg zeigt, an die politische Bedingung der militärischen Seeherrschaft geknüpft, die allein die Zufuhrwege sichern konnte. Außerdem aber ergab der Verzicht auf den agrarischen Protektionismus nach deutschem oder französischem Muster eine doppelte Gestaltung der englischen Landwirtschaft, die der Freihandel durchaus nicht vorhergesehen hatte. Nach der einen Richtung hin Übergang des Landbaus sowohl von der massenhaften Viehzucht des Spätmittelalters und Frühkapitalismus wie von dem massenhaften Körnerbau des Spätmerkantilismus zu jener intensivsten Produktion von Molkerei- und Gartenbauerzeugnissen für den städtischen Markt, von der nicht mit Unrecht gesagt wurde, daß sie den Boden nicht mehr als Naturgabe vorfinde, sondern ihn durch raffinierteste chemische und maschinelle Bearbeitung sich selber schaffe. In schroffstem Gegensatz zu dieser enormen Ertragssteigerung des Landbaus steht jedoch eine andere, nicht minder auffällige Erscheinung der neueren englischen Landwirtschaftsgeschichte. Gerade das liberale Sichverlassen auf die Überschüsse fremder Agrarländer ermöglichte der alten feudalen Grundherrenklasse eine Fortführung ihrer Bodensperre, die in der hochkapitalistischen Welt wie ein seltsamer Atavismus erscheint und doch nichts weiter ist als ein Ergebnis der modernen weltwirtschaftlichen Arbeitsteilung. Je fester sich England für seinen Getreidebedarf auf Amerika und auch für seinen Fleisch- und Fettbedarf neben dem benachbarten Dänemark auf die neue Fleischkonserven- und Gefrierfleischzufuhr der Übersee stützen lernte, desto mehr verlangsamte sich mit Ausnahme der städtischen Gartenbauzonen der Fortschritt seiner eigenen Agrikultur nach Intensität und Ausdehnung und desto gewöhnlicher und für England charakteristischer wurde die extensive Nutzung des Bodens als Park-, Jagd- und Sport- oder auch Ödland adliger und bürgerlicher Grundherren, die sich mit den spätmerkantilistischen Überlieferungen in England, besonders aber in Schottland und Irland so gut vertrug.

Um so heftiger aber mußte nun der Rückschlag dieser nicht einmal wirtschaftlich produktiven Bodensperre auf die Lage der Landbevölkerung sein. Nicht zufällig ist die sogenannte Bodenreformbewegung zwar von Henry George in Amerika begründet, aber zuerst vor allem von englischen Radikalen und Sozialisten zu ihrer heutigen Bedeutung erhoben worden. Im Kampf mit dem Bodenmonopol der großen „Landlords", das in England folgerichtig auch fast allen städtischen Boden umfaßte, ist England noch während der liberalen, „Viktorianischen" Ära dem Festlande auch in der Sozialpolitik der inneren Kolonisation vorangeschritten. Gladstones parlamentarisches Bündnis mit der neuen Partei der irischen Nationalisten hatte bereits in den 60er Jahren die ersten, auf Schaffung bäuerlichen Eigentums gerichteten Reformen der schlechten Pachtrechte in Irland zur Folge, und die Weiterentwicklung dieser irischen Agrarreform, die eine der wichtigsten Grundlagen des modernen irischen Freistaats ist, wirkte nun in einer großen Reihe von Pachtschutz- und Kleinsiedlungsgesetzen nach England und Schottland hinüber, ähnlich wie zur selben Zeit (1886) Preußen mit der Ansiedlungskommission für die von Polonisierung bedrohten Provinzen Westpreußen und Posen den Anstoß zu der allgemeinen „inneren Kolonisation" bis auf das Reichssiedlungsgesetz von 1919 gab.

Getragen war diese Agrarreform, die doch vielleicht auch in England die Landwirtschaft zu den ansehnlichen Anstrengungen des Weltkrieges ertüchtigen half, hauptsächlich von jenen „liberal-imperialistischen" Kreisen, die sich aus Vertretern der Eisenindustrie wie Joseph Chamberlain und Großgrundbesitzern wie Lord Rosebery zusammensetzten und also gesellschaftlich die genaue Entsprechung zu den Anwälten des Solidarschutzzolls im gleichzeitigen Deutschland und Frankreich bildeten. Diese „Tarifreformer" haben Agrarschutzzölle als solche weder erreicht noch angestrebt. Sie haben bekanntlich auch mit dem großartigen Plane eines auf Industriezöllen aufgebauten, dem alten deutschen Vorbilde nachgedachten „Reichszollvereins" (bis auf die tastenden Vorzugszölle der Nachkriegszeit für koloniale Veredlungsprodukte) Schiffbruch erlitten, da die alten, auf Welthandel angewiesenen Exportindustrien sozial und politisch (auch in der zu zwei Dritteln für sie tätigen Arbeiterschaft) stärker waren als jedes mögliche Bündnis zwischen der englischen Furcht vor ausländischem, namentlich deutschem, Wettbewerb und der protektionistischen Industrialisierungspolitik der Dominions. Aber darum haben sie doch dem deutschen, französischen und amerikanischen Neumerkantilismus eine Tat von gleicher Bedeutung an die Seite gesetzt. Das war die neue imperialistische Kolonialpolitik.

Die Fortbildung des britischen Weltreiches blieb nämlich nicht auf jene Verfassungs- und Verwaltungsreformen der selbstregierenden Hauptkolonien beschränkt, denen seit der Verwaltung von Gladstones Schüler Lord Morley und besonders seit dem Weltkrieg auch Indien als erstes farbiges Dominion sich zugesellte. Obwohl das Mutterland für die erwachsenen Töchter schon als Kapitalgeber ihrer agrarischen und industriellen Eigenentwicklung Wichtigkeit genug behielt, drangen seine kolonisatorischen Kräfte doch alsbald zu neuen Aufgaben vor. Kaum war mit der Ostindischen Kompanie der letzte Rest des altenglischen Merkantilismus verschwunden, da entstanden in Ost-, West- und vor allem unter Cecil Rhodes in Südafrika die riesigen kolonialen Monopolgesellschaften, denen genau nach dem Vorgang der Ostindiengesellschaft der neumerkantilistische Staat die Ausdehnung seiner Weltwirtschaft, aber durch umfassende Verwaltungs- und militärische Aufgaben auch die Ausdehnung seiner Weltpolitik übertrug, während er sich zur gleichen Zeit aus der Erbschaft des zerfallenden türkischen Reiches erst den neuen Suezkanal nach Indien und dann in der Form von „Protektoraten" und „Kondominien" auch das dazugehörige ägyptische und sudanesische Nilgebiet aneignete. Dieser koloniale Imperialismus aber, wie ihn Disraeli als erste Wiedervereinigung abendländischen und morgenländischen Geistes träumte, löste nun sogleich in der ganzen hochkapitalistischen Welt das koloniale Wettrennen des Jahrhundertendes aus. Was England in Ostafrika zwischen Ägypten und dem Kap, das versuchte Frankreich in Westafrika zwischen Nigerien und seiner algerisch-tunesisch-marokkanischen Einflußsphäre, das mußte Bismarck durch seine „Kolonialehe mit England" in den Lücken der französisch-englischen Konkurrenz versuchen, die er zunächst nur als Schutzmittel für das „gesättigte" Deutschland zu fördern bemüht gewesen war. Neben den deutschen „Schutzgebieten" in West- und Ostafrika erschienen der belgische Kolonialkapitalismus mit der halb privatrechtlichen Sonderbildung des Kongostaates und der italienische in Eritrea und Tripolis, der zweite noch mehr wie der erste, zugleich Anhängsel und künftige Drohung für die älteren Führerländer des Hochkapitalismus. Und auch die Vereinigten Staaten begannen nicht nur in positiver Auslegung der „Monroedoktrin" von 1823 Mittel- und Südamerika als imperialistische Einflußsphäre zu behandeln, sondern als letzte Erben der spanischen Kolonialmacht die Zuckerpflanzungen Kubas und der Philippinen und den Flottenstützpunkt Hawai zu beiden Seiten des neuen Panamakanals zu verwalten und in China den Schiedsrichter zu spielen.

Unter den Motiven dieser imperialistischen Kolonialpolitik pflegten zwei obenan zu stehen: Erstens das von der sozialistischen Kritik hervorgehobene Streben der hochkapitalistischen Länder, ihren Binnenmärkten überseeische Außenmärkte politisch anzugliedern und diese Außenmärkte möglichst auch mit überseeischen Rohstoffquellen zu verbinden. Also ganz die Politik des alten Merkantilismus, von der es sich nun fragte, ob sie immer wieder mit Losreißungen wie der Amerikas von England enden müsse oder ob sie damals nur an politischer Kurzsichtigkeit gescheitert sei und von einem neuen Merkantilismus mit besserem Erfolge betrieben werden könne. Zweitens dann das, was in der Entwicklung des britischen Weltreichs und seines Verhältnisses zur amerikanischen Union bis zu und in dem Weltkrieg diese neue, bessere Möglichkeit zu verbürgen schien, nämlich der Bluts- und Kulturzusammenhang einer großen modernen Weltrasse, der ein um so festeres Aussehen gewann, je mehr er von andern weißen und farbigen Rassen wie den romanischen oder islamischen bedroht wurde. Auf den ersten Blick drehte sich somit hier alles um die alte Frage, ob sich in der Geschichte der Gesellschaftswirtschaft auf der Erde die Antriebe wirtschaftlicher Vorteilhaftigkeit und Zweckmäßigkeit rein oder nur in der Verflechtung mit außerwirtschaftlichen Momenten durchsetzen würden.

Für das erste spricht und sprach offenbar, daß das Heranwachsen hochkapitalistisch industrialisierter Wirtschaftsgesellschaften auch in der Übersee nach Zeitmaß und Ausdehnung die Erwartungen sowohl der Freihandels- wie der Schutzzollparteien der ersten Hälfte des 19. Jahrhunderts weit übertraf. In Japan, das bisher im wesentlichen wie China gegenüber den vom europäischen Frühkapitalismus eröffneten Beziehungen mit der Außenwelt rein passiv verharrt hatte, begann an der Wende der fünfziger und sechziger Jahre mit einem Mal die Berührung durch die Vereinigten Staaten etwas unerhört Neues zu erzeugen: den erfolgreichen Versuch des ersten orientalischen Volkes, mitten aus einem feudalen und bewußt in dieser Feudalität erhaltenen Gesellschaftsbau von Groß- und Kleinadelsständen (Daimios und Samurai) heraus die politischen und wirtschaftlichen Formen des europäischen Hochkapitalismus, parlamentarische Regierung und expansive Industrialisierung, nachzuahmen. Dieser Aufschwung Japans ist geopolitisch das eigentlich entscheidende Erlebnis des späteren Hochkapitalismus. Denn er bewies zum ersten Male, wie rasch dem europäisch-amerikanischen Zentralgebiet aus der Dienstbarkeit der Kolonial-, Durchdringungs- und Einflußsphären ausgewachsene hochkapitalistische Nebenbuhler erstehen konnten. Und auf der von Japan betretenen Bahn ist nun seitdem und besonders seit der Selbstzerrüttung Europas im Weltkriege die Mehrzahl der hochkapitalistisch, d. h. bürgerlich-parlamentarisch verwalteten Überseestaaten, vor allem die britischen Dominions und die südamerikanischen Republiken, nachgefolgt und haben so auch statistisch meßbar das Schwergewicht des Welthandels von Europa nach den vier andern Weltteilen, vom Atlantischen Ozean nach dem Stillen Ozean zu verlegen begonnen. Das hat ersichtlich für den Kolonialimperialismus besonders Englands zunächst die Bedeutung, daß jede Kolonialgründung heute in absehbarer Zeit sich nicht nur wie die amerikanischen Kolonien des 18. Jahrhunderts durch Industrialisierung und vorteilhaftere Einfuhrbeziehungen vom Mutterlande hinweg, sondern als industrielles Ausfuhrland sogar dem Mutterland zum Wettbewerber zu entwickeln droht.

Allein diese Richtung der hochkapitalistischen Weltentwicklung zurück zum Konkurrenzkampf freier Märkte ist weit entfernt davon, sich rein auszuwirken, und zwar nicht bloß wegen der Langsamkeit dieser Auswirkung. Immer wieder wird sie von den kulturellen und geistigen Voraussetzungen alles Wirtschaftens gekreuzt, unter denen der Zusammenhang des Volkstums und der Rasse nur ein Element und ein, wie alle Volkstümer und Rassen, vergängliches ist. Niemand vermag von einer wirtschaftlichen Theorie aus schlechthin über den Sinn oder die Sinnlosigkeit einer Weltwirtschaftspolitik zu urteilen, welche wie die der gegenwärtigen hochkapitalistischen Führermächte lebenswichtige Rohstoffe wie Baumwolle oder Erdöl vor allem auch politisch zu beherrschen trachtet. Und es ist keineswegs ausgemacht, ob etwa der Versuch Englands, mit den natürlichen Vorräten der Vereinigten Staaten an diesen Rohstoffen durch kapitalistische Aneignung des asiatischen Petroleums oder koloniale Steigerung des afrikanischen Baumwollanbaus zu wetteifern, mit Krieg, Wirtschaftskrieg oder internationaler Verständigung enden wird. Es ist immerhin denkbar, daß die Rechtsform des kolonialen Völkerbundmandats, hervorgegangen aus der Habgier und gegenseitigen Eifersucht der Sieger im Weltkriege, zum läuterungsfähigen Werkzeug eines neuen Verhältnisses zwischen dem europäisch-amerikanisch-japanischen Hochkapitalismus und der außerkapitalistischen Welt tauglich sein könnte. Es ist eben nicht gesagt, daß nach dem in den Anfängen des Hochkapitalismus naheliegenden Schema die „reine" Wirtschaft immer die Verständigung und die „politische" immer die Gewalt zur Begleiterin haben muß. Sowohl die sozialistische wie die konservative Kritik an der hochkapitalistischen Freiwirtschaft haben uns die Augen dafür geöffnet, daß ebensooft umgekehrt aus der Freiheit die schlimmste Gewalt und aus der Politik die gerechteste Verständigung sich ergeben kann.

4. Das Finanzkapital.

Das muß auch bei der Betrachtung des letzten großen Faktors im Aufbau des Hochkapitalismus festgehalten werden, des Geld- und Finanzkapitals, das der neuen Wirtschaftsordnung den Namen gegeben und wechselwirkend mit den neuen Formen der Massenproduktion und des Massenabsatzes in eigenen riesenhaften Organisationen seine Darstellung gefunden hatte. Geld, Bank und Börse waren zwar alle drei schon vom Merkantilismus an ihre für die Zukunft entscheidenden Stellen im volkswirtschaftlichen Kreislauf gesetzt worden. Aber auch aus ihnen wie aus dem Betrieb des Landwirts, des Industriellen und des Kaufmanns wurde etwas ganz Neues, sobald der Hochkapitalismus sie endgültig den Händen der modernen Privatunternehmung überantwortete.

Die hochkapitalistischen Währungen wurden von zwei entgegengesetzten Seiten in ihrer Eigenart bestimmt, einmal dadurch, daß eine neue hochkapitalistische Gewinnung und Handelsbewegung des Goldes über die ganze Erde dies Edelmetall auf Kosten des Silbers und auf Kosten auch aller merkantilistischen Währungsmanipulationen immer mehr und allgemeiner zum Generalnenner der Wertrechnung auf dem Weltmarkt machte, und sodann dadurch, daß anderenteils die freie Übereinkunft der bank- und börsenmäßig wirtschaftenden Länder in dem internationalen Devisenmarkte einen zweiten, von einzelstaatlicher Willkür in hohem Grade unabhängigen, ja diese Willkür seinerseits hemmenden Wertmeßapparat ausbildete. In diesem Sinne ist es unbestreitbar, daß zunächst die beiden großen Epochen gesteigerter Goldproduktion im 19. Jahrhundert, die Erschließung der kalifornischen und australischen Felder in den vierziger Jahren und die der heute den Goldmarkt beherrschenden südafrikanischen Felder in den siebziger und achtziger Jahren, nicht wegzudenkende Hebel der hochkapitalistischen Weltwirtschaft gewesen sind. Wie ohne Frage die Goldwährung d. h. die auf den Maßstab des Goldwerts bezogene Währung überall den Durchbruch des Hochkapitalismus kennzeichnet, wie um 1800 England allein eine solche besessen hatte und danach etwa Deutschland im neuen Reich dazu übergegangen war, so kennzeichnet auch (und darin ist der „Metallismus" der Merkantilisten auf höherer Stufe zurückgekehrt) der Besitz (d. h. die Möglichkeit der Bewirtschaftung) der Goldbergwerke und der Goldreserven der staatlichen Zentralbanken die Führerrolle der beiden angelsächsischen Mächte im Hochkapitalismus. Und wenn von dem zweiten Meßapparat, der frei beweglichen internationalen Währungsparität aus, jüngere oder ältere Nebenländer der kapitalistischen Sphäre wie Österreich und Rußland, Argentinien und Brasilien, erfolgreiche Versuche einer vom Metall weitgehend unabhängigen, „staatlichen" Regelung ihrer Währungen unternahmen, so beleuchtete das zwar die wirtschaftspolitische Seite der hochkapitalistischen Geldverfassung, aber diese Seite konnte auch hier nur in Verbindung mit den andern, rein wirtschaftlichen und internationalen Seiten wirken. So steht in der letzten Perspektive einer geordneten hochkapitalistischen Welt in der Tat eine international geregelte Währung, die die einzelnen nationalen Währungen als ihre Teile enthält und bei der es gleichgültig sein dürfte, ob sie ihre Beständigkeit aus der internationalen Beeinflussung des Goldwertes oder unmittelbar aus internationalen Einheitsmaßstäben der „Kaufkraft" herleitet.

Auf dem Wege zu diesem Weltwährungssysteme sind die Banken unentbehrliche Instrumente geworden. Ihre Organisation unter dem Hochkapitalismus ist im wesentlichen zwei Tendenzen gefolgt, die in verschiedener Weise vom ersten hochkapitalistischen Privatunternehmertum zu gesamtwirtschaftlichen Formen hinaufführen. Da ist einmal die langsame Einschränkung der Notenausgabe, die noch in England vor dem Peelschen Bankgesetz von 1844 auch bei den Privatbanken das Hauptmittel des Aktiv-(Kreditgabe-)Geschäftes war, auf die großen Zentralbanken, die das Recht dazu nun als Staatsmonopol bekamen, und dafür nach dem Vorbild von England, der Preußischen Bank Friedrichs des Großen und der Napoleonischen Bank von Frankreich die Staatseinnahmen zu verwalten und den kurzfristigen Kredit der Staaten zu beschaffen hatten — mächtige Institute, deren Prinzip, aus dem Merkantilismus geboren, zum Merkantilismus zurückführte und deren internationaler Ring sich noch kurz vor dem Weltkrieg mit der Errichtung des amerikanischen Bundesreserveamts (Federal Reserve Board) schloß. Ihre Noten wurden statt des ursprünglich von den Staaten selbst ausgegebenen Papiergeldes jetzt zu einem zwischen diesem und der früheren Privatbanknote mitten inne stehenden Zahlungsmittel, das die Gesetzgebungen nach dem Vorbilde des Peel's Act an normale kaufmännische Grundsätze der Deckung durch Gold und andere bare oder doch flüssige Mittel banden. Auf der Grundlage des Notenprivilegs aber konnten diese Zentralbanken nun erst die Herrschaft über den Gesamtkredit und den Außenhandel ihrer Länder an sich reißen, indem auch hier unter Vorantritt des freihändlerischen England die Politik, d. h. die sorgfältige staats- und gemeinwirtschaftliche Handhabung des Wechseldiskonts den inneren Geldmarkt führen und auf die internationalen Kapitalbewegungen hemmend oder fördernd einwirken lernte.

Die zweite Tendenz des hochkapitalistischen Bankwesens überflügelt und überwindet die Privatbank nicht im Sinne der Staatsbank, sondern im Sinne der Aktienbank. Auch das wieder in vielen Beziehungen ein Wiederaufleben merkantilistischer Anfänge, wie sie am deutlichsten in den Projekten John Laws hervorgetreten waren. Neben dem Eisenbahnbau ist das Bankwesen, zum Teil in Verbindung mit den großen Versicherungsgesellschaften, denen besonders in den angelsächsischen Ländern der Sinn für gesellschaftliche Selbsthilfe eine leitende Rolle zuwies, eine der stärksten Triebkräfte zur Zusammenfassung des Privatkapitals in der Aktienform gewesen. Aus der Verbreitung der neuen Form jedoch ergaben sich auch hier weittragende sachliche Folgen. Die alte persönliche Privatbank hatte außer der Diskontierung von Wechseln und Lombardierung von Waren im großen ganzen nur ein einziges stärker spekulatives Geschäft betrieben, das der Staatsanleihen, in welches, wie wir gesehen haben, das Staatsunternehmertum des Merkantilismus den Hauptstrom der gesellschaftlichen Ersparnisse ableitete. So war nach der „Emanzipation" auch der Juden in der Revolutionsepoche von 1800 das Frankfurter Haus Rothschild mit seinen Pariser, Londoner und Wiener Tochterniederlassungen der allmächtige Gläubiger der gesamten Staatenwelt des frühen 19. Jahrhunderts geworden. So arbeiteten später die Bankhäuser Bleichröder und Mendelssohn in Berlin in vertrautetster Weise mit der Staatswirtschaft und Politik Preußens und Rußlands zusammen. Die moderne Aktienbank, wie sie zuerst nach der 48er Epoche in der Darmstädter Bank und der Diskontogesellschaft der großen Rheinländer Mevissen und Hansemann und im Crédit Mobilier und Crédit Foncier der Gebrüder Péreire erschien und im neuen Deutschen Reich besonders durch Georg v. Siemens' Deutsche Bank und die Dresdener Bank weiterentwickelt wurde, wandte sich entsprechend der breiteren Grundlage, die ihre eigenen und fremden Mittel in allen Schichten der hochkapitalistischen Gesellschaft fanden, auch dem breiteren Kreise von Finanzierungsaufgaben zu, der ihr den Namen Anlagebank oder Spekulationsbank (französisch banque d'affaires) verschafft hat. Und da der Konservatismus der angelsächsischen Länder bis auf die Gegenwart dies neue Geschäft der Gründung von Industrieunternehmungen und Emission privater Anleihen von der Verwaltung der Depositen und Versicherungsprämien des großen Publikums zu trennen liebt, haben gerade die großen deutschen Aktienbanken, die (nach den Anfangsbuchstaben ihrer Firmen so genannten) D-Banken, durch die Verknüpfung eines gewaltigen Depositen- und Kontokorrentverkehrs mit mutiger, wenn auch besonnener Gründungs- und Emissionsunternehmung, die sich in Tochtergründungen auch auf Übersee und Levante erstreckte, dem Hochkapitalismus eine ganz neue Technik erschlossen.

Das alles hatte natürlich zur Voraussetzung, daß sich inzwischen die Effektengestalt des modernen Kapitals, das reine Inhaberpapier der Aktien, Obligationen und Pfandbriefe, aus seinen merkantilistischen Frühformen zur Normalform des Kapitalverkehrs entwickelt hatte. Dafür wiederum war sicherlich eine vornehmste Grundbedingung der Aufbau der hochkapitalistischen Waren- und Effektenbörse in ihrem internationalen Zusammenhange. Er allein gewährleistete die Entwicklung und den Bestand jener „Spielregeln" des internationalen Kapitalverkehrs, die sicherlich auch von den internationalen Handelsrechten und dem jungen Völkerrecht und internationalen Privatrecht getragen waren, die aber darüber hinaus weithin unabhängig vom Werden, Vergehen oder Bankerott der Staaten ihre rein wirtschaftliche Festigkeit erwiesen haben. Freilich darf da abermals die Eigenhoheit der Wirtschaft, die sich z. B. im Charakter der angelsächsischen

Börsen als geschlossener Privatvereine ausdrückt, nicht überschätzt werden, schon weil in Wirklichkeit ja nur die Spitzengruppen der in der hochkapitalistischen Wirtschaft geschaffenen Effekten sich nach Bedeutung und Beschaffenheit für den bank- und börsenmäßigen Verkehr eignen.

Wie auf der einen Seite das Finanzkapital in seiner bank- und börsenmäßigen internationalen Verflechtung, mit seiner örtlichen und zeitlichen Steigerung des bargeldlosen Abrechnungsverkehrs in „Clearing"-Verbänden, telegraphischen Auszahlungsverbindungen und jüngstens dem „stückelosen" Effektengiro, mit seiner Verwaltung und Vertretung des kleinen Effektenbesitzes die Produktions- und Verkehrsentfaltung, die es unterstützte, immer mehr in Abhängigkeit von sich brachte, so zeigte sich auf der anderen Seite gerade im späteren Hochkapitalismus eine zunehmende persönliche und sachliche Trennung zwischen dem bloßen Kapitalbesitz und dem Unternehmertum. Die klassischen und sozialistischen Theorien von Zins und Profit und von der Rolle des Kapitals waren in der Anschauung einer Wirtschaft erwachsen, in der der durchschnittliche Unternehmer, in vielen Fällen aus kapitalarmen, ja Arbeiterschichten emporgestiegen wie die Borsig und Schwarzkopf im deutschen Maschinenbau, in einer Familienfirma gleichen Schrittes seinen Betrieb erweitert und aus ihm selbst das Kapital für die Erweiterung aufgebracht hatte. Und wenn man vom Persönlichen absieht, so hat diese Vereinigung von Unternehmung und eigener Kapitalbildung ja auch im modernen Riesenbetrieb etwa des Automobilbaus von Henry Ford in U.S. Amerika ihre Bedeutung behalten oder gar noch gesteigert. Die Regel kann sie für die Masse der hochkapitalistischen Produktion nicht sein. Denn hier ist einesteils die Akkumulation völlig aus dem Bereiche irgendeiner psychologisch noch so zu nennenden „Ersparnis" herausgetreten und schon im normalen Gange der Wirtschaft, geschweige denn in Ausnahmefällen wie Spekulations- und Gründungsgewinnen zum mechanischen Überfluß über jeden möglichen Verbrauch geworden, der ebenso mechanisch nach „Anlage" drängt. Und dem kommt andernteils das fortwährende Bedürfnis des Unternehmers als des Planers neuer Produktionsmöglichkeiten entgegen, für deren Verwirklichung die Grundlage seines Betriebs durch Fremdkapital zu verbreitern.

Die Folge ist einmal, daß nicht bloß der kleine Sparer und Rentner als Teilhaber und Gläubiger namentlich der modernen Aktiengesellschaft nahezu einflußlos wird, sondern auch, wie in den großen Inflationen der Weltkriegszeit, ganze Kapitalbesitzerschichten gegenüber der produktiven Wirtschaft hilflos und rechtlos werden. Dem entspricht dann in der Unternehmung die Ausbildung eines Typus von höchsten Betriebsleitern, die äußerlich vielfach zu den Angestellten, nicht zu den Eigentümern der Unternehmungen gehören und innerlich daher nicht so notwendig wie der frühere Familienunternehmer mit der Rücksicht auf Erwerb und Gewinn (wenigstens der Unternehmung als solcher) verbunden scheinen. Man wird gut tun, von diesen Dingen mit einiger Vorsicht zu sprechen. Denn gerade heute sieht es aus, als bilde sich von ihnen aus eine neue Ideologie der hochkapitalistischen Unternehmung, die nicht minder wie die alte Arbeits- und Sparsamkeitstheorie des Kapitals wichtige Macht- und Monopoleinflüsse in der kapitalistischen Gesellschaft verschleiert. Unverkennbar aber ist trotzdem eine gewisse Umbiegung des alternden Hochkapitalismus vom einfachen Gewinnstreben des persönlichen Einzelunternehmers zum immer verwickelteren Triebwerk sachlicher Notwendigkeiten, in dem vielleicht schon oft das Gewinnstreben vom Machtstreben ergänzt und ersetzt wird und damit die „reine" Wirtschaft unmerklich in die Politik der Wirtschaft übergeht.

Ein Hauptmoment dieser Verwicklung und Versachlichung des Hochkapitalismus ist die sogenannte Konzentrationsbewegung, d. h. die Tendenz nicht nur zur Verdrängung des Kleinbetriebs durch den Großbetrieb, woran die sozialistische Theorie von der „Expropriation" im freien Wettbewerb meist allein ausschließlich dachte, sondern vor allem die Tendenz zur Verflechtung und Vergemeinschaftung ganzer großer Produktionszweige und Produktionsgruppen in der Volkswirtschaft und neuerdings sogar über deren Grenzen fort in der Weltwirtschaft. Die vornehmste Triebkraft zu dieser zweiten, höheren Form der Konzentration ist durchaus nicht allein und immer die Konkurrenz, sondern viel häufiger die besondere wirtschaftspolitische Gestaltung der einzelnen hochkapitalistischen Länder gewesen. Das gilt wenigstens von den beiden führenden Methoden der Konzentration, die als Konzernbildung und Kartellbildung bezeichnet werden. Sie sind ziemlich gleichzeitig im letzten Fünftel des vergangenen Jahrhunderts, die erste in Amerika, die zweite in Deutschland, entstanden. In Amerika verwies die Engherzigkeit des ganz auf den Konkurrenzgedanken eingestellten angelsächsischen Wirtschaftsrechts die industriellen Riesenkräfte, die der Hochschutzzoll großgezogen hatte, von dem Wege der offenen Interessengemeinschaft oder Kartellierung auf den verdeckten der Zusammenfassung ihrer Kapitalien in großen Treuhandgesellschaften, den Trusts, die alsbald unter der Leitung genialer Industriekapitäne, wie Carnegie, Morgan und Rockefeller (alle wie Law schottischer Abkunft!) besonders von den Eisenbahngesellschaften her die „Schlüsselindustrien" der Stahlerzeugung, des Bankwesens und der Erdölgewinnung monopolisierten. In Deutschland gebar das Schutzzollsystem charakteristisch abgewandelte Konzentrationsformen, nämlich unter geringerem Hervortreten genialer einzelner und dafür stärkerer Anteilnahme und Begünstigung seitens des Staates, der ja in Preußen z. B. der größte Bergwerksbesitzer war, den offenen, aber losen Zusammenschluß allmächtiger schwerindustrieller Verbände, wie des Ruhrkohlensyndikats (1879), des Roheisensyndikats (1896) und des Stahlwerksverbandes (1903), die den darin vereinigten Werken erst die volle Ausnutzung des Zolles in der Beherrschung des Binnenmarkts und einer damit zusammenhängenden Exportpolitik auch bei billigeren, ja unter den Weltmarktpreisen ermöglichten. Beide in ihrer nationalen Eigenart vom sozialistischen Arbeiter- und Verbraucher- wie vom liberalen Kaufmannsstandpunkt viel geschmähte Organisationsprinzipien, die sich doch sogleich nach dem Weltkrieg, zum Teil unter Verbindung mit plan- und gemeinwirtschaftlichen „Sozialisierungs"-Gedanken, erneuert und, was mehr ist, aus ihren Ursprungsländern auf die anderen hochkapita.istischen Staaten, sogar das freihändlerische England, und endlich (wie schon früher in der Schiffahrt) auf den weltwirtschaftlichen Wettbewerb der einzelnen nationalen Produktionen übertragen haben, über Stahl und Eisen, Kupfer und Zink weit hinaus auch für andere bezeichnend moderne Massenbedarfsgebiete wie die der elektrischen und chemischen Industrie, der Petroleum- und Zündholzerzeugung. Insbesondere hat mit der zunehmenden Größe und Schwierigkeit der Produktions- und Absatzprobleme auch die amerikanische Methode der Vertrustung bisher selbständiger Werke von der lockersten „Interessengemeinschaft" bis zur Eigentumsverschmelzung (Fusion) mit Macht nach Europa herübergegriffen und vor allem in Deutschland die beiden Riesentrusts der chemischen und der Stahlindustrie, die J. G. Farben A. G. und die Vereinigten Stahlwerke, entstehen lassen.

Wie diese ganze hochkapitalistische Verbandsbildung nach einer treffenden Beobachtung Gustav Schmollers nur die geradlinige Fortsetzung mittelalterlicher und merkantilistischer Frühformen war, so brach sich nun auch inhaltlich an der merkantilistischen Jahrhundertwende und vollends in und seit dem Weltkriege die unmittelbare Staatswirtschaft, die bereits hinter der hochkapitalistischen Privatunternehmung verschwunden schien, mit überwältigender Kraft wieder Bahn. Diese Kraft wäre nicht erklärlich, wenn sich in ihr nicht mit der Selbstbehauptung der Nationalstaaten als Machtwesen und Klassenherrschaften die dem Sinne nach oft ganz entgegengesetzten sozialistischen und sozialliberalen Antriebe plan- und gemeinwirtschaftlicher Art verbündet hätten, die auch die privatkapitalistische Verbandswirtschaft zu veredeln versuchten. Diese ungleichen Verbündeten fanden namentlich deshalb so weite und anpassungsfähige Betätigungsfelder, weil je länger je mehr der hochkapitalistische Staat ganz wie die hochkapitalistische Privatwirtschaft zu einem vielgliedrigen Stockwerksbau administrativer Aufgaben und Gewalten wurde. Noch einmal hat dabei, wie schon im Spätmittelalter, die abendländische Stadt, vornehmlich der deutsche „Kommunalliberalismus" und der angelsächsische „Munizipalsozialismus", die Rolle der Vorgängerin und Erzieherin des Staates und aller anderen öffentlichen Verbände zu neuen finanz- und verwaltungspolitischen Aufgaben spielen können. Aber auch abgesehen von dieser Genealogie mußten die hochkapitalistischen Staaten in demselben Maße neben der ihnen vom Manchestertum zugedachten „Nachtwächterstellung" wieder selbst wirtschaftliche, „kaufmännische" Unternehmungen wagen, in welchem die privatwirtschaftliche Unternehmung, besonders in jenen modernen Konzentrationsformen und anderseits in ihren aus den alten Handelskammern üppig hervorgeschossenen, in Selbstverwaltung und Parlamenten „berufsständisch" immer einflußreicheren „Spitzenorganisationen", sich bürokratisierte und nach Macht und Technik zum Staat im Staate wurde. Diese zwangsläufige Wirtschaftsunternehmung des modernen Staates hat genau die gleichen beiden Dimensionen, welche die des älteren merkantilistischen Staates gehabt hatte. Nicht zufällig hat sich das Ringen der hochkapitalistischen Wirtschaft zwischen Intervention und Freihandel in den Regierungen und Parlamenten der Staaten als ein Ringen um den Vorrang der staatlichen Macht- oder Wohlfahrtsaufgaben abgebildet. Obwohl diese beiden Aufgabenkreise gewöhnlich von ganz verschiedenen Weltanschauungen und Parteien vertreten wurden, waren sie doch jetzt so wenig wie im älteren Merkantilismus zu trennen. Der hochkapitalistische Machtstaat mußte rein als solcher zum großen Wohlfahrtsstaate werden, wenn er leben wollte.

Die „Sozialpolitik", die ihn zum Wohlfahrtsstaate machte, umfaßt nun freilich nicht allein, wie das gewöhnliche Vorurteil will, die Fürsorge für den kapitalistischen Lohnarbeiter in Industrie und Landwirtschaft als den natürlich schwächeren Teil des Arbeitsvertrages mit dem kapitalistischen Unternehmer, sondern ebensowohl die Fürsorge für alle übrigen wirtschaftlichen und gesellschaftlichen Kreise und Berufe, die von der hochkapitalistischen Wirtschaftsordnung in irgendeiner Weise benachteiligt zu werden drohen. Als ein solcher Kreis und Beruf kann zunächst die Landwirtschaft ganz allgemein gegenüber Industrie und Handel des Hochkapitalismus gelten. Selbst wo sie nicht von sozial und wirtschaftlich mächtigen Großbesitzerschichten vertreten wurde, mußte der moderne Staat in seinem eigenen Interesse darauf bedacht sein, daß zwischen den beiden gleich bedenklichen Extremen ihres einfachen Verharrens auf vor- und frühkapitalistischen Stufen und ihres vollen Eintauchens in den Strudel der kapitalistischen Eigentumsmobilisierung die rechte Mitte gehalten werde. Das Streben sowohl des alten wie des neuen Merkantilismus ist daher in erster Reihe darauf gegangen, der Landwirtschaft die Vorteile des kapitalistischen Waren- und Kreditmarktes in einer Weise zugänglich zu machen, daß sie den besonderen, von der Industriesphäre grundsätzlich verschiedenen Bedingungen organischer Produktion auf Boden angepaßt blieben. Aus diesem Streben entsprang z. B. der von monarchisch-ständischem zusammen mit kaufmännischem Geiste gezeugte, nämlich von Friedrich dem Großen auf Anregung des Berliner Kaufmanns Bühring verwirklichte Gedanke des Bodenkredits, den die „Landschaften" als provinziale Adelsorganisationen ihren Mitgliedern in der Form der Hypothek vermittelten, indem sie die Kapitalien dazu unter korporativer Gesamthaftung in der Form von „Pfandbriefen" aus der städtisch-industriellen Sphäre beschafften. Zu diesen ständischen Bankanstalten, die sich im vergangenen Jahrhundert über ganz Deutschland und den andern Osten ausbreiteten und vielfach entweder ihren ständischen Charakter abstreiften oder Staat und Gemeindeverbände zur Errichtung eigener „Landesbanken" anregten, traten dann mit der Bauernbefreiung die staatlichen Rentenbanken zur Vermittlung der nötigen Ablösungskredite und nach Vollzug der Ablösung zur Vermittlung von Siedlungskredit für eine neue, der alten Erbpacht ähnliche Rentengutsform sowie von der Seite des städtischen Bodenmarktes her die Hypothekenbanken und Sparkassen, durch die der regulierende Staat gleichfalls dem ländlichen Boden Betriebs- und Meliorationsmittel in nicht zu kleinen und der Überschuldungsgefahr wegen auch wieder nicht zu großen Mengen zuzuführen suchte.

Wurde schon gegen solche Kreditpolitik des Staates, die sich mit anderen, sozialen und steuerlichen Begünstigungen, besonders der großbetrieblichen östlichen Landwirtschaft, ihrer Vorzugsstellung in Orts- und Kreisverwaltung, im direkten und Branntweinsteuerwesen gern vereinigte, häufig der Vorwurf der „Reaktion" erhoben, so blieb davon vollends die Fürsorge nicht frei, die der Staat den zwischen Unternehmer und Arbeiter eingekeilten „Mittelständen" der neuen Gesellschaft zuwandte. Trotzdem ist Mittelstandspolitik ein unentbehrliches Element aller modernen Sozialpolitik. Und folgerichtiger als jene, die gegen sie, aber für den Arbeiterschutz eintreten, waren und sind denn schon jene äußersten Dogmatiker der Freiwirtschaft, die auch die sozialpolitische Arbeiterfürsorge als nutzlose oder schädliche Staatseinmischung verurteilen. Es war eine wirtschaftswissenschaftliche wie wirtschaftspolitische Tat, die erst die Zukunft gebührend würdigen wird, als gleich nach dem Durchbruch der vollen Gewerbefreiheit in der Gewerbeordnung des Norddeutschen Bundes (1868), noch vor Begründung des neuen Deutschen Reiches und vor den eigentlichen Machtkämpfen der „kathedersozialistischen" und „historischen" Schule der deutschen Nationalökonomie Gustav Schmollers Buch über die deutschen Kleingewerbe (1870) mit ebenso umfassender Kenntnis der Tatsachen wie der Staatsnotwendigkeiten die absinkenden Bevölkerungsschichten des Handwerks und des Kleinhandels für rettungswert erklärte, aber für rettbar nur durch eine darauf gerichtete Politik der Gemeinwirtschaft, nicht durch die Harmonie des freien Marktes.

Damit war die Richtung vorgezeichnet, in der die gewerbliche Gesetzgebung und Verwaltung um die Jahrhundertwende von dem starren Prinzip der Gewerbefreiheit zurück in die verlassenen Bahnen der staatlich geregelten Verbandsbildung führte. Aber damit war nicht etwa zugleich die Eigenentwicklung verneint und durchkreuzt, die bereits früher die Selbsthilfe der kleinen Produzenten in Stadt und Land durch das Mittel der Genossenschaftsbewegung genommen hatte. Diese war aus den verschiedensten Quellen zusammengeströmt. Als Bildung von Konsumvereinen d. h. Wareneinkaufsgenossenschaften hatte sie schon in den 30er und 40er Jahren der sozialistische Fabrikant Robert Owen unter die englischen Fabrikarbeiter getragen, wo sie, seitdem auch auf Großhandels- und Großproduktionsbetrieb ausgedehnt, neben Arbeiterpartei und Gewerkschaften eine dritte große proletarisch-mittelständische Macht darstellt. In der Wirtschaftskrise der 48er Zeit organisierten dann der rheinische Landbürgermeister Raiffeisen und der sächsische Patrimonialrichter Schulze-Delitzsch ihre Genossenschaften als Personalkreditvereine der Bauernschaft und des handwerklich-kaufmännischen Mittelstandes. Und auch ihr gewaltiges Netz erzwang sich, wenn gleich auf anderem, amtlicherem Wege als in England, die Beachtung und Unterstützung des Staates (Hauptbeispiel: des Finanzministers Miquel preußische Zentralgenossenschaftskasse) und des Großkapitals (Hauptbeispiel: die Dresdener Bank). Unabsehbar aber ist der Widerstand und Wettbewerb, der auch außerhalb dieser bedeutendsten Glieder der modernen Genossenschaftsbewegung dem großen Unternehmerkapitalismus der ganzen Welt (von dem echten Mittelalter der slawischen Artel-Kooperativen bis zu dem künstlichen des romanischen Syndikalismus) durch bäuerliche Produktivgenossenschaften und durch allgemein-mittelständische Konsumvereine bereitet wird und werden kann.

Trotz alledem bleibt ohne Zweifel die Arbeiterfürsorge das Kernstück moderner Sozialpolitik, wie etwa die Bauernkonservation das des ältesten Merkantilismus. Indessen diese Tatsache bedeutet nun lange nicht den geradlinigen Vorgang allmählicher Eroberung der Staatsgewalt durch das Proletariat, wie sie dem Sozialismus vorschwebte und in den neueren Revolutionen von 1848 bis 1917/18 auch zum Teil verwirklicht wurde. Der „Klassenkampf" für ihren „Zukunftsstaat" wird vielmehr überall von den Mittelständen her, aus denen Proletarier werden, zu denen aber auch Proletarier aufsteigen, in der mannigfaltigsten Weise durchbrochen und abgewandelt. Schon dem allgemeinen Aufbau nach steht neben dem uns vertrauten europäischen Staat, der durch Arbeitsschutz, Arbeits(vertrags)-recht und Sozialversicherung die Schicksalsbestimmung des Arbeiters im freien Arbeitsmarkt einschränkt und ergänzt, eine ganz andere Lösung der gleichen Fragen etwa in der amerikanischen Wirtschaftsgesellschaft, wo ein weniger knapper volkswirtschaftlicher Rahmen und ein wanderungspolitisch immer beschränkteren Arbeitsmarkt den Arbeiter verbürgerlichen und die Selbsthilfe und Privatversicherung dem Staatszwang vorziehen lassen. Auch in Europa aber ist es keineswegs die Ausnahmelage der Nachkriegszeit, die die Sozialpolitik über ihre arbeitspolitischen Aufgaben hinaus zu einem grundsätzlich grenzenlosen System rechtlicher, hygienischer und erzieherischer Fürsorge für alle Gesellschaftsklassen erweitert. Ganz unabhängig von vorübergehenden Notlagen scheint das vielmehr zu den unvermeidlichen Begleiterscheinungen, man kann auch sagen: Alterserscheinungen der reifen hochkapitalistischen Gesellschaftsordnung zu gehören. Eine Reihe von parallelen Veranstaltungen, wie etwa die deutsche Alters- und Invaliditätsversicherung, Lloyd Georges Alterspensionen ohne Beitragspflicht, die „Volksversicherung" der schweizerischen Genossenschaften und die dänische und australische „Staatsbürgerfürsorge" ohne Berufsunterschiede, beleuchtet beispielsmäßig am besten, worum es sich handelt: Individualismus und Sozialismus, Klassenkampf und Klassensolidarität, wirtschaftliche Eigengesetzlichkeit und staatlich-gesellschaftliche Wirtschaftsordnung sind auf der hochkapitalistischen wie auf allen andern Wirtschaftsstufen (wenn man von dem Riesenmaß der Verhältnisse absieht) unzertrennlich verbunden.

Anmerkungen.

Zu Seite 6. Bachofen, Das Mutterrecht, Stuttgart 1861, neue Ausgabe (Mythen vom Orient und Okzident) von A. Bäumler und M. Schröter, München 1926.

Von der einschlägigen ethnologischen Literatur nenne ich hier nur W. Schmidt und P. W. Koppers, Gesellschaft und Wirtschaft der Völker (Regensburg 1923) sowie neuestens C. Meinhof, Die Religionen der Afrikaner in ihrem Zusammenhang mit dem Wirtschaftsleben (Oslo 1926). Für die heute vielfach in die Ethnologie übergehende Prähistorie jetzt das vortreffliche Reallexikon der Vorgeschichte ed. Max Ebert (Berlin 1925ff.).

Zu Seite 8. Diese schlagende Bemerkung wie zahlreiche andere, hoffentlich nicht verlorene Anregungen bei V. Ernst, Die Entstehung des deutschen Grundeigentums (Stuttgart 1926), 9ff. Die Peiskersche Theorie ist sowohl von deutscher wie von von slawischer Seite abgelehnt worden: A. Dopsch, Die ältere Sozial- und Wirtschaftsverfassung der Alpenslawen (Weimar 1909), und jetzt L. Niederle, Manuel de l'antiquité slave 1, (Paris 1923), 29f.

Zu Seite 10. Rodbertus, Untersuchungen auf dem Gebiet der Nationalökonomie, B. Hildebrands (jetzt Conrads) Jahrbücher für Nationalökonomie, 2—8 (Jena 1864—67). Die großen wirtschaftsgeschichtlichen Partien von Karl Marx' „Kapital", Buch 1, Kap. 11—13 und 24; Buch 3, Kap. 20, 36 und 47.

Zu Seite 13. Alfons Dopsch, Wirtschaftliche und soziale Grundlagen der europäischen Kulturentwicklung, 2 Bde., Wien 1918—20, [2]1923f. Zur Kritik vgl. zusammenfassend Ulrich Stutz in der Zeitschrift der Savigny-Stiftung für Rechtsgeschichte, Germanistische Abteilung, 46, (1926), 1ff. und L. Halphen, Etudes critiques sur l'histoire de Charlemagne (Paris 1921) 239ff.

Zu Seite 15. Hatschek, Britisches und Römisches Weltreich (München-Berlin 1921). Dazu C. Brinkmann im Archiv für Politik und Geschichte 1 (1923), 373ff.

Zu Seite 15. Vgl. besonders Hermann Aubins Aufsätze in Schmollers Jahrbuch 44 (1920), 293ff. und 49 (1925), 135ff. sowie in den Berichten der Römisch-Germanistischen Kommission 13 (1922), 46ff.

Zu Seite 16 o. E. Salin in Schmollers Jahrbuch 45 (1921) und in der Festgabe für E. Gothein (München-Leipzig 1923), 15ff.

Zu Seite 16. Salvioli, Le capitalisme dans le monde antique (Paris 1906). Deutsch von Karl Kautsky d. J. (Stuttgart—Berlin 1912, [2]1922). Dazu jetzt M. Rostovtseff, Social and economic history of the Roman Empire, Oxford 1926, der aber die Fragen des antiken Kapitalismus und Großgrundbesitzes zu sehr unter dem modernisierenden Gesichtspunkt eines vermeintlichen Gegensatzes zwischen „feudaler" Aristokratie und städtischer „Bourgeoisie" ansieht.

Zu Seite 18. Bücher, Die Aufstände der unfreien Arbeiter 143—129 v. Chr., Beiträge 98ff. Dazu Pöhlmann, Geschichte des antiken Kommunismus und Sozialismus, 2 Bde., München 1893—1901, [3](von F. Oertel) 1925, sowie Arthur Rosenberg, Demokratie und Klassenkämpfe im Altertum, Bielefeld 1921 (Bücherei der Volkshochschule).

Zu Seite 18. E. Bickermann, Das Edikt des Kaisers Caracalla im Papyrus Giss., 40, Diss. Berlin 1926.

Zu Seite 19. Beloch, Die Bevölkerung der griechisch-römischen Welt, Leipzig 1886. — Niemand scheint bisher darauf aufmerksam geworden zu sein, daß Aristoteles, Politik 1254a, Anfang, bei seiner höchst bemerkenswerten Unterscheidung zwischen Werkgut und Gebrauchsgut den Sklaven zum letzteren rechnet, also als normal den Haus-, nicht den Gewerbesklaven betrachtet.

Zu Seite 21f. Axel W. Persson, Staat und Manufaktur im Römischen Reich. Diss. Lund 1923. Zur großstädtischen Erwerbslosigkeit E. Muttelsee, Untersuchungen über die Lex Julia municipalis. Diss. Freiburg i. B. 1913.

Zu Seite 23. Brentano in Schmollers Jahrbuch 41 (1920), 569ff. Dazu vor allem E. Stein, Studien zur Geschichte des Byzantinischen Reiches (1919), auch K. Roth, Sozial- und Kulturgeschichte des Byzantinischen Reiches (Sammlung Göschen 1919).

Zu Seite 26. F. Liebermann, Gesetze der Angelsachsen (3 Bde., Halle 1903—16). L. K. Goetz, Das russische Recht (Russkaja Pravda) (4 Bde., Stuttgart 1910—13).

Zu Seite 36. Neueste Zusammenfassung Ernst Mayer, Die fränkische Währung und die Entstehung der Lex Salica (Haarlem 1926).

Zu Seite 27. Dopsch, Wirtschaftsgeschichte der Karolingerzeit. 2 Bde., Weimar 1912f., [2]1921f. Dazu jetzt W. Lotz in Sitzungsberichten der Bayerischen Akademie der Wissenschaften, 1926, Nr. 4.

Zu Seite 28. Siehe jetzt zusammenfassend Theodor Mayer in Vierteljahrsschrift für Sozial- und Wirtschaftsgeschichte 17 (1924), 112ff.

Zu Seite 28. C. Brinkmann in Zeitschrift für die gesamte Staatswissenschaft 79 (1925), 328ff.

Zu Seite 29. Ernst Mayer, Deutsche und französische Verfassungsgeschichte (2 Bde., Leipzig 1899), I, 284ff.

Zu Seite 30. W. Vogel, Geschichte der deutschen Seeschiffahrt 1 (Berlin 1915), 69ff., und jüngstens C. H. Haskins, The Normans in European history (N. Y. 1915) und Norman institutions (Harvard Historical studies 24, 1925). Über den Normannenstaat in England jetzt am besten W. J. Corbett in Cambridge Medieval History 5 (1926), 481ff. und über den in Rußland Harald Hjärne in Svensk Konversationslexikon (1920).

Zu Seite 31. Jetzt Ernst Mayer, Historia de las instituciones sociales y politicas de España y Portugal durante los siglos 5a 14, 2 Bde., Madrid 1925f.

Zu Seite 31. Vgl. namentlich Franz Oppenheimer, Großgrundeigentum und soziale Frage, Jena 1922, sowie Achille Loria, La sintesi economica, deutsch von E. Heiß, München 1925.

Zu Seite 32. Über östliche Gausiedlung O. Schlüter, Wald, Sumpf und Siedlungsland in Altpreußen vor der Ordenszeit (Halle 1921) sowie K. Tagányi in R. Graggers Ungarischen Jahrbüchern 1 (1921), 112ff.

Zu Seite 32. Die Uradelstheorie wird außer von Ernst Mayer (siehe jetzt besonders Zeitschrift der Savignystiftung 44 [1924], 64ff. und Vierteljahrsschrift für Sozial- und Wirtschaftsgeschichte 18 [1925], 340ff.) von Viktor Ernst (s. zu Seite 8) vertreten. Für die Großhufentheorie vgl. noch immer Rhamm, Ethnographische Beiträge zur germanisch-slavischen Altertumskunde (3 Tle. in 2 Bdn., Braunschweig 1905—10).

Zu Seite 34. Für die hier vorgetragene Auffassung nenne ich aus einem ungeheuren Schrifttum nur C. Brinkmann, Freiheit und Staatlichkeit in der älteren deutschen Verfassung (München 1912), H. Stäbler im Neuen Archiv der Gesellschaft für ältere deutsche Geschichtskunde 39 (1914), 695ff., K. Haff, Dänische Gemeinderechte (2 Bde., Leipzig 1909), denselben in der Zeitschrift der Savignystiftung, Germanistische Abtlg., 32 (1912), 325ff. und 46 (1926), 378ff., K. Frölich, ebenda 42 (1922), 574f. sowie K. Oestberg, Norsk Bonderet (3 Bde., Kristiania und Hamar 1914—22). Über die englischen Einhegungen jetzt am besten R. H. Tawney, The agrarian problem in the 16. century (London 1912).

Gegenüber den Versuchen von F. Schneider, Die Entstehung von Burg und Landgemeinde in Italien (Berlin 1924), und G. Ostrogorskij (Vierteljahrsschrift für Sozial- und Wirtschaftsgeschichte 20 [1927], 15 ff.) eine ursprüngliche Gemeindeverfassung für das langobardische Italien und für Byzanz zu leugnen, C. Brinkmann in Zeitschrift für die gesamte Staatswissenschaft 79, 746 und K. Jireček, Staat und Gesellschaft im mittelalterlichen Serbien (4 Tle., Wien 1912—19), 2, 34, über die slawische Feldgemeinschaft C. Brinkmann in Vierteljahrsschrift für Sozial- und Wirtschaftsgeschichte 9 (1911), 108ff. und in Hist. Vierteljahrsschrift 18 (1916), 60ff.

Zu Seite 35. Vgl. das in seiner Art einzige, wenn auch zu viel dogmatisierende Buch von J. Kühn, Das Bauerngut der alten Grundherrschaft (Leipzig 1912).

Zu Seite 37. R. Heuberger in den Mitteilungen des Instituts für österreichische Geschichtsforschung 39 (1923), 1ff. und M. Gmür, Schweizerische Bauernmarken und Holzurkunden (Bern 1917), dazu C. Brinkmann, Historische Zeitschrift 120, 129ff.

Zu Seite 37 f. W. Sickel, Westdeutsche Zeitschrift 15 (1896), 111 ff. noch immer grundlegend neben der schwachen Arbeit von S. Hofbauer, Die Ausbildung der großen Grundherrschaften im Reiche der Merowinger (Wien 1927). Inama, Die Ausbildung der großen Grundherrschaften während der Karolingerzeit (Leipzig 1878), und Deutsche Wirtschaftsgeschichte 1 (ebenda 1879, [2]1909), Seeliger, Die soziale und politische Bedeutung der Grundherrschaft im früheren Mittelalter (Leipzig 1903), Henri Sée, Les classes rurales et le régime domanial en France au moyen-âge (Paris 1901), Vinogradoff, The growth of the Manor (Oxford 1905), und jetzt G. G. Coulton, The medieval village (Cambridge 1925), N. P. Pavlov-Silvanskij, Feodalizm v udělʼnoj Rusi (Petersburg 1907), M. Handelsman in Kohler-Bernhöfts Zeitschrift für vergleichende Rechtswissenschaft 36, 5 ff. (auch selbständig unter dem Titel: Die mittelalterliche polnische Sozialgeschichte, Stuttgart 1920). Für den Islam C. H. Becker, Islamstudien (Leipzig 1924), 224 ff., der aber mit der älteren Forschung den militärischen Charakter des abendländischen Lehens zu absolut setzt und daher seinen Gegensatz zum islamischen übertreibt. Über das städtische Lehensamt jetzt vor allem B. Kuske, Die städtischen Handels- und Verkehrsarbeiter und die Anfänge städtischer Sozialpolitik in Köln (Bonn 1914).

Zu Seite 38. K. Weimann, Die Ministerialität im späteren Mittelalter (Leipzig 1924), und jetzt vor allem F. L. Ganshof, Etude sur les ministériales en Flandre et en Lotharingie (Brüssel 1926).

Zu Seite 39. U. Stutz, Artikel „Eigenkirche" in Herzog-Haucks Realenzyklopädie für protestantische Theologie und Kirche, Ergänzungsband (1912). F. A. Gasquet, The eve of the Reformation, London 1900.

Zu Seite 40. Vgl. Karl Büchers grundlegenden Aufsatz über Schenkung, Leihe und Bittarbeit, Entstehung der Volkswirtschaft 2, 1 ff.

Zu Seite 41. Siehe v. Belows immer noch wegweisenden Aufsatz: Der Osten und der Westen Deutschlands, Territorium und Stadt[1] 1 ff. Dazu die treffliche Studie von A. Thausing in Conrads Jahrbüchern 98 (1912), 467 ff. W. Wittichs von Nordwestdeutschland ausgehende Ansichten jetzt zusammengefaßt im Grundriß der Sozialökonomik 7 (1922), 1 ff.

Zu Seite 42. Vgl. Max Serings großes Sammelwerk: Die Vererbung des ländlichen Grundbesitzes im Kgr. Preußen, insbesondere den von ihm selbst bearbeiteten Band über Schleswig-Holstein (Berlin 1908). Dazu jetzt R. Martiny, Hof und Dorf in Altwestfalen (Stuttgart 1926). Über die „slawischen" Dorfformen des Ostens siehe den Aufsatz von O. Balzer im Kwartalnik Historyczny 24 (1910).

Zu Seite 44 f. Für das Weistümerstudium vgl. neben E. Patzelt, Entstehung und Charakter der Weistümer (Budapest 1924) auch C. Brinkmann, Badische Weistümer und Dorfordnungen 1 (Heidelberg 1917), Einleitung, und jetzt die schöne Auswahl von E. v. Künßberg, Deutsche Bauernweistümer (Jena 1926). Zur Urbarialliteratur vor allem die Musterausgabe von Dopsch (mit W. Levec und A. Mell), Österreichische Urbare 1 (Landesfürstliche Urbare Nieder- und Oberösterreichs und der Steiermark). 2 Bde. Wien 1904—10. Für den Norden und die Neuzeit C. Brinkmann in Forschungen zur Brandenburgischen und Preußischen Geschichte 22 (1909), 373 ff., desselben Wustrau, Wirtschafts- und Verfassungsgeschichte eines brandenburgischen Ritterguts (Leipzig 1911), 111 ff., sowie H. Ziekursch, Hundert Jahre schlesischer Agrargeschichte (Breslau 1915), 205 ff.

Zu Seite 47. Arnold, Zur Geschichte des Eigentums in den deutschen Städten (Basel 1861). Nitzsch, Ministerialität und Bürgertum im 11. und 12. Jahrhundert (Leipzig 1859). Dazu jetzt vor allem Luise v. Winterfeld (Köln), Pfingstblätter des Hansischen Geschichtsvereins 16 (1925), und Margarete Merores (Venedig), Vierteljahrsschrift für Sozial- und Wirtschaftsgeschichte 19 (1926), 193 ff., auch E. v. Danckelmann (rheinische Bischofsstädte), ebenda 18, 62 ff.

Zu Seite 49. Über die Kommunalbewegung s. die jüngsten Übersichten von C. W. Previté-Orton und E. C. Lodge in Cambridge Medieval History 5, 208 ff., 624 ff. Für den Osten R. Kötzschke, Quellen zur Geschichte der ostdeutschen Kolonisation im 12. bis 14. Jahrhundert (Leipzig 1912), und neuerdings H. F. Schmid in der Zeitschrift für slav. Philol. [2](1925), 134 ff.

Zu Seite 50. Fritz Rörig, Luft macht eigen, Festschrift für G. Seeliger (1920), 51 ff. Derselbe, Der Markt von Lübeck (Leipzig 1922).

Zu Seite 51 f. Bester kurzer Überblick über die Geschichte der Deutschen Hanse von W. Vogel, Pfingstblätter des Hansischen Geschichtsvereins 11 (1915). Sonst vgl. W. Heyd, Geschichte des Levantehandels im Mittelalter (2 Bde., Stuttgart 1879, französisch und erweitert von F. Reynaud, Leipzig 1885), A. Schaube, Handelsgeschichte der romanischen Völker des Mittelmeergebiets bis zum Ende der Kreuzzüge (Berlin 1906), Hermann Bächtold, Der norddeutsche Handel im 12. und beginnenden 13. Jahrhundert (Berlin 1912), dazu denselben in Vierteljahrsschrift für Sozial- und Wirtschaftsgeschichte, 11, 515ff., Walter Stein, Handels- und Verkehrsgeschichte der Deutschen Kaiserzeit (Berlin 1922), Aloys Schulte, Geschichte des mittelalterlichen Handels und Verkehrs zwischen Westdeutschland und Italien mit Ausschluß von Venedig (2 Bde., Leipzig 1900) und desselben Geschichte der Großen Ravensburger Gesellschaft (Deutsche Handelsakten des Mittelalters und der Neuzeit 1, 3 Bde., Stuttgart—Berlin 1923), R. Häpke, Brügges Entwicklung zum mittelalterlichen Weltmarkt (Berlin 1908), M. Weinbaum, Beiträge zur älteren englischen Gewerbe- und Handelsgeschichte (Vierteljahrsschrift für Sozial- und Wirtschaftsgeschichte 18 [1925], 277ff.), L. K. Goetz, Deutsch-russische Handelsgeschichte des Mittelalters (Lübeck 1922) und das viel zu wenig beachtete Buch des Breslauer Stadtarchivdirektors H. Wendt, Schlesien und der Orient (Breslau 1916). Über das Herauswachsen städtischer Gewerbe aus ländlichem Hausfleiß F. Philippi, Die erste Industrialisierung Deutschlands im Mittelalter (Münster 1909), und jetzt H. J. Seeger, Westfalens Handel und Gewerbe vom 9. bis zum 14. Jahrhundert (Berlin 1926). Über Getreidehandel im besonderen jetzt die beiden ausgezeichneten Harvard-Studien von A. P. Usher, History of the grain trade in France (1913) und N. S. B. Gras, The evolution of the English corn market from the 12. to the 18. century (1915).

Zu Seite 55f. Über das wirtschaftsgeschichtlich lange nicht genug gewürdigte Bergwesen einstweilen des Juristen R. Müller-Erzbach Bergrecht Preußens und des weiteren Deutschlands 1 (Stuttgart 1916), 1ff., und des Philologen M. Heyne Altdeutsches Handwerk (Straßburg 1908), 73ff. Dazu G. R. Lewis, The Stannaries (Cambridge Mass. 1908), W. G. Collingwood, Elizabethan Keswick (Kendal 1912), C. M. Maedge, Über den Ursprung der ersten Metalle, der See- und Sumpferzverhüttung, der Bergwerksindustrie und ihrer ältesten Organisation in Schweden (Jena 1916), W. Wiederhold in den Hansischen Pfingstblättern 1922 (Goslar), H. Kelleter, Geschichte der Firma J. A. Henckels in Verbindung mit einer Geschichte der Solinger Industrie (Solingen 1924), R. A. Peltzer in C. Matschoß' Beiträgen zur Geschichte der Technik und Industrie 15 (1925), 196ff. (Stolberg—Altenberg), N. T. Bèlaev in Recueil d'études dédiés à la mémoire de N. P. Kondakov (Prag 1926), 155ff.

Zu Seite 57. Vgl. den klassischen Aufsatz v. Belows aus 1900: Großhändler und Kleinhändler im Mittelalter, jetzt in: Probleme 302ff. Über das Handelsgesellschaftsrecht jetzt P. Rehme in V. Ehrenbergs Handbuch des gesamten Handelsrechts 1 (1913), 82ff.

Zu Seite 60. Zum Zunftproblem vgl. außer den klassischen Arbeiten v. Belows und Büchers doch auch R. Eberstadt, Der Ursprung des Zunftwesens [2]München—Leipzig 1915, (dazu C. Brinkmann im Korrespondenzblatt des Gesamtvereins der deutschen Geschichts- und Altertumsvereine 36 [1918], 47ff.), vor allem wegen der Berücksichtigung des französischen Amtsrechts.

Zu Seite 63. Zur deutschen Stadtgewerbegeschichte jetzt vor allem die die Publikationen der Gesellschaft für rheinische Geschichtskunde zusammenfassende Studie von Bruno Kuske, Geschichte der rheinischen Städte (Essen 1922), H. Heimpel und F. Bastian, Das Gewerbe der Stadt Regensburg im Mittelalter (Stuttgart 1926), und L. Klaiber, Beiträge zur Wirtschaftspolitik oberschwäbischer Reichsstädte im ausgehenden Mittelalter (Stuttgart 1926), zur italienischen s. jetzt vor allem Robert Davidsohn, Geschichte v. Florenz 4, 1 und 2 (Berlin 1922—25), zur französischen G. Espinas, La draperie dans la Flandre française (2 Bde., Brüssel 1923), zur niederländischen N. W. Posthumus, Gesch. van de Leidsche lakenindustric 1 (Haag 1908, dazu 6 Bde. Bronnen tot de gesch. van de Leidsche Textielnijverheid ebenda 1910 ff.) und Godefroid Kurth, La cité de Liège au moyen-âge (Brüssel 1910, 3 Bde.), zur schweizerischen Traugott Geering, Handel und Industrie der Stadt Basel (Basel 1886).

Zu Seite 64f. Vgl. L. v. Winterfeld, die Dortmunder Wandschneidergilde (Dortmund 1923). Für England G. Unwin, Industrial Organisation in the 16. and 17. centuries (Oxford 1904), Stella Kramer, The English Craft Guilds and the Government (New York 1905) und dieselbe in Engl. Hist. Rev. 23 (1908), 15ff., 236ff. Für Frankreich Henri Hauser, Travailleurs et marchands de l'ancienne France (Paris 1920).

Zu Seite 67. Über die Elisabethanische Lohnpolitik Tawney in Vierteljahrsschrift für Sozial- und Wirtschaftsgeschichte 11, 307ff., 12, 533ff.

Zu Seite 72. Erste gute Darstellung von der Ostwanderung der deutschen Juden bei S. Dubnow, Weltgeschichte des jüdischen Volkes 4 (Berlin 1926), 427 ff.

Zu Seite 73. Über die wirtschaftlich noch viel zu wenig erforschten Anfänge der protestantischen Emigration A. A. van Schelven, De nederduitsche vluchtelingenkerken der 16. eeuw in Engeland en Duitschland (Haag 1909). Über die Täufer jetzt E. H. Correll, Das schweizerische Täufermennonitentum (Tübingen 1925).

Zu Seite 74. Vgl. die Reihe: Studien zur Fugger-Geschichte, insbesondere Heft 4: Thea Düvel, Die Gütererwerbungen Jacob Fuggers des Reichen (1444—1525). München—Leipzig 1915.

Zu Seite 77. Über die kapitalistische Umbildung der englischen Landwirtschaft s. jetzt besonders R. H. Tawney, The agrarian problem in the 16. century (London 1912), dazu in Vinogradoffs Oxford Studies in social and legal history Bd. 1 (1909): A. Savine, English monasteries on the eve of the dissolution (Säkularisation), Bd. 5 (1916): A. E. Levett, The Black Death (Kommutation) und R. Lennard, Rural Northamptonshire under the Commonwealth (Konfiskation). Über die Landwirtschaft der Zisterzienser für Rheinland H. Pauen, Die Klostergrundherrschaft Heisterbach (Münster 1913), für Oberfranken H. Muggenthaler, Kolonisatorische und wirtschaftliche Tätigkeit eines deutschen Zisterzienserklosters (Waldsassen) im 12. und 13. Jahrhundert (München 1924). Eine Wirtschaftsgeschichte der kolonisierenden Ritterorden auf Grund des ausgezeichneten Urkundenmaterials fehlt sehr; s. einstweilen G. Aubin, Zur Geschichte des gutsherrlich-bäuerlichen Verhältnisses in Ostpreußen (Leipzig 1910), und E. Engelbrecht, Agrarverfassung des Ermlandes (München—Leipzig 1913).

Zu Seite 78. Über Mesta jetzt das Buch von J. Klein, Cambridge Mass. 1923.

Zu Seite 80. Walter Troeltsch, Die Calwer Zeughandlungskompanie und ihre Arbeiter (Jena 1897). Von neueren Arbeiten über den Verlag ragen die Gustav Aubins über die sächsisch-schlesische Leinenindustrie in Conrads Jahrbüchern 104 (1915), 577 ff., Vierteljahrsschrift für Sozial- und Wirtschaftsgeschichte 15 (1919), 235 ff., Zeitschrift für das Gesamte Handelsrecht 84 (1920), 423 ff. und Jahrbuch des Deutschen Riesengebirgsvereins 1924, 1 ff. hervor. Dazu jetzt F. Furger, Zum Verlagssystem als Organisationsform des Frühkapitalismus im Textilgewerbe (Stuttgart 1927).

Zu Seite 81. Richard Ehrenberg, Das Zeitalter der Fugger (2 Bde., 1896, [3]1912), J. Strieder, Studien zur Geschichte kapitalistischer Organisationsformen (München—Leipzig 1914, [2]1925), W. R. Scott, Constitution and finance of English, Scottish and Irish joint-stock companies to 1720 (3 Bde., Cambridge 1910—12), S. van Brakel, De hollandsche handelscompanien der 17. eeuw (Haag 1908), H. Wätjen, Die Niederländer im Mittelmeergebiet (Berlin 1909), derselbe, Das holländische Kolonialreich in Brasilien (Gotha 1921) und in Festschrift für Dietrich Schäfer (Jena 1915) 527 ff., F. Hümmerich, Die erste deutsche Handelsfahrt nach Indien (München—Berlin 1921). Zur Währungsgeschichte, die systematisch noch fast unerforscht ist, s. vor allem J. Cahn, Münz- und Geldgeschichte der im Großherzogtum Baden vereinigten Gebiete 1: Konstanz und das Bodenseegebiet im Mittelalter (Heidelberg 1920). Zur ältesten Bankgeschichte jetzt A. Sapori, La crisi delle compagnie mercantili dei Bardi e Peruzzi (Florenz 1926). Zum mitteldeutschen Kapitalismus s. die Bücher über den Mansfelder Kupferbergbau von W. Mück (2 Bde., Eisleben 1910) und W. Möllenberg (Gotha 1911) sowie noch immer die klassische Arbeit von G. Schanz, Zur Geschichte der Industrie und Kolonisation in Franken (Erlangen 1884).

Zu Seite 88 f. Tawney, Religion and the rise of capitalism (London 1926). Dazu, von ihm nicht erwähnt, J. Hashagen, Der rheinische Protestantismus und die Entwicklung der rheinischen Kultur (Essen 1924) und F. Engel-Jánosi, Soziale Probleme der Renaissance (Stuttgart 1924).

Zu Seite 91. Häpke in den Hansischen Geschichtsblättern 50 (1925), 164 ff. und in der Historischen Zeitschrift 134 (1926), 350 ff. Dazu C. Brinkmann in der Historischen Zeitschrift 112 (1914), 264 ff. und zur Statistik der Handelsflotten W. Vogel in Festschrift für Dietrich Schäfer 268 ff. Über den Sundzoll jetzt C. Hill, The Danish Sound dues (Durham N. Y. 1926).

Zu Seite 92. Über die frühe französische Kolonialpolitik s. jetzt A Rein, Der Kampf Westeuropas um Nordamerika im 15. und 16. Jahrhundert (Stuttgart und Gotha 1925).

Zu Seite 94 ff. Die von Schmoller begründeten Acta Borussica: Denkmäler der Preußischen Staatsverwaltung im 18. Jahrhundert (neben der behördengeschichtlichen Hauptreihe

Berlin 1892ff. namentlich wichtig die Sonderabteilungen über „einzelne Gebiete der Verwaltung": O. Hintzes Seidenindustrie, 3 Bde. 1892, W. Naudés und A. Skalweits Getreidehandelspolitik, 3 Bde. 1896—1910, H. Rachels Handels-, Zoll- und Akzisepolitik, 2 Bde. 1911—22 und F. v. Schrötters Münzwesen, 4 Bde. und 3 Hefte 1904—13 mit selbständigen Ergänzungswerken für 1640—1700 [1922] und 1806—73 [1925f.], dazu E. P. Reimann, Das Tabakmonopol Friedrichs des Großen, München—Leipzig 1913 und K. Hinze, Die Arbeiterfrage zu Beginn des modernen Kapitalismus in Brandenburg-Preußen, Berlin 1927), sind bei weitem das wichtigste Quellen- und auch Darstellungswerk für den Merkantilismus. Für die frühere Zeit und das übrige Deutschland legen die ständegeschichtlichen Publikationen der „Landtagsakten" (Übersicht bei F. Kaphahn, Deutsche Geschichtsblätter 20 [1920]) viel zu wenig Wert auf das Wirtschaftliche; doch vgl. K. Breysig und F. Wolters, Geschichte der brandenburgischen Finanzen 1640—97 (2 Bde. 1895—1915) sowie noch besonders die zahlreichen wirtschaftsgeschichtlichen Beiträge bei Schmoller, Umrisse und Untersuchungen (Leipzig 1898), und Hintze, Historische und politische Aufsätze (4 Bde. Berlin 1908). Für Colbert s. jetzt den schönen Beitrag von Wolters in den „Meistern der Politik" ed. E. Marcks und K. A. v. Müller 2 (Stuttgart—Berlin 1922), 1ff.

Zu Seite 97. Die naive Übernahme der parlamentarisch-liberalen Auffassung vom antimonopolistischen Charakter des englischen Frühkapitalismus durch H. Levy (Die Grundlagen des ökonomischen Liberalismus in der Geschichte der englischen Volkswirtschaft, Jena 1912) schleppt sich trotz des Widerspruchs von C. Brinkmann, Deutsche Literaturzeitung 1913, 3194, und der guten älteren Arbeiten über den englischen Protektionismus (R. Faber, Die Entstehung des Agrarschutzes in England, Straßburg 1888, und F. Lohmann, Die staatliche Regelung der englischen Wollenindustrie vom 15. bis zum 18. Jahrhundert, Jena 1900) zu Unrecht noch immer durch die Lehrbücher.

Zu Seite 100. Vgl. jetzt besonders H. L. Zeller, Handel und Schiffahrt von Marseille (Darmstadt 1926), dazu die Bücher von Paul Masson über Le commerce français dans le Levant au 17. und au 18. siécle (Paris 1906, 1901). Für die Wirtschaft des merkantilistischen Frankreich, deren Spezialliteratur nicht reich ist, auch die allgemein übersehene Münchener Diss. von W. Liebermann, Die politischen Grundlagen der französischen Volkswirtschaft am Ausgang des 17. Jahrhunderts (Berlin 1909), und jetzt auch Henri Sée, L'évolution commerciale et industrielle de la France sous l'Ancien Régime (Paris 1925).

Zu Seite 103f. K. Zielenziger, Die alten deutschen Kameralisten (Jena 1914), L. Sommer, Die österreichischen Kameralisten (2 Bde., Wien 1920—25), F. K. Mann, Der Marschall Vauban und die Volkswirtschaftslehre des Absolutismus (München—Leipzig 1914). Zum Ganzen vgl. auch die dogmengeschichtlichen Gesamtdarstellungen von Jos. Schumpeter im Grundriß der Sozialökonomik 1 (1914, ²1924), 27ff. und Salin, Geschichte der Volkswirtschaftslehre (Berlin 1923), 9ff. sowie C. Brinkmann in Conrads Jahrbüchern für Nationalökonomie und Statistik 105 (1915), 25ff. Hoffentlich folgen der Neuausgabe der Schriften Melchiors v. Osse (von O. A. Hecker, Leipzig 1922) bald andere nach.

Zu Seite 107. Paradigmatisch K. Schmid, Die Entwicklung der Hofer Baumwollindustrie 1432—1913 (Leipzig—Erlangen 1923).

Zu Seite 109. Über die schottischen Südseegesellschaften vgl. außer der bei 1720 abbrechenden Darstellung von Scott, Joint-stock companies 2, 207ff. W. Michael in der Vierteljahrsschrift für Sozial- und Wirtschaftsgeschichte 6 (1908), 549ff. Über John Law O. Strub, J. Ls. Handels- und Kolonialpolitik (Zürich 1913) und dazu Sieveking in der Festgabe der Universität Zürich (daselbst 1914), 75ff.

Zu Seite 110f. Der degenerative Spätmerkantilismus ist als Typus noch wenig untersucht, doch vgl. R. Leonhard, Agrarpolitik und Agrarreform in Spanien unter Carl III. (München—Berlin 1909), und A. Sartorius v. Waltershausen, Die sizilianische Agrarverfassung und ihre Wandlungen 1780—1912 (Leipzig 1913), für ein deutsches Kleinterritorium etwa G. Killinger, Die ländliche Verfassung der Grafschaft Erbach und der Herrschaft Breuberg im 18. Jahrhundert (Straßburg 1912). Die schöne rechtsgeschichtliche Studie von J. Wackernagel, Die Viehverstellung (Weimar 1923) berücksichtigt leider nur Spätmittelalter und neuzeitliche Reform (über den Gegenstand vgl. auch den 1. Band des zu S. 34 angeführten Buches von Oestberg).

Zu Seite 114f. Für die Physiokratie und die Wirtschaft des vorrevolutionären Frankreich s. außer den zu S. 103 angeführten Darstellungen von Schumpeter und Salin noch O. Fengler, Die Wirtschaftspolitik Turgots und seiner Zeitgenossen im Lichte der Wirtschaft des Ancien Régime (Leipzig 1912), auch die beiden Bücher von G. Martin, La grande industrie en France sous le règne de Louis XIV., XV. (Paris 1899—1900).

Zu Seite 116. Zuerst Arnold Toynbee, Lectures on the industrial revolution of the 18. century in England (London 1884 u. ö.), dann besonders A. Mantoux, La révolution industrielle en Angleterre (Paris 1905), auch W. E. Rappard, La révolution industrielle et l'origine de la protection légale du travail en Suisse (Bern 1914).

Zu Seite 117. Verlauf und Literatur der wirtschaftlichen Entstehung von U. S. Amerika jetzt bei C. Brinkmann, Geschichte der Vereinigten Staaten (Leipzig 1924), 12ff. Dazu im einzelnen namentlich das von der Carnegiestiftung herausgegebene Sammelwerk Contributions to American Economic History ed. H. W. Farnam, bis jetzt 5 Teile (Washington 1915—25).

Zu Seite 118. Von dem russischen Merkantilismus des 19. Jahrhunderts geben die beste Vorstellung die Erinnerungen des Grafen S. J. Witte (deutsche Ausgabe von O. Hoetzsch (Berlin 1923).

Zu Seite 119. Der interessanteste Beitrag, den die neue Konjunktur- und Krisentheorie bisher zur Wirtschaftsgeschichte geliefert hat, ist der Aufsatz von N. D. Kondratiev in Moskau über die langen Wellen im Archiv für Sozialwissenschaft 56 (1926), 573ff.

Zu Seite 121. Vgl. noch immer P. Hochstetter, Die wirtschaftlichen und politischen Motive für die Abschaffung der Sklaverei in den britischen Kolonien (Leipzig 1905).

Zu Seite 121. Für das Ende der Antisklavereibewegung die trotz ihres agitatorischen Charakters wirtschaftlich wichtigen Bücher von Roger Casement und E. D. Morel.

Zu Seite 122ff. G. F. Knapp, Die Bauernbefreiung und der Ursprung der Landarbeiter in den älteren Teilen Preußens (2 Bde., Leipzig 1887 Neudruck 1927), dazu jetzt die allgemein europäischen Übersichten von Henri Sée, Histoire du régime agraire en Europe au 18. et 19. siècles (Paris 1921, (vgl. desselben Übersicht über die neueste reiche Literatur zur Wirtschaftsgeschichte der Französischen Revolution Econ. Hist. Rev. 1, 138ff.), Karl Grünberg und Eduard Wegener im Grundriß der Sozialökonomik 7 (1922), 131ff., Walter Schiff im Archiv für Sozialwissenschaft 54 (1925), 87ff., 469ff., und noch besonders für Westdeutschland Theodor Knapp, Neue Beiträge zur Rechts- und Wirtschaftsgeschichte des württembergischen Bauernstandes (2 Bde., Tübingen 1919), für England E. Davies in Economic History Review 1 (1927), 87ff., für Savoyen P. Darmstädter, Die Befreiung der Leibeigenen in Savoyen, der Schweiz und Lothringen (Straßburg 1897, dazu jetzt M. Bloch, Rois et serfs, Paris 1921) und G. Prato, La vita economica del Piemonte nel medio del 18. secolo (Turin 1908), für Polen K. v. Gaszczynski, Die Entwicklung der bäuerlichen Selbständigkeit in Polen (Münchener Diss. 1905), und für Rußland neben dem etwas formalen Buch von W. D. Preyer, Die russische Agrarreform (München 1914), die sehr beachtenswerte bolschewistische Darstellung von M. N. Pokrovskij, Russkaja istorija s drevněsich vremen 4 (Leningrad 1924, deutsche Ausgabe 1927).

Zu Seite 125. Für die Wanderungen vgl. W. Mönckmeier, Die deutsche überseeische Auswanderung (Jena 1912), S. C. Johnson, History of emigration from the United Kingdom to North America 1763—1812 (London 1914), R. F. Foerster, The Italian emigration of our times (Cambridge Mass. 1924), O. Mertens, Dreißig Jahre russischer Eisenbahnpolitik 1882—1911, Archiv für Eisenbahnwesen 40—42 (1917—19).

Zu Seite 126. Für die Agrarlöhne Anna Neumann, Die Bewegung der Löhne der ländlichen „freien" Arbeiter vom Ausgang des 18. Jahrhunderts bis 1850 (Berlin 1912), für die Industrielöhne jetzt J. H. Clapham, An economic history of modern Britain: The early railway age 1820—50 (Cambridge 1926), 536ff.

Zu Seite 127. Über die hochkapitalistische Stadt noch am meisten Zusammenfassendes und Weiterleitendes bei O. Most (ed.), Die deutsche Stadt und ihre Verwaltung (3 Bde.[2] Berlin—Leipzig 1926). Dazu O. Schlier, Der deutsche Industriekörper seit 1860 (Karlsruhe 1922).

Zu Seite 128. Je näher der Gegenwart desto empfindlicher wird für die verstehende Wirtschaftsgeschichte der Mangel einer Geschichte der Technik, die über den bisherigen, einseitig von technologischem Spezialistentum und antiquarischer Liebhaberei bestimmten Rahmen hinausgeht. Von den technologischen Teilen der Kohlrausch-Kaskel-Spiethoffschen Encyklopädie der Rechts- und Staatswissenschaft ist erst Arthur Binz' Chemische Technologie (Berlin 1925) erschienen. Für die englische Textilmaschinerie s. jetzt am besten E. Lipson, History of the woollen and worsted industries (London 1921), 128ff., dazu F. Orth in den von C. Matschoß herausgegebenen Beiträgen zur Geschichte der Technik und Industrie 12 (1922), 61ff. Für die Elektrotechnik noch immer die klassischen Lebenserinnerungen von Werner v. Siemens (Berlin 1889, [12]1922), dazu R. Ehrenberg, Die Unternehmungen der Gebrüder Siemens 1 (Jena 1906) und G. S. Bryan, Edison, deutsch von Otten, Leipzig 1927. Für Frankreich jetzt C. Ballot, L'introduction du machinisme dans l'industrie française (Paris 1923).

Zu Seite 130. Das tiefere wirtschaftsgeschichtliche Verständnis des ersten Eisenbahnzeitalters erschließen außer dem zu S. 126 genannten Werk von Clapham besonders die reichen Materialien bei M. Schwann, Ludolf Camphausen (3 Bde., Essen 1915).

Zu Seite 132. Eine besonders glänzende, geschichtlich und ökonomisch gleich hohe Leistung Eli F. Heckscher, The Continental System (Oxford 1922), die auch alle frühere Literatur verarbeitet. Für das Folgende Sombart, Die deutsche Volkswirtschaft im 19. Jahrhundert (Berlin 1903 u. ö.), Sartorius v. Waltershausen, Deutsche Wirtschaftsgeschichte 1815—1914 (Jena 1920), C. Brinkmann, Weltpolitik und Weltwirtschaft im 19. Jahrhundert (Bielefeld-Leipzig 1921), derselbe, Die preußische Handelspolitik vor dem Zollverein und der Wiederaufbau vor 100 Jahren (Berlin 1922) und Clapham, The economic development of France and Germany 1815—1914 (London 1924).

Zu Seite 133. Über die jetzt vor allem von der 1926 gegründeten Friedrich-List-Gesellschaft in Deutschland und Amerika betriebenen Forschungen s. außer ihren „Mitteilungen" besonders A. Sommer, F. Lists, System (Jena 1927) und derselbe in G. Schmollers Jahrbüchern 50, 687ff.

Zu Seite 134. F. Rauers, Bremer Handelsgeschichte im 19. Jahrhundert (Bremen 1913).

Zu Seite 135. Außer Max Serings berühmter Geschichte der preußisch-deutschen Eisenzölle von 1818 bis zur Gegenwart (Leipzig 1882) s. jetzt O. Froriep, Geschichte der Maschinenbauindustrie und der Maschinenzölle im Deutschen Zollverein (Stuttgart 1918), für Österreich K. Hubeczek, Österreichische Handelspolitik im Vormärz (Wien 1918) und K. Kaser, Der inneröfterreichische Eisenhandel in der ersten Hälfte des 19. Jahrhunderts (Graz—Wien 1927).

Zu Seite 136. Vgl. jetzt P. Keller, Louis Blanc und die französische Revolution von 1848 (Zürich 1926) sowie für die Folgezeit noch immer das schöne Buch von Johann Plenge, Die erste Anlagebank, Gründung und Geschichte des Crédit Mobilier (Tübingen 1903, [2]Essen 1921).

Zu Seite 137ff. An Übersichten über Tatsachen und Schrifttum der modernen englischen und reichsbritischen Wirtschaft nenne ich nur C. Brinkmann, Englische Geschichte 1815—1914 (Berlin 1924), und Erich Obst, England, Europa und die Welt, eine geopolitisch-weltwirtschaftliche Studie (Berlin 1927). Vgl. auch C. Brinkmann, Imperialismus als Wirtschaftspolitik, Festschrift für Lujo Brentano zum 80. Geburtstag 1 (München—Leipzig 1925), 79ff. und Walther Vogel, Das neue Europa (Bonn 1921, [2]1923).

Zu Seite 142. Beste Zusammenfassung heute K. Haushofer, Das japanische Reich (Wien 1921).

Zu Seite 144. Vgl. jetzt A. C. Schaefer, Klassische Valutastabilisierungen (Hamburg 1922) und für das von ihm nicht behandelte Österreich G. F. Knapp, Staatliche Theorie des Geldes[2] (München—Leipzig 1918), 351ff. sowie V. Hofmann in den Schriften des Vereins für Sozialpolitik 165, 1 (1923).

Zu Seite 145. Vgl. noch immer R. Ehrenberg, Große Vermögen 2 Bde. (1.: Fugger, Rothschild, Krupp; 2.: Parisch-Hamburg) Jena 1905, [2]1925.

Zu Seite 145. Das deutsche Auslandsbankgeschäft ist jüngst in drei voneinander unabhängigen Arbeiten von K. Strasser, Die deutschen Banken im Ausland (München 1924), F. Bensey, Die neuere Entwicklung des deutschen Auslandsbankwesens 1914—25 (Berlin—Wien 1925), und L. Lange, Expansion und volkswirtschaftliche Bedeutung deutscher Überseebanken (Karlsruhe 1926) untersucht worden. Dazu als beste Bankbiographie K. Helfferich, Georg v. Siemens (3 Bde., Berlin 1921—23).

Zu Seite 146. Zur Geschichte und Theorie des modernen Unternehmertums jetzt am besten Joseph Schumpeters Artikel im Handwörterbuch der Staatswissenschaften[4] 8 (Jena 1927) 476ff. mit reichem, wenn auch etwas wahllosem Literaturverzeichnis. Schon weil hier nicht angeführt, sind noch besonders zu erwähnen H. Lüthgen, Das Rheinisch-westfälische Kohlensyndikat (Leipzig 1926), A. Klotzbach, Der Roheisenverband (Düsseldorf 1926) und B. Knochenhauer, Die oberschlesische Montanindustrie (Gotha 1927).

Zu Seite 148. O. Most, Die Selbstverwaltung der Wirtschaft in den Industrie- und Handelskammern (Jena 1927).

Zu S. 149. Vgl. jetzt H. Mauer und E. Wegener im Grundriß der Sozialökonomik 7 (1922), 193ff., und dazu M. Tscherkinsky, Les Landschaften et leurs opérations de crédit hypothécaire en Allemagne (Rom 1922).

Zu Seite 150. Über Geschichte und Gegenwart des modernen Genossenschaftswesens s. namentlich die von H. Thiel und R. Wilbrandt herausgegebenen Untersuchungen über Konsumvereine (Schriften des Vereins für Sozialpolitik 150, 1915—24). Ein alle Genossenschaftssachen umfassendes Sammelwerk wird von dem Genossenschaftsinstitut an der Universität Halle unter Leitung von Ernst Grünfeld vorbereitet.

www.ingramcontent.com/pod-product-compliance
Lightning Source LLC
LaVergne TN
LVHW042243300926
849161LV00003B/455